北大社·"十四五"普通高等教育本科规划教材
高等院校汽车专业"互联网+"创新规划教材

智能网联汽车技术概论

（第 2 版）

崔胜民　编著

内 容 简 介

智能网联汽车是新一轮科技革命背景下的产品,其可显著提高交通安全性、实现节能减排、改善拥堵、提升运输效率,并拉动汽车、电子、通信、服务、社会管理等协同发展,对促进我国汽车产业转型升级有重要战略意义。

本书主要介绍了智能网联汽车的基本概念、技术分级、体系结构、关键技术及其发展趋势、发展规划和标准体系;详细讲述了智能网联汽车环境感知技术、无线通信技术、网络技术、定位技术、决策规划与控制执行技术和先进驾驶辅助技术等。

本书可作为高等院校车辆工程及相关专业的教材,也可作为从事智能网联汽车相关工作的工程技术人员、管理人员和科研人员的参考书。

图书在版编目(CIP)数据

智能网联汽车技术概论/崔胜民编著. —2版. 北京:北京大学出版社,2024.8. —(高等院校汽车专业 "互联网+"创新规划教材). — ISBN 978-7-301-35133-8

Ⅰ. U463.67

中国国家版本馆 CIP 数据核字第 202497YE17 号

书　　　名	智能网联汽车技术概论(第2版) ZHINENG WANGLIAN QICHE JISHU GAILUN(DI-ER BAN)
著作责任者	崔胜民　编著
策 划 编 辑	童君鑫
责 任 编 辑	孙　丹　童君鑫
数 字 编 辑	蒙俞材
标 准 书 号	ISBN 978-7-301-35133-8
出 版 发 行	北京大学出版社
地　　　址	北京市海淀区成府路205号　100871
网　　　址	http://www.pup.cn　新浪微博:@北京大学出版社
电 子 邮 箱	编辑部 pup6@pup.cn　总编室 zpup@pup.cn
电　　　话	邮购部 010-62752015　发行部 010-62750672　编辑部 010-62750667
印 刷 者	三河市北燕印装有限公司
经 销 者	新华书店
	787毫米×1092毫米　16开本　17.25印张　420千字 2021年1月第1版 2024年8月第2版　2024年8月第1次印刷
定　　　价	49.80元

未经许可,不得以任何方式复制或抄袭本书之部分或全部内容。
版权所有,侵权必究
举报电话:010-62752024　电子邮箱:fd@pup.cn
图书如有印装质量问题,请与出版部联系,电话:010-62756370

前　言

　　党的二十大报告提出，实施产业基础再造工程和重大技术装备攻关工程，支持专精特新企业发展，推动制造业高端化、智能化、绿色化发展。可见，加快推进智能网联汽车发展势在必行。随着全球汽车保有量的快速增长，能源短缺、环境污染、交通拥堵、事故频发等现象日益突出，并成为汽车产业可持续健康发展的制约因素。而智能网联汽车被公认为解决这些问题的有效方案，代表着汽车行业未来的发展方向。

　　编者对《智能网联汽车技术概论》进行了全面修订，删除了一些与当前智能网联汽车技术不符的内容，更新并增加了深度学习在目标识别中的应用、规划与决策、线控技术等内容，使本书内容更加丰富。

　　本书系统地介绍了智能网联汽车技术。全书共7章，第1章主要介绍智能网联汽车的基本概念、技术分级、体系结构、关键技术及其发展趋势、发展规划、标准体系；第2章主要介绍智能网联汽车环境感知技术，包括超声波传感器、毫米波雷达、激光雷达和视觉传感器，以及道路识别技术、车辆识别技术、行人识别技术、交通标志识别技术和交通信号灯识别技术等；第3章主要介绍智能网联汽车无线通信技术，包括蓝牙技术、RFID技术、DSRC技术、LTE-V通信技术、第五代移动通信技术等；第4章主要介绍智能网联汽车网络技术，包括车载网络技术、车载自组织网络技术和车载移动互联网技术等；第5章主要介绍智能网联汽车定位技术，包括全球定位系统、北斗卫星导航系统、惯性导航系统与航位推算技术、通信基站定位技术、即时定位与地图构建技术、高精度地图等；第6章主要介绍智能网联汽车决策规划与控制执行技术，包括路径规划、行为决策、运动控制技术和线控技术等；第7章主要介绍智能网联汽车先进驾驶辅助技术，包括先进驾驶辅助系统的定义与类型、自主预警技术、自主控制技术、视野改善技术等。

　　在本书的编写过程中，编者引用、参考了一些文献资料，特向文献资料作者表示深切的谢意。

　　由于编者水平有限，书中疏漏之处在所难免，恳请读者给予指正。

编　者

2024年5月

目　　录

第1章　绪论 1
1.1 智能网联汽车的基本概念 2
1.1.1 智能汽车 2
1.1.2 车联网 3
1.1.3 智能交通系统 4
1.1.4 智能网联汽车 5
1.1.5 无人驾驶汽车 7
1.2 智能网联汽车的技术分级 9
1.2.1 智能网联汽车的自动化分级 9
1.2.2 智能网联汽车的网联化分级 11
1.3 智能网联汽车的体系结构 13
1.3.1 智能网联汽车的系统层次结构 13
1.3.2 智能网联汽车的技术逻辑结构 14
1.3.3 智能网联汽车的技术架构 15
1.3.4 智能网联汽车产品的物理结构 16
1.3.5 智能网联汽车的电子电气架构 17
1.4 智能网联汽车的关键技术及其发展趋势 23
1.4.1 智能网联汽车的关键技术 23
1.4.2 智能网联汽车的技术发展趋势 25
1.5 智能网联汽车的发展规划 25
1.5.1 智能网联汽车的发展总体思路 26
1.5.2 智能网联汽车的发展目标 26
1.5.3 智能网联汽车的发展重点 26
1.6 智能网联汽车的标准体系 28
思考题 29

第2章　智能网联汽车环境感知技术 30
2.1 环境感知技术概述 31
2.1.1 环境感知系统的任务 31
2.1.2 环境感知系统的对象 31
2.1.3 环境感知方法 32
2.1.4 基于机器视觉的环境感知流程 33
2.1.5 环境感知系统的组成 37
2.2 智能网联汽车环境感知传感器 38
2.2.1 环境感知传感器的类型 38
2.2.2 超声波传感器 40
2.2.3 毫米波雷达 42
2.2.4 激光雷达 47
2.2.5 视觉传感器 52
2.3 道路识别技术 56
2.3.1 道路识别分类 56
2.3.2 道路图像特点 57
2.3.3 图像特征分类 58
2.3.4 道路识别方法 59
2.3.5 道路识别实例 62
2.4 车辆识别技术 63
2.4.1 车牌识别技术 63
2.4.2 运动车辆识别技术 66
2.5 行人识别技术 71
2.5.1 行人识别类型 71
2.5.2 行人识别系统 72
2.5.3 行人识别特征 72
2.5.4 行人识别方法 75
2.6 交通标志识别技术 79
2.6.1 交通标志介绍 79
2.6.2 交通标志识别系统 81
2.6.3 交通标志识别方法 81

智能网联汽车技术概论（第2版）

  2.6.4 交通标志识别实例 …………… 82
 2.7 交通信号灯识别技术 ……………… 83
  2.7.1 交通信号灯介绍 ……………… 83
  2.7.2 交通信号灯识别系统 ………… 84
  2.7.3 交通信号灯识别方法 ………… 85
  2.7.4 交通信号灯识别实例 ………… 88
 思考题 ………………………………………… 90

第3章 智能网联汽车无线通信技术 …………………………………… 91

 3.1 无线通信技术概述 ………………… 92
  3.1.1 无线通信系统的组成 ………… 92
  3.1.2 无线通信系统的分类 ………… 93
  3.1.3 智能网联汽车的通信类型 …… 94
 3.2 蓝牙技术 …………………………… 96
  3.2.1 蓝牙技术的定义与组成 ……… 96
  3.2.2 蓝牙技术的特点 ……………… 97
  3.2.3 蓝牙技术的应用 ……………… 98
 3.3 RFID 技术 ………………………… 100
  3.3.1 RFID 技术的定义与系统组成 …………………………… 100
  3.3.2 RFID 产品的分类 …………… 101
  3.3.3 RFID 技术的特点 …………… 101
  3.3.4 RFID 技术的应用 …………… 101
 3.4 DSRC 技术 ………………………… 103
  3.4.1 DSRC 技术的定义与系统架构 …………………………… 103
  3.4.2 DSRC 技术要求 ……………… 104
  3.4.3 DSRC 技术支持的业务 ……… 105
 3.5 LTE-V 通信技术 …………………… 106
  3.5.1 LTE-V 通信技术的定义与LTE-V 通信系统架构 ………… 106
  3.5.2 LTE-V 通信技术的应用场景 …………………………… 107
  3.5.3 LET-V 通信技术与 DSRC 技术对比 …………………………… 108
 3.6 第五代移动通信技术 ……………… 110
  3.6.1 第五代移动通信技术的定义及其系统架构 ………………… 110
  3.6.2 5G 的应用场景 ……………… 112
  3.6.3 5G 的特点 …………………… 113
 思考题 ………………………………………… 114

第4章 智能网联汽车网络技术 …… 115

 4.1 智能网联汽车网络技术概述 ……… 116
  4.1.1 智能网联汽车的网络体系构成 ………………………… 116
  4.1.2 车载网络的类型 ……………… 117
  4.1.3 车载网络的特点 ……………… 118
 4.2 车载网络技术 ……………………… 119
  4.2.1 CAN 总线网络 ……………… 119
  4.2.2 LIN 总线网络 ………………… 124
  4.2.3 FlexRay 总线网络 …………… 127
  4.2.4 MOST 总线网络 …………… 130
  4.2.5 以太网 ………………………… 133
 4.3 车载自组织网络技术 ……………… 138
  4.3.1 车载自组织网络的定义 ……… 138
  4.3.2 车载自组织网络的类型 ……… 139
  4.3.3 车载自组织网络的路由协议类型 ………………………… 139
  4.3.4 车载自组织网络的特征 ……… 141
  4.3.5 车载自组织网络的应用场景 … 142
 4.4 车载移动互联网技术 ……………… 144
  4.4.1 移动互联网的定义 …………… 144
  4.4.2 移动互联网的特点 …………… 145
  4.4.3 移动互联网的体系架构 ……… 145
  4.4.4 移动互联网的接入方式 ……… 146
  4.4.5 车载移动互联网的组成及应用 ………………………………… 147
 思考题 ………………………………………… 148

第5章 智能网联汽车定位技术 …… 149

 5.1 全球定位系统 ……………………… 150
  5.1.1 GPS 的组成与定位原理 …… 150
  5.1.2 差分全球定位系统 …………… 153
 5.2 北斗卫星导航系统 ………………… 155
  5.2.1 北斗卫星导航系统的组成 …… 155
  5.2.2 北斗卫星导航系统的定位原理 ………………………… 156

5.2.3 北斗卫星导航系统的特点 …… 156
5.2.4 北斗卫星导航系统的功能 …… 156
5.3 惯性导航系统与航位推算技术 …… 157
　5.3.1 惯性导航系统 …… 157
　5.3.2 航位推算技术 …… 159
5.4 通信基站定位技术 …… 160
　5.4.1 到达角定位技术 …… 160
　5.4.2 到达时间定位技术 …… 161
　5.4.3 到达时间差定位技术 …… 161
　5.4.4 混合定位技术 …… 162
　5.4.5 通信基站定位技术的典型应用 …… 162
5.5 即时定位与地图构建技术 …… 163
5.6 高精度地图 …… 167
思考题 …… 170

第6章 智能网联汽车决策规划与控制执行技术 …… 171

6.1 智能网联汽车的路径规划 …… 172
　6.1.1 路径规划的类型 …… 172
　6.1.2 环境模型建立方法 …… 173
　6.1.3 路径规划算法 …… 176
6.2 智能网联汽车的行为决策 …… 178
　6.2.1 行为决策流程 …… 178
　6.2.2 行为决策方法 …… 179
6.3 智能网联汽车的运动控制技术 …… 181
　6.3.1 智能网联汽车运动控制的基本结构 …… 181
　6.3.2 智能网联汽车运动控制的类型 …… 182
　6.3.3 智能网联汽车运动控制的方法 …… 183
　6.3.4 智能网联汽车运动学模型 …… 188
　6.3.5 智能网联汽车动力学模型 …… 189
6.4 智能网联汽车的线控技术 …… 191
　6.4.1 汽车线控转向技术 …… 191
　6.4.2 汽车线控制动技术 …… 194
　6.4.3 汽车线控油门技术 …… 197
思考题 …… 200

第7章 智能网联汽车先进驾驶辅助技术 …… 201

7.1 先进驾驶辅助系统的定义与类型 …… 202
　7.1.1 先进驾驶辅助系统的定义 …… 202
　7.1.2 先进驾驶辅助系统的类型 …… 203
7.2 自主预警技术 …… 206
　7.2.1 前向碰撞预警技术 …… 206
　7.2.2 车道偏离预警技术 …… 214
　7.2.3 盲区监测技术 …… 221
　7.2.4 驾驶人疲劳监测技术 …… 226
7.3 自主控制技术 …… 229
　7.3.1 车道保持辅助技术 …… 229
　7.3.2 自动紧急制动技术 …… 233
　7.3.3 自适应巡航控制技术 …… 239
　7.3.4 智能泊车辅助技术 …… 245
7.4 视野改善技术 …… 250
　7.4.1 自适应前照灯技术 …… 250
　7.4.2 夜视技术 …… 257
　7.4.3 抬头显示技术 …… 261
思考题 …… 265

参考文献 …… 266

第1章 绪 论

教学目标

通过本章的学习,读者能够掌握智能网联汽车的基本概念和体系结构,了解智能网联汽车的技术分级、关键技术及其发展趋势、发展规划、标准体系。

教学要求

知识要点	能力要求	相关知识
智能网联汽车的基本概念	掌握智能汽车、车联网、智能交通系统、智能网联汽车、无人驾驶汽车的概念及其关系	智能汽车、车联网、智能交通系统、智能网联汽车、无人驾驶汽车的基本概念
智能网联汽车的技术分级	了解智能网联汽车的自动化分级和网联化分级	美国、德国和中国关于智能网联汽车的技术分级
智能网联汽车的体系结构	掌握智能网联汽车的系统层次结构、技术逻辑结构、技术架构、物理结构和电子电气架构	智能网联汽车的体系结构
智能网联汽车的关键技术及其发展趋势	了解智能网联汽车的关键技术及其发展趋势	智能网联汽车的关键技术及其发展趋势
智能网联汽车的发展规划	了解智能网联汽车的发展总体思路、发展目标和发展重点	智能网联汽车的发展目标和发展重点
智能网联汽车的标准体系	了解智能网联汽车的标准体系	智能网联汽车的标准体系

智能网联汽车技术概论（第2版）

> **导入案例**
>
> 　　我国是世界第一汽车生产大国、第一新车销售市场和第一汽车保有量国家。随着汽车保有量的增加，能源短缺、环境污染、交通拥堵、事故频发等现象日益突出，并成为汽车产业可持续健康发展的制约因素。而智能网联汽车被公认为解决这些问题的有效方案，代表着汽车工业的发展方向。图1.1所示为城市交通拥堵。交通拥堵已经成为城市迫切需要解决的难题。目前汽车是独立的车辆，未来汽车将是智能交通系统中的节点，车与车（V2V）、车与人（V2P）、车与基础设施（V2I）等将实现互通互联，最大化实现零事故、高效率。
>
>
>
> 图1.1　城市交通拥堵
>
> 　　什么是智能网联汽车？如何对智能网联汽车进行技术分级？智能网联汽车的技术架构如何？智能网联汽车有哪些关键技术？智能网联汽车的发展目标和发展重点分别是什么？智能网联汽车的新标准体系框架是怎样的？通过本章的学习，读者可以得到答案。

1.1　智能网联汽车的基本概念

1.1.1　智能汽车

　　智能汽车是通过搭载先进传感系统、决策系统、执行系统，运用信息通信、互联网、大数据、云计算、人工智能等新技术，具有部分或完全自动驾驶功能，由单纯交通运输工具逐步向智能移动空间转变的新一代汽车，如图1.2所示。

智能汽车

　　智能汽车作为智能交通的重要组成部分，不单纯是交通运输工具，而是智能移动终端，其发展可以具体分为自动化和网联化两个方向，如图1.3所示。智能汽车的自动化程度越高，越接近自动驾驶汽车；智能汽车的网联化程度越高，越接近网联汽车；智能汽车的自动化、网联化程度越高，越接近智能网联汽车。

2

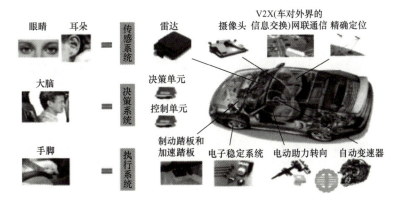

图 1.2 智能汽车

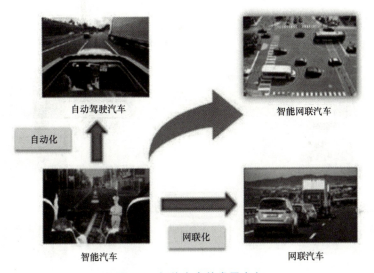

图 1.3 智能汽车的发展方向

1.1.2 车联网

车联网（internet of vehicle，IOV）是以车内网、车际网和车载移动互联网为基础，按照约定的体系架构及其通信协议和数据交互标准，在 V2X （vehicle to everything，X 指车、路、行人及应用平台等）之间进行无线通信和信息交换，能够实现智能化交通管理、智能动态信息服务和车辆智能化控制的一体化网络，也是物联网技术在智能交通系统领域的延伸，如图 1.4 所示。车内网是指通过应用成熟的总线技术建立一个标准化的整车网络，车际网是指基于特定无线局域网络的动态网络，车载移动互联网是指车载单元通过 4G/5G 等通信技术与互联网进行无线连接。三网融合是车联网的发展趋势。

车联网

车联网技术主要面向道路交通，为交通管理者提供决策支持，为 V2V、V2I 提供协同控制，为交通参与者提供信息服务。车联网是智能交通系统与互联网技术发展的融合产物，也是智能交通系统的重要组成部分，更多地表现在汽车基于现实中的场景应用，如图 1.5 所示，主要包括安全类、娱乐类、驾驶类和服务类应用。

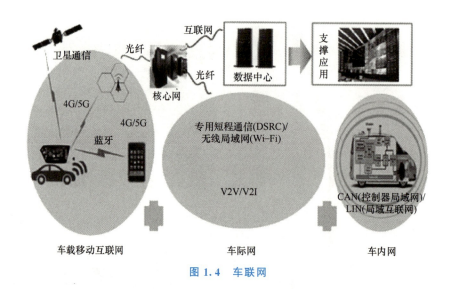

图 1.4　车联网

图 1.5　车联网的应用

1.1.3　智能交通系统

智能交通系统（intelligent traffic system，ITS）是将先进的信息技术、计算机处理技术、数据通信技术、传感器技术、电子控制技术、运筹学、人工智能等有效集成运用于整个地面交通管理系统的一种在大范围、全方位发挥作用的，实时、准确、高效的综合交通运输管理系统，它是交通系统的发展方向。

智能交通系统（图 1.6）包含道路上的车辆、行人和基础设施，强调系统平台通过智能化方式对交通环境下的车辆、行人及基础设施进行智能化管理和控制，提高交通效率。

绪 论 第1章

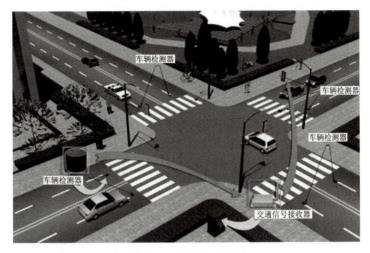

图 1.6 智能交通系统

智能交通系统是随着车联网技术的发展而不断发展的，车联网的终极目标就是智能交通系统。

1.1.4 智能网联汽车

智能网联汽车（intelligent connected vehicle，ICV）是一个跨技术、跨产业领域的新兴体系，在不同角度、不同背景下有不同的理解，各国对智能网联汽车的定义不同，叫法也不尽相同，但终极目标相同，即可上路安全行驶的无人驾驶汽车。

智能网联汽车

智能网联汽车是指搭载先进的车载传感器、控制器、执行器等装置，融合现代通信与网络技术，在 V2X 之间进行智能信息交换、共享，具备复杂环境感知、智能决策、协同控制等功能，可实现汽车安全、高效、舒适、节能行驶，并最终替代人来操作的新一代汽车。

可以从三个维度对智能网联汽车进行剖析，即智能、网联、汽车。智能是指搭载先进的车载传感器、控制器、执行器等装置和车载系统模块，具备复杂环境感知、智能决策与协同控制等功能；网联是指具有信息互联共享能力，即通过通信与网络技术，实现车内、车与车、车与环境之间的信息交互；汽车是指智能终端载体的外观形态。

从广义的角度来看，智能网联汽车不是特指某类汽车或一辆汽车，而是以汽车为主体和主要节点，由汽车、基础设施、通信设备、交通控制系统及数据存储与处理系统等构成的综合协调系统。它是未来智能交通系统下车联网环境中发挥重要作用的智能终端，最终实现汽车安全、高效、舒适、节能行驶的新一代多车系统，如图 1.7 所示。智能网联汽车在安全行驶、节能环保等方面有着广泛的应用前景。

交叉路口是容易发生交通事故的地方，智能网联汽车在交叉路口的典型应用如图 1.8 所示。

① 表示基于视觉传感器的行人识别及防撞。汽车上的视觉传感器可以识别汽车前方的行人，并把识别结果显示在车载信息显示系统中，提醒驾驶人，防止碰撞。

5

图 1.7　智能网联汽车

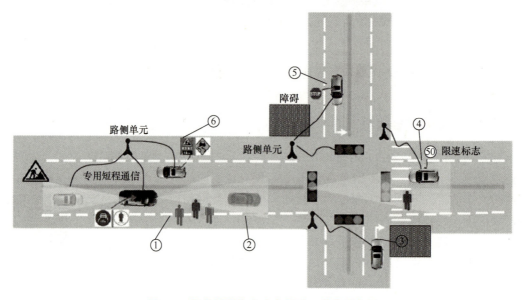

图 1.8　智能网联汽车在交叉路口的典型应用

②表示基于雷达的汽车识别及防撞。汽车上的雷达可以识别汽车,如果两辆汽车的距离小于安全距离,雷达就会发出预警,距离达到危险阈值时,汽车自动制动,防止碰撞。

③表示基于车路协同的行人识别及防撞。障碍物使得右转弯汽车看不到右边车道上的行人,这是非常危险的工况,此时路侧单元探测到行人,并将行人信息转发给右转弯汽车,提前预警,防止碰撞。

④表示基于交通信号灯的交叉路口通行辅助。交通信号灯信息通过路侧单元转发给拟通过交叉路口的汽车,判断是否通过交叉路口。

⑤表示车路协同的交叉路口主动防撞。汽车通过交叉路口时,把相关信息发送给周围汽车,如果汽车之间受到障碍物的影响,则需要借助路侧单元转发,并接收附近其他汽车的信息反馈,从而使不同方向的汽车均感知到周围汽车的信息,再根据行驶状况判断是否需要避让或采取其他措施。

⑥ 表示基于路面状态的车速自适应控制。汽车通过视觉传感器、短距离无线通信技术或专用短程通信技术等获取道路交通情况，自动控制汽车行驶速度，保障安全行驶。

智能网联汽车通过雷达、视觉传感器等提前预知交通控制信号、前向交通流、限速标志、道路坡度等，可提前通过汽车控制器实施经济型驾驶策略，最终达到节能与环保行驶的目的。十字交叉路口和 T 形交叉路口是交通事故多发、易发地，许多发生在交叉路口的事故都是由人为失误造成的。从全球范围看，注意力不集中、判断错误、车道堵塞及其他弱势道路使用者通行受阻是引发交通事故、导致伤亡的"罪魁祸首"。如图 1.9 所示，智能网联汽车在十字交叉路口通行系统中，可对交叉路口周围 360°内的道路使用者进行探测，获取交通信号灯信息、位置信息、车流汇入信息等，车载单元计算出优化的车速，并把汽车位置和运动轨迹传输给驶近交叉路口的其他汽车，控制电子节气门和制动系统，从而实现在控制车速、保证安全的前提下高效通行并降低油耗。整个系统可在保障汽车通行效率的前提下，提高汽车燃料经济性、减少尾气排放量、防止事故发生。

图 1.9　智能网联汽车优化通过十字交叉路口

1.1.5　无人驾驶汽车

无人驾驶汽车是指通过车载环境感知系统感知道路环境、自主规划路径、识别行车路线，按照预定条件控制汽车到达预定地点的智能汽车，如图 1.10 所示。无人驾驶汽车利用环境感知系统来感知汽车周围的环境，并根据获得的道路状况、汽车位置和障碍物信息等规划合适的行驶路径，控制汽车的行驶方向和行驶速度，从而实现安全、可靠行驶。无

图 1.10　无人驾驶汽车

无人驾驶汽车

人驾驶汽车是传感器、计算机、人工智能、无线通信、导航定位、模式识别、机器视觉、智能控制等先进技术融合的综合体。

与智能汽车相比，无人驾驶汽车需要具有更先进的环境感知系统、中央决策系统及底层控制系统。无人驾驶汽车能够实现完全自动的控制、全程检测交通环境，实现所有驾驶目标，驾驶人只需提供目的地信息或输入导航信息，在任何时候均不需要对汽车进行操纵。

无人驾驶汽车可以实现在行驶的汽车内随时随地购物，其应用场景包括网上商场、快餐店、加油站及停车场等。另外，无人驾驶汽车利用无线通信技术和网络技术开展文件传输、视频对话、会议交流等，成为移动办公室，如图1.11所示。

图1.11　汽车移动办公室

无人驾驶汽车是汽车智能化、网联化的终极发展目标，也是汽车的发展方向。智能型无人驾驶汽车是一种将探测、识别、判断、决策、优化、优选、执行、反馈、纠控功能融为一体，集微型计算机、微电动机、绿色环保动力系统、新型结构材料等顶尖科技成果于一体的智慧型汽车。总体来看，我国无人驾驶汽车的发展还需要多方面共同努力。汽车供应商对汽车驾驶辅助功能的研究是无人驾驶汽车技术不断发展的原动力，网络信息技术与安全的发展是无人驾驶汽车技术发展的保证，政策和法律的制定与实施是无人驾驶汽车上路的前提。

智能汽车、智能网联汽车、车联网、智能交通等概念之间有密切的相关性，但没有明显分界线，它们的关系可用图1.12表示。

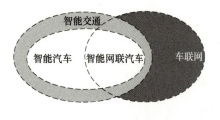

图1.12　智能网联汽车相关概念之间的关系

智能网联汽车是智能交通系统中智能汽车与车联网产生交集的产品。智能网联汽车是车联网的重要组成部分，其技术进步和产业发展利于支撑车联网的发展。车联网是智能网联汽车、智能汽车的重要载体，只有充分利用互联技术才能保障智能网联汽车真正拥有充分的智能和互联。智能网联汽车更侧重于解决安全、节能、环保等制约产业发展的核心问题。

智能网联汽车与车联网应该并行推进、协同发展。智能网联汽车依托车联网，不仅要通过技术创新连接互联网，而且要使V2X之间实现多种方式的信息交互与共享，提高智能网联汽车的行驶安全性。

绪　　论 第1章

智能网联汽车本身具备自主环境感知能力，它是智能交通系统的核心组成部分，也是车联网体系的一个节点，通过车载信息终端实现与车、路、行人、云端等之间的无线通信和信息交换。智能网联汽车的聚焦点在车上，发展重点是提高汽车的行驶安全性，终极目标是无人驾驶汽车；车联网的聚焦点是建立比较大的交通体系，发展重点是为汽车提供信息服务，终极目标是智能交通系统；无人驾驶汽车是智能网联汽车与车联网的完美结合。

1.2　智能网联汽车的技术分级

1.2.1　智能网联汽车的自动化分级

我国汽车驾驶自动化的分级参考了国际自动机工程师学会（SAE）的0～5级分级框架，并结合我国实际情况进行了调整。

《汽车驾驶自动化分级》（GB/T 40429—2021）把智能网联汽车驾驶自动化等级分为0级（应急辅助）、1级（部分驾驶辅助）、2级（组合驾驶辅助）、3级（有条件自动驾驶）、4级（高度自动驾驶）和5级（完全自动驾驶），见表1-1。

SAE对汽车驾驶自动化的分级

表1-1　中国对汽车驾驶自动化的分级

分级	名称	车辆横向和纵向运动控制	目标和事件探测与响应	动态驾驶任务接管	设计运行条件
0级	应急辅助	驾驶人	驾驶人及系统	驾驶人	有限制
1级	部分驾驶辅助	驾驶人及系统	驾驶人及系统	驾驶人	有限制
2级	组合驾驶辅助	系统	驾驶人及系统	驾驶人	有限制
3级	有条件自动驾驶	系统	系统	动态驾驶任务接管用户（接管后成为驾驶人）	有限制
4级	高度自动驾驶	系统	系统	系统	有限制
5级	完全自动驾驶	系统	系统	系统	无限制

0级驾驶自动化（应急辅助）系统不能持续执行动态驾驶任务中的车辆横向运动或纵向运动控制，但具备持续执行动态驾驶任务中的部分目标和事件探测与响应能力。在该阶段，自动驾驶系统可以感知环境，并提供信息或短暂介入车辆控制以辅助驾驶人安全驾驶车辆，如车道偏离预警系统、前向碰撞预警系统、自动紧急制动系统等在部分驾驶场景下可以辅助安全驾驶的功能都可以归类到0级驾驶自动化中。因此，不具备目标和事件探测与响应能力的功能（如定速巡航、电子稳定性控制等）没有划分到驾驶自动化范围。

1级驾驶自动化（部分驾驶辅助）系统在其设计运行条件下持续地执行动态驾驶任务中的车辆横向运动或纵向运动控制，并且具备与所执行的车辆横向运动或纵向运动控制相适应的部分目标和事件探测与响应能力。在该阶段，自动驾驶系统仅可以独立完成车辆在某场景中某方向上的控制，如车道居中控制、自适应巡航控制等功能都可以归类到1级驾驶自动化中。驾驶人与自动驾驶系统可以同时执行车辆的驾驶任务，但是在自动驾驶系统执行自动驾驶任务的过程中，驾驶人需要充当安全员的角色，监管自动驾驶系统的驾驶行为。驾驶人可以随时介入自动驾驶汽车驾驶行为，并立即解除自动驾驶系统控制权。如果遇到危险，驾驶人需要立刻介入，以保障安全驾驶。

2级驾驶自动化（组合驾驶辅助）系统在其设计运行条件下持续地执行动态驾驶任务中的车辆横向运动和纵向运动控制，并且具备与所执行的车辆横向运动和纵向运动控制相适应的部分目标及事件探测与响应能力。在该阶段，自动驾驶系统可以完成车辆横向运动和纵向运动控制中的所有驾驶场景，驾驶人与自动驾驶系统可以同时执行车辆的驾驶任务，驾驶人需要充当安全员的角色，监管自动驾驶系统的驾驶行为。驾驶人可以随时介入自动驾驶汽车驾驶行为，并立即解除自动驾驶系统控制权，如果遇到危险，驾驶人需要立刻介入，以保障安全驾驶。

3级驾驶自动化（有条件自动驾驶）系统在其设计运行条件下持续地执行全部动态驾驶任务。在该阶段，自动驾驶系统已经可以独立完成部分驾驶场景中的自动驾驶功能，驾驶人只需充当安全员的角色，监管自动驾驶系统的驾驶行为。自动驾驶系统只需在遇到不能完成驾驶行为的场景或自动驾驶系统功能失效时，向驾驶人提出请求，让其介入驾驶行为。在请求驾驶人介入驾驶行为过程中，自动驾驶系统还可以独立完成一段时间的驾驶，以便让驾驶人做好接管的准备。如果驾驶人长时间没有根据自动驾驶系统的要求接管车辆，自动驾驶系统就可以适时采取减缓车辆发生危险的措施。

4级驾驶自动化（高度自动驾驶）系统在其设计运行条件下持续地执行全部动态驾驶任务并自动执行最小风险策略。在该阶段，自动驾驶系统可以独立完成规定驾驶场景（如园区、学校等）中的自动驾驶功能，驾驶人依旧需要充当安全员的角色，监管自动驾驶系统的驾驶行为。自动驾驶系统遇到不能完成驾驶行为的场景或自动驾驶系统功能失效时，向驾驶人提出请求，让其介入驾驶行为。如果驾驶人不对请求做响应、驾驶人不满足驾驶车辆能力或驾驶人要求自动驾驶系统控制车辆到最小风险状态，自动驾驶系统就可以自行将车辆控制在最小风险状态下。

5级驾驶自动化（完全自动驾驶）系统在任何可行驶条件下持续地执行全部动态驾驶任务并自动执行最小风险策略。在该阶段，自动驾驶系统可以独立完成所有驾驶场景中的自动驾驶功能，驾驶人可以充当安全员的角色，监管自动驾驶系统的驾驶行为。自动驾驶系统可以保障车内乘员的安全，遇到不能完成驾驶行为的场景或自动驾驶系统功能失效时，向驾驶人提出请求，让其介入驾驶行为。如果驾驶人不对请求做响应或驾驶人要求自动驾驶系统控制车辆到最小风险状态，自动驾驶系统就可以自行将车辆控制到最小风险状态下。

智能网联汽车的4级驾驶自动化（高度自动驾驶）和5级驾驶自动化（完全自动驾驶）被认为是无人驾驶汽车，而1级（部分驾驶辅助）驾驶自动化、2级驾驶自动化（组合驾驶辅助）和3级驾驶自动化（有条件自动驾驶）不属于无人驾驶汽车。因此，无人驾驶汽车和智能网联汽车不完全等同，智能网联汽车是智能汽车新技术的阶段；无人驾驶汽车是智能汽车的最高阶段，也是汽车的终极发展目标。

无论自动化如何分级，驾驶人对汽车的控制权都可以分为驾驶人拥有全部汽车控制权、驾驶人拥有部分汽车控制权、驾驶人不拥有汽车控制权三种形式，如图1.13所示。

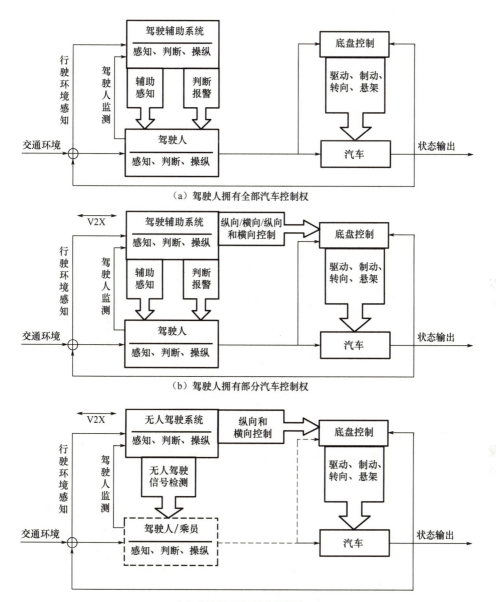

图 1.13 汽车不同驾驶形式作用示意图

当驾驶人拥有部分汽车控制权时,驾驶人拥有的汽车控制权取决于汽车先进驾驶辅助系统(advanced driver assistant system,ADAS)的配备和技术成熟程度,先进驾驶辅助系统装备越多、技术越成熟,驾驶人拥有的汽车控制权越少,汽车自动驾驶程度越高。

1.2.2 智能网联汽车的网联化分级

按照网联通信内容的不同,智能网联汽车分为三个网联化等级:1级为网联辅助信息交互,2级为网联协同感知,3级为网联协同决策与控制,见表1-2。

表 1-2 智能网联汽车的网联化等级

网联化等级	等级名称	等级定义	控制	典型信息	传输需求
1	网联辅助信息交互	基于车-路、车-后台通信，实现导航等辅助信息的获取，以及汽车行驶数据与驾驶人操作数据等的上传	驾驶人	图、交通流量、交通标志、油耗、续驶里程、驾驶习惯等	传输实时性、可靠性要求较低
2	网联协同感知	基于车-车、车-路、车-人、车-后台通信，实时获取汽车周围交通环境信息，与车载传感器的感知信息融合，并作为自主决策与控制系统的输入	驾驶人与系统	周围车辆、行人、非机动车位置，交通信号灯相位，道路预警等信息	传输实时性、可靠性要求较高
3	网联协同决策与控制	基于车-车、车-路、车-人、车-后台通信，实时、可靠地获取汽车周围交通环境信息及汽车决策信息，车-车、车-路等交通参与者之间的信息交互融合，形成车-车、车-路等交通参与者之间的协同决策与控制	驾驶人与系统	车-车、车-路的协同控制信息	传输实时性、可靠性要求最高

自动化与网联化在智能网联汽车的发展过程中是必不可少的组成部分。在自动化和网联化融合的过程中，智能网联汽车的发展路径如图 1.14 所示。

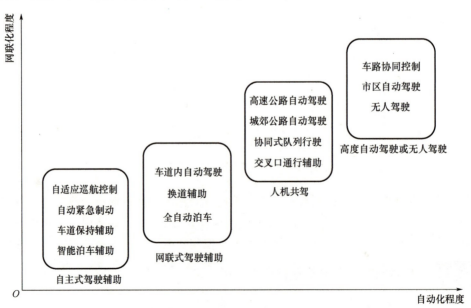

图 1.14 智能网联汽车的发展路径

智能网联汽车的发展大致可以分为自主式驾驶辅助、网联式驾驶辅助、人机共驾、高度自动驾驶或无人驾驶四个阶段。

（1）自主式驾驶辅助。自主式驾驶辅助系统是指依靠车载传感器进行环境感知并辅助驾驶人进行驾驶操作的系统，已经开始大规模产业化，如前向碰撞预警系统、车道偏离预警系统、盲区监测系统、车道保持辅助系统、自适应巡航控制系统、智能泊车辅助系统等。

（2）网联式驾驶辅助。网联式驾驶辅助系统是指依靠信息通信技术对汽车周围环境进行感知，并可对周围车辆未来运动进行预测，进而辅助驾驶人进行驾驶操作的系统。通过现代通信与网络技术，汽车、道路、行人等交通参与者成为智能交通系统中的信息节点。网联式驾驶辅助已经进入大规模测试和产业化前期准备阶段，如车道内自动驾驶、换道辅助、全自动泊车等。

（3）人机共驾。人机共驾是指驾驶人和汽车智能系统同时在线，分享汽车控制权，人机一体化协同完成驾驶任务，如高速公路自动驾驶、城郊公路自动驾驶、协同式列队行驶、交叉口通行辅助等。

（4）高度自动驾驶或无人驾驶。处于高度自动驾驶或无人驾驶阶段的智能汽车，驾驶人不需要介入操作，汽车将会自动完成所有工况下的自动驾驶。其中，在高度自动驾驶阶段，汽车遇到无法处理的驾驶工况时会提示驾驶人是否接管，如果驾驶人不接管，汽车则采取保守处理模式（如靠边停车等）。在无人驾驶阶段，汽车中可能已经没有驾驶人或乘员，无人驾驶系统需要处理所有驾驶工况。高度自动驾驶或无人驾驶还处于研发和小规模测试阶段。

1.3 智能网联汽车的体系结构

1.3.1 智能网联汽车的系统层次结构

智能网联汽车以汽车为主体，利用环境感知技术实现多车有序安全行驶，通过无线通信网络等手段为用户提供多样化信息服务。**智能网联汽车的系统层次结构**如图 1.15 所示，**包括环境感知层、智能决策层、控制和执行层。**

（1）环境感知层。环境感知层的主要功能是通过车载环境感知技术、卫星定位技术、4G/5G、V2X 无线通信技术等，实现对汽车自身属性和汽车外在属性（如道路、车辆和行人等）静态信息、动态信息的提取及收集，并向智能决策层输送信息。

（2）智能决策层。智能决策层的主要功能是接收并融合环境感知层的信息，对道路、车辆、行人、交通标志和交通信号灯等进行识别，决策分析与判断汽车驾驶模式和将要执行的操作，并向控制和执行层输送指令。

（3）控制和执行层。控制和执行层的主要功能是按照智能决策层的指令，对汽车进行操作和协同控制，并为联网汽车提供道路交通信息、安全信息、娱乐信息、救援信息及商务办公、网上消费等，保障汽车安全行驶和舒适驾驶。

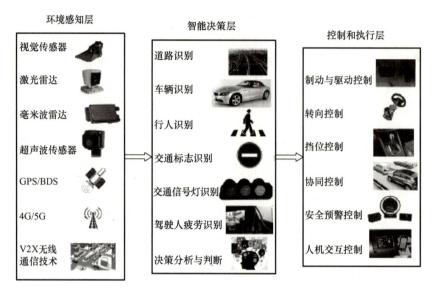

图 1.15　智能网联汽车的系统层次结构

1.3.2　智能网联汽车的技术逻辑结构

智能网联汽车的技术逻辑结构如图 1.16 所示，两条主线是信息感知和决策控制，其发展核心是系统进行信息感知、决策预警和智能控制，逐渐替代驾驶人的驾驶任务，并最终完全自主执行全部驾驶任务。智能网联汽车通过自动化与网联化两条技术路径协同实现信息感知和决策控制。

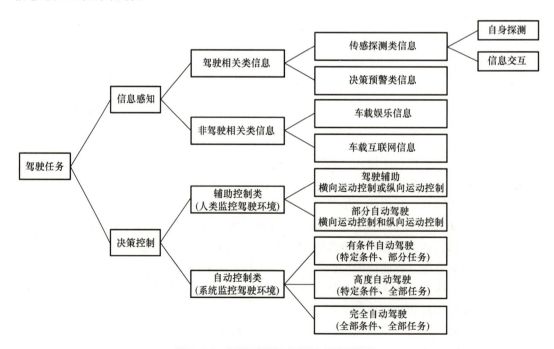

图 1.16　智能网联汽车的技术逻辑结构

(1) 信息感知。信息感知根据信息对驾驶行为的影响及相互关系分为驾驶相关类信息和非驾驶相关类信息。其中，驾驶相关类信息包括传感探测类信息和决策预警类信息，传感探测类信息又可根据信息获取方式细分为依靠汽车自身传感器直接探测获取的信息（自身探测）和汽车通过车载通信装置从外部其他节点接收的信息（信息交互）；非驾驶相关类信息包括车载娱乐信息和车载互联网信息。"自动化＋网联化"可以使汽车在自身传感器直接探测的基础上，通过与外部节点的信息交互，实现更加全面的环境感知，从而更好地支持汽车进行决策控制。

(2) 决策控制。决策控制根据汽车与驾驶人在汽车控制方面的作用及职责分为辅助控制类和自动控制类，分别对应不同等级的决策控制。其中，辅助控制类主要指汽车利用电子技术辅助驾驶人进行汽车控制，如横向运动控制、纵向运动控制及其组合，可分为驾驶辅助和部分自动驾驶；自动控制类根据汽车自主控制以及替代驾驶人进行驾驶的场景和条件，细分为有条件自动驾驶、高度自动驾驶和完全自动驾驶。

1.3.3 智能网联汽车的技术架构

智能网联汽车涉及汽车、信息、网络、通信、控制、交通等技术，其技术架构较复杂，可总结为"三横两纵"，如图 1.17 所示。"三横"是指智能网联汽车主要涉及的车辆/设施关键技术、信息交互关键技术与基础支撑关键技术，"两纵"是指支撑智能网联汽车发展的车载平台和基础设施。

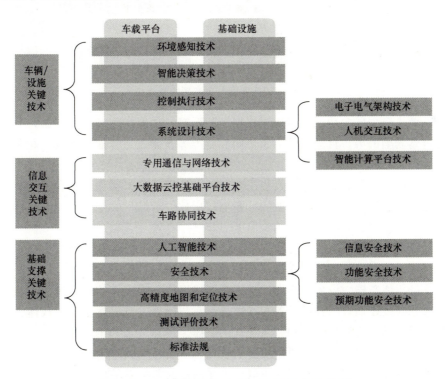

图 1.17 智能网联汽车的"三横两纵"技术架构

1.3.4 智能网联汽车产品的物理结构

智能网联汽车产品的物理结构如图 1.18 所示。它把技术逻辑结构涉及的信息感知与决策控制功能落实到物理载体上。汽车控制系统、车载终端、交通设施终端、外接终端等按照不同的用途，通过不同的网络通道、软件或平台对采集或接收的信息进行传输、处理和执行，从而实现不同的功能或应用。

图 1.18 智能网联汽车产品的物理结构

（1）**功能、应用层**。功能、应用层根据产品形态、功能类型和应用场景，分为车载信息类、先进驾驶辅助类、自动驾驶类及协同控制类等，涵盖与智能网联汽车相关产品具备的基本功能。

（2）**软件、平台层**。软件、平台层主要涵盖大数据平台、操作系统和云计算平台等基础平台产品，以及资讯、娱乐、导航和诊断等应用软件产品，共同为智能网联汽车相关功能的实现提供平台级、系统级和应用级服务。

（3）**网络、传输层**。网络、传输层根据通信的应用范围分为车内总线通信、车内局域通信、中短程通信和广域通信，它是信息传递的"管道"。

（4）**设备、终端层**。设备、终端层根据功能或用途分为汽车控制系统、车载终端、交通设施终端、外接终端等。各类设备和终端是汽车与外界进行信息交互的载体；同时作为人机交互界面，成为连接"人"和"系统"的载体。

（5）**基础、通用层**。基础、通用层涵盖电气、电磁环境及行为协调规则。智能网联汽车上的设备、终端或系统需要利用汽车电源，在满足汽车特有的电气、电磁环境要求下实现功能；设备、终端或系统间的信息交互和行为协调也应在统一规则下进行。

此外，智能网联汽车产品的物理结构中还包括功能安全和信息安全两个组成部分。两者作为智能网联汽车产品和应用需要普遍满足的基本条件，贯穿于整个产品物理结构，其也是智能网联汽车产品和应用实现安全、稳定、有序运行的可靠保障。

1.3.5 智能网联汽车的电子电气架构

电子电气架构为汽车底层架构打下坚实基础，如今汽车底盘架构不仅是机械架构，为实现辅助驾驶功能和其他智能化功能，还需要安装大量的传感器和控制器，并用大量线束将它们连接起来，进而突显汽车电子电气架构的重要性。汽车电子电气架构将汽车上的传感器、控制器、线束和汽车上的软件有机结合，在简化汽车架构的同时提高了运行效率。汽车电子电气架构会随着汽车功能的增加而演变。

1. 汽车电子电气架构的定义

汽车电子电气架构整合汽车中的传感器、执行器、电子控制单元、线束和电子电气分配系统并完成运算、动力和能量的分配，进而实现整车的各项功能。设计电子电气架构，可以将车身、热管理、动力、底盘、信息娱乐、智能驾驶、内饰、外饰及安全等信息转换为实际分配的物理布局、信号网络、数据网络、诊断和电源管理等电子电气解决方案。

汽车电子电气架构随着芯片和通信技术的发展而不断发展，从分布式电子电气架构到（跨）域集中电子电气架构再到车辆集中电子电气架构，汽车电子电气架构发生了巨大的变化。

2. 分布式电子电气架构

汽车在诞生之初只是纯机械产品，没有蓄电池，设备也不需要电力。1927年博世公司开发出铅酸蓄电池，从此汽车上的电子设备有了可靠的电力来源。

20世纪80年代，随着信息技术的兴起，汽车电子化迅猛发展，电子控制单元（electronic control unit，ECU）逐渐成为汽车的重要组成部分。电子控制单元最早用于控制发动机工作，之后逐渐"占领"整车，从防抱装置、电控自动变速器、驱动力控制系统、主动悬架系统、安全气囊系统、汽车电子稳定控制系统等到车身、驾驶辅助、信息娱乐等控制系统。大多电子控制单元是连接至一个或多个系统总线的网络节点，CAN总线、LIN总线和（或）FlexRay总线等与其连接的总线系统构成了汽车分布式电子电气架构。图1.19所示为由CAN总线、LIN总线、MOST（多媒体定向系统传输）总线和以太网构成的分布式电子电气架构。

20世纪90年代初，平均每辆汽车上的电子控制单元不到10个，而现在每辆汽车上的电子控制单元超过100个，部分高端汽车的电子控制单元甚至超过300个。大量电子控制单元带来如下弊端：组成的车载网络规模庞大，使线束成为整车第二重要部件，总线长度突破6km，大大增加了制造成本与能耗，也造成算力的冗余和浪费；不同的电子控制单元采用不同的嵌入式操作系统和应用程序，由不同汽车供应商提供，无论是汽车功能的开发还是后期的维护升级，汽车企业都需要分别与这些汽车供应商沟通协作，过程烦琐，汽车开发周期延长，人力成本和物力成本增加；软硬件强耦合、语言和编程风格迥异、功能更新需同步升级软硬件导致无法统一维护和升级空中下载技术。另外，在越来越复杂的线路中，保证数据处理及网络安全将成为难题。

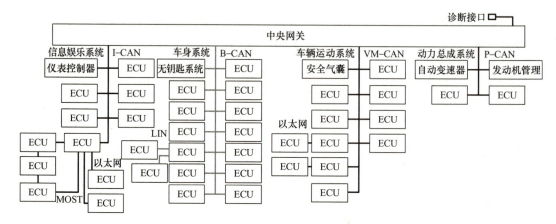

图 1.19 分布式电子电气架构

智能化浪潮来袭，汽车分布式电子电气架构不堪重负，无法适应汽车智能化的进一步发展。智能驾驶、智能座舱是消费者能感知到的体验，背后除了需要强大的传感器、芯片，还需要先进的电子电气架构的支持，电子电气架构决定了智能化功能发挥的上限。没有先进的电子电气架构做支撑，即使搭载再多表面智能功能也无法支持汽车的持续更新和发展。

智能座舱和自动驾驶需要更多的电子控制单元和传感器，但分布式电子电气架构已经遇到瓶颈，算力和总线信号传输速率远远不能满足要求，必须引入搭载更高性能车规级芯片的域控制器、车载以太网和集中式电子电气架构。

3. 汽车电子电气架构的发展之路

汽车电子电气架构的升级路径表现为分布式电子电气阶段（模块化→集成化）、（跨）域集中电子电气架构（域控制集中→跨域融合）、车辆集中电子电气架构（车载计算机→车-云计算）。首先分布式电子控制单元（每个功能都对应一个电子控制单元）逐渐模块化和集成化，向域控制器（一般按照动力总成域、底盘域、车身域、座舱域和自动驾驶域等）方向发展；然后部分域开始跨域融合发展（如底盘域和动力域功能安全、信息安全相似）并整合为中央计算平台（一台计算机）；最后向云计算和车端计算（中央计算平台）发展。其中，车端计算主要用于汽车内部的实时处理；云计算作为车端计算的补充，为智能汽车提供非实时性（如座舱部分场景可允许微秒级别的延迟）的数据交互和运算处理。分布式电子电气架构正逐渐向（跨）域集中电子电气架构转变。

电子电气架构的发展之路如图 1.20 所示。

（1）模块化阶段。在模块化阶段，每个功能都对应一个电子控制单元。例如，汽车上的灯光对应一个控制器，车门对应一个控制器，无钥匙系统对应一个控制器。电子控制单元嵌入软件，线束布置复杂，通信成本高。随着汽车功能的增加，这种架构日益复杂，无法持续满足需求。

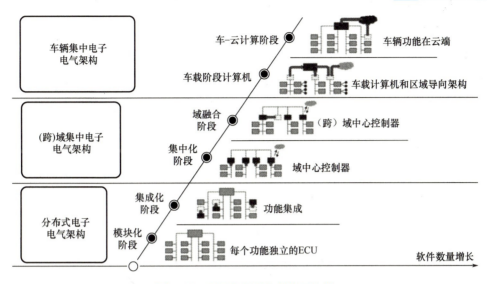

图 1.20 电子电气架构的发展之路

(2) 集成化阶段。在集成化阶段,电子控制单元合并,单个电子控制单元负责多个功能,电子控制单元减少,线束布置和通信成本降低。在模块化阶段和集成化阶段,汽车电子电气架构仍属于分布式电子电气架构,电子控制单元功能集成度较低。

(3) 集中化阶段。域集中后,根据功能划分域控制器(DCU),如动力总成域、底盘域、车身域、座舱域和自动驾驶域等。域控制器间通过以太网和 CAN FD 总线相连,其中座舱域和自动驾驶域要处理大量数据,算力需求逐步增长。动力总成域、底盘域、车身域主要涉及控制指令计算及通信资源,算力要求较低。在集中化阶段,电子控制单元功能弱化,主要以域控制器为主导,域控制器的功能更强大,搭载多核处理器。

(4) 域融合阶段。在集中化阶段的基础上,为进一步降低成本和增强协同,出现了跨域融合,即融合多个域,形成多域控制器(MDC),可以整合不同功能域的数据并进行融合处理。比如将动力总成域、底盘域、车身域合并为整车控制域,从而将五个功能域(车身域、座舱域、动力总成域、底盘域、自动驾驶域)过渡到中央计算+位置域阶段。

在集中化阶段和域融合阶段,汽车电子电气架构属于集中式电子电气架构,电子控制单元的功能集成度较高。博世公司开发的域集中电子电气架构如图 1.21 所示。

(5) 车载计算机阶段。车载计算机阶段即中央计算+位置域阶段。随着功能域的深度融合,功能域逐步升级为更加通用的计算平台,从功能域跨入位置域(如左域、中域、右域)。区域控制器平台(ZCU)是整车计算系统中某个局部的感知、数据处理、控制与执行单元。它负责连接汽车某个区域内的传感器、执行器及电子控制单元等,并负责在该位置域内传感器数据的初步计算和处理以及网络协议转换。位置域实现就近布置线束,成本降低,通信接口减少,更易实现线束的自动化组装,从而提高效率。传感器、执行器等就近接入附近的区域控制器,能更好地实现硬件扩展,区域控制器的结构管理更容易。区域接入+中央计算保证了整车架构的稳定性和功能的扩展性,新增外部部件可以基于区域网关接入,硬件的可插拔设计使得算力不断提升,充足的算力支持应用软件在中央计算平台迭代升级。中央计算＋区域控制电子电气架构如图1.22所示，按照车身区域进行控制区分（左域、中域和右域），而不是按照功能区分，省去一些ECU，线束布置和通信成本大幅度降低。图中，ECUs代表多个ECU。

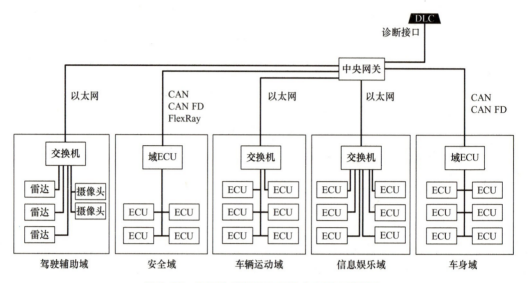

图1.21　博世公司开发的域集中电子电气架构

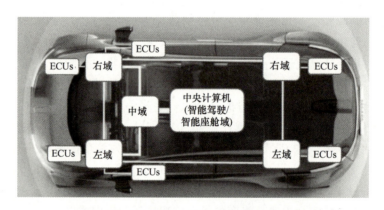

图1.22　中央计算＋区域控制电子电气架构

（6）车-云计算阶段。在车-云计算阶段，区域控制器中的部分复杂算法集成在云端，由云端算法控制汽车的功能，从而实现车-云计算，使汽车内架构进一步简化，汽车的传感器和执行器可被软件定义、控制，汽车的零部件逐步变成标准件，彻底实现软件定义汽车功能。车-云计算阶段也是汽车电子电气架构演进的最高阶段，随着汽车智能化技术的不断发展，汽车电子电气架构将逐步朝着最高阶段进发。

4. 汽车电子电气架构的升级

汽车电子电气架构的升级主要体现在硬件架构升级、软件架构升级和通信架构升级。

(1) 硬件架构升级。硬件架构升级是从分布式电子电气架构到（跨）域集中电子电气架构再到车辆集中电子电气架构方向发展。硬件架构升级具有以下优势。

① 硬件架构升级利于提升算力利用率，减少算力设计总需求。一般设计芯片参数时按照需求值设计并留有余量，以保证算力冗余，主要是因为汽车在实际运行过程中，在大部分时间里仅部分芯片执行运算工作，而且不是满负荷运算，导致整车大部分运算处理能力处于闲置中，算力有效利用率较低。例如，泊车使用的倒车影像等仅在泊车等时段执行运算操作。采用域控制器方式可以在综合情况下设计较低的总算力，仍能保证整车工作时总算力满足设计要求。

② 硬件架构升级利于数据统一交互，实现整车功能协同。传统主机厂方案采用一个功能对应一套感知-决策-执行硬件，感知数据难以交互，也无法协同执行。而实现真正意义上的高级自动驾驶不仅需要多传感器共同感知外部环境，还需要实时监控汽车内部运行数据并进行综合判断，同时执行机构协同操作。（跨）域集中/车辆集中电子电气架构可对采集的数据信息统一处理，综合决策，协同执行。

③ 硬件架构升级利于缩短线束，降低故障率，减轻整车质量。采用分布式电子电气架构，电子控制单元增加后线束更长，错综复杂的线束布置会产生电磁干扰，导致故障率提升，整车质量更大；（跨）域集中/车辆集中电子电气架构可减小线束长度，减轻整车质量。

(2) 软件架构升级。软件架构升级是指从软硬件高度耦合向分层解耦方向发展。软件架构升级具有以下优势。

① 软件架构升级利于软硬件解耦分层，以及实现软件/固件在线升级、软件架构软实时、操作系统可移植。传统汽车嵌入式软件与硬件高度耦合，为应对越来越复杂的自动驾驶应用和功能安全需要，以汽车开放系统架构（AUTOSAR）为代表的软件架构提供接口标准化定义、模块化设计，提高软件通用性，实现软件架构的软实时、在线升级、操作系统可移植等。

② 软件架构升级利于采集数据信息多功能应用，有效减少硬件需求量，真正实现软件定义汽车。若未实现软硬件解耦，则一般增加一个应用功能需要单独增加一套硬件装置，仅一个应用功能可以利用采集的数据信息。现阶段，自动泊车超声波雷达和自适应巡航摄像头、毫米波雷达采集的数据不可交互，若打通整个汽车软件架构，则可有效利用数据特征，实现多个应用共用一套采集信息，有效减少硬件需求量。

(3) 通信架构升级。通信架构升级由 CAN/LIN 总线向以太网方向发展。通信架构升级具有以下优势。

通信架构升级可以满足高速传输和低延迟等性能需求。由于智能网联汽车应用越来越复杂，虽然大量非结构化数据（如图片、视频等）携带的信息非常丰富，但对数据传输要求极高。例如，一个激光雷达模块产生约 70Mbit/s 的数据流量；一个摄像头产生约 40Mbit/s 的数据流量；一个毫米波雷达模块产生约 0.1Mbit/s 的数据流量，若 2 级自动驾驶汽车需要使用 8 个毫米波雷达和 3 个摄像头，则需要最大传速率超过 120Mbit/s，而 5 级自动驾驶汽车对传输速率要求更高，传统汽车电子电气架构的 CAN/LIN 总线不能满足高速传输的需求。以太网因具备大带宽、高通量、低延迟等优势而成为应用于汽车主干网络的主要方案。

采用以太网线束更短，还可减少安装、测试成本。线束在质量和成本方面都位列汽车零部件第三，其中在成本方面，线束安装占人工成本的 50%。据统计，在相同性能条件下，使用非屏蔽双绞线的以太网电缆和更小的紧凑型连接器可使连接成本降低 80%，线缆质量减轻 30%。

由此可见，随着汽车电子电气架构的改变，车载以太网有望替代 CAN 总线成为无人驾驶汽车车载网络的主干网络。

主流汽车企业的电子电气架构如图 1.23 所示。

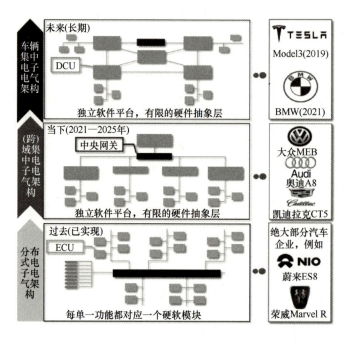

图 1.23 主流汽车企业的电子电气架构

未来汽车电子电气架构如图 1.24 所示。

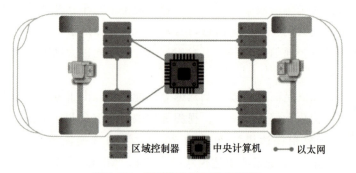

图 1.24 未来汽车电子电气架构

1.4 智能网联汽车的关键技术及其发展趋势

1.4.1 智能网联汽车的关键技术

智能网联汽车的关键技术包括环境感知技术、无线通信技术、智能互联技术、车载网络技术、先进驾驶辅助技术、信息融合技术、信息安全与隐私保护技术、智能座舱技术、芯片技术、虚拟测试技术等。

1. 环境感知技术

环境感知包括汽车本身状态感知、道路感知、行人感知、交通信号灯感知、交通标志感知、交通状况感知、周围车辆感知等。其中，汽车本身状态感知包括行驶速度、行驶方向、行驶状态、汽车位置等；道路感知包括道路类型检测、道路标线识别、道路状况判断、是否偏离行驶轨迹等；行人感知主要判断汽车行驶前方是否有行人，包括白天行人识别、夜晚行人识别、被障碍物遮挡的行人识别等；交通信号灯感知主要是自动识别交叉路口的信号灯、如何高效通过交叉路口等；交通标志感知主要识别道路两侧的交通标志，如限速、弯道等，及时提醒驾驶人；交通状况感知主要检测道路交通拥堵情况、是否发生交通事故等，以便汽车选择通畅的路线行驶；周围车辆感知主要检测汽车前方、后方、侧方的车辆情况，避免发生碰撞，也包括交叉路口被障碍物遮挡的车辆。在复杂的路况交通环境下，单一传感器无法完成全部环境感知，必须整合各种传感器，利用传感器融合技术为智能网联汽车提供更加真实可靠的路况环境信息。

2. 无线通信技术

无线通信技术包括长距离无线通信技术和短距离无线通信技术。长距离无线通信技术用于提供即时的互联网接入，主要采用4G/5G技术，特别是5G技术有望成为车载长距离无线通信专用技术。短距离无线通信技术有DSRC、蓝牙、Wi-Fi等，其中，DSRC可以实现在特定区域内对高速运动下移动目标的识别和双向通信，如V2V和V2I双向通信，实时传输图像、语音和数据信息等。

3. 智能互联技术

当两辆汽车之间的距离较大或被障碍物遮挡而无法直接通信时，可以通过路侧单元传递信息，构成一个无中心、完全自组织的车载自组织网络。车载自组织网络依靠短距离通信技术实现V2V和V2I双向通信，即在一定通信范围内的汽车可以相互交换车速、位置等信息和车载传感器感知的数据，并自动连接建立一个移动网络。智能互联技术的典型应用包括行驶安全预警、交叉路口协助驾驶、交通信息发布及基于通信的汽车纵向运动控制等。

4. 车载网络技术

汽车上广泛应用的网络有CAN总线、LIN总线和MOST总线等，它们的特点是传输速率低、带宽窄。随着越来越多的高清视频应用［如先进驾驶辅助系统、360°全景泊车系统和蓝光DVD（digital video disc，数字视频光盘）播放系统］等进入汽车，它们的传输速率和带宽已无法满足需要。以太网最有可能进入智能网联汽车环境下工作。它采用星形连接架构，每个设备或每条链路都可以专享100Mbit/s带宽，而且传输速率达到万兆级。同时，以太网还可以顺应未来汽车行业的发展趋势，即遵循开放性兼容性原则，易将现有应用嵌入新的系统。

5. 先进驾驶辅助技术

先进驾驶辅助技术是通过车辆环境感知技术和自组织网络技术对道路、汽车、行人、交通标志、交通信号灯等进行检测和识别，对识别信号进行分析和处理并传输给执行机构，保证汽车安全行驶。先进驾驶辅助技术是智能网联汽车重点发展的技术，其成熟程度和使用代表了智能网联汽车的技术水平，它也是其他关键技术的具体应用体现。

6. 信息融合技术

信息融合技术是在一定准则下，利用计算机技术对多源信息分析和综合以实现不同应用的分类任务而进行的处理过程。该技术主要用于对多源信息进行采集、传输、分析和综合，将不同数据源在时间和空间上的冗余或互补信息依据某种准则进行组合，形成完整、准确、及时、有效的综合信息。智能网联汽车采集和传输的信息种类多、数量大，只有采用信息融合技术才能保证实时性和准确性。

7. 信息安全与隐私保护技术

智能网联汽车在接入网络的同时，带来了信息安全问题。在应用中，每辆汽车及其车主的信息都将随时随地传输到网络中被感知，这种暴露在网络中的信息很容易被窃取、干扰甚至修改等，从而直接影响智能网联汽车体系的安全。因此，必须重视对智能网联汽车信息安全与隐私保护技术的研究。

8. 智能座舱技术

智能网联汽车的智能座舱系统是以车联网为依托，集合丰富的车载传感器、控制器、网络传感器、云端数据、算力资源，基于人工智能技术和先进的人机交互技术，提供友好的人机交互界面，提升汽车行驶安全性、通信感知能力、用户体验的汽车座舱软硬件集成系统。智能座舱系统主要由人机交互系统、环境控制系统、影音娱乐系统、信息通信系统、导航系统等组成。从汽车座舱升级路径来看，座舱产品正处于智能时代初级阶段。现阶段，大部分座舱产品仍采用分布式离散控制，即操作系统相互独立，核心技术体现为模块化、集成化设计。未来，随着高级别自动驾驶的逐步应用，芯片和算法等性能提高，座舱产品将进一步升级，一芯多屏、多屏互融、立体式虚拟呈现等技术普及，核心技术体现为进一步集成智能驾驶的能力。

9. 芯片技术

芯片是智能网联汽车的核心运算单元，主要包括中央处理器、图形处理器、现场可编程门阵列及专用定制芯片等。

10. 虚拟测试技术

运用计算机建模构建虚拟的街道、城乡和高速公路等，将其作为测试环境在虚拟环境中加入测试用例，可以大大提高自动驾驶技术的研发测试效率、缩短研发测试周期、实现场地测试无法提供的大量测试场景用例。

1.4.2　智能网联汽车的技术发展趋势

智能网联汽车的技术发展趋势如下。

智能网联汽车的技术发展趋势

（1）**以深度学习为代表的人工智能技术快速发展和应用**。以深度学习方法为代表的人工智能技术在智能网联汽车上得到应用。尤其在环境感知领域，深度学习方法优势突显，正在以惊人的速度替代传统机器学习方法。深度学习方法需要大量数据作为学习的样本库，对数据采集和存储提出了较高需求；同时存在内在机理不清晰、边界条件不确定等缺点，需要与其他传统机器学习方法融合使用以确保可靠性，并且受车载芯片处理能力的限制。

（2）**激光雷达等先进传感器加速向低成本和小型化发展**。激光雷达与毫米波雷达等其他传感器相比，具有分辨率高、识别效果好等优点，成为主流的自动驾驶汽车用传感器；但其体积大、成本高、更易受雨雪等天气条件的影响，现阶段难以大规模商业化应用。激光雷达正向低成本、小型化的固态扫描或机械固态混合扫描形式发展，但仍需要克服光学相控阵易产生旁瓣而影响探测距离和分辨率、繁复的精密光学调装影响量产规模和成本等问题。

（3）**自主式智能与网联式智能技术加速融合**。网联式系统能从时间和空间维度突破自主式系统对汽车周边环境的感知能力。在时间维度，系统使用V2X无线通信技术能够提前获知周边车辆的操作信息、交通信号灯等交通控制系统信息以及气象条件、拥堵预测等更长期的未来状态信息。在空间维度，系统使用V2X无线通信技术能够感知交叉路口盲区、弯道盲区、汽车遮挡盲区等的环境信息，从而帮助自动驾驶系统更全面地掌握周边交通态势。网联式智能技术与自主式智能技术相辅相成、互为补充，正在加速融合发展。

（4）**高速公路自动驾驶与低速区域自动驾驶系统将率先应用**。高速公路与城市低速区域将是自动驾驶系统率先应用的两个场景。高速公路的车道线、标志牌等结构化特征清晰，交通环境相对简单，适合车道偏离预警、车道保持、自动紧急制动、自适应巡航控制等驾驶辅助系统的应用。而在特定的城市低速区域，可提前设置高精度定位、V2X等支撑系统，采集高精度地图，以实现在特定区域的自动驾驶，如自动物流运输车、景区自动摆渡车、园区自动通勤车等。

1.5　智能网联汽车的发展规划

智能化、互联化已经成为未来汽车技术的发展趋势，只有智能驾驶与互联驾驶结合才能更有效地实现汽车安全、舒适、节能、高效行驶。

1.5.1 智能网联汽车的发展总体思路

(1) 近期以自主环境感知为主,推进网联信息服务为辅的部分自动驾驶应用。

(2) 中期重点形成网联式环境感知能力,实现在复杂工况下的有条件自动驾驶。

(3) 远期推动可实现 V2X 协同控制、具备高度/完全自动驾驶功能的智能化技术。

1.5.2 智能网联汽车的发展目标

智能网联汽车的发展目标见表 1-3。

表 1-3 智能网联汽车的发展目标

年 份	建设内容	建设目标
2025 年	顶层设计方面	基本建成面向乘用车和商用车的自主智能网联汽车产业链与智慧交通体系
	标准体系和能力方面	建立较完善的智能网联汽车标准体系法规、自主研发体系、生产配套体系及产业群,掌握自动驾驶系统关键技术,传感器、控制器达到国际先进水平,掌握执行器关键技术,产品质量与价格均具有较强的国际竞争力,拥有供应量在世界排名前十的供应商企业一家;实现汽车全生命周期的数字化、网络化、智能化,为汽车产业转型升级奠定基础,完成智能网联汽车的国家信息安全强制认证,在智能汽车领域具备竞争优势
	市场应用方面	驾驶辅助、部分自动驾驶、有条件自动驾驶新车装配率达到 80%,其中部分自动驾驶、有条件自动驾驶新车装配率达到 25%,高度自动驾驶、完全自动驾驶汽车开始进入市场
	社会效益方面	汽车交通事故数减少 80%,普通道路的交通效率提升 30%,油耗和排放量均降低 20%
2030 年	顶层设计方面	建立面向完善的自主智能网联汽车产业链与智能交通体系
	标准体系和能力方面	形成完善的自主智能网联汽车标准法规体系、研发体系和生产配套体系,中国品牌智能网联汽车及核心零部件企业具备较强国际竞争力,实现产品大规模出口;建立完善的智能交通体系,智能汽车与智能道路间形成高效的协作发展模式
	市场应用方面	驾驶辅助级及以上级别的智能驾驶系统成为新车标配,汽车联网率接近 100%,高度自动驾驶、完全自动驾驶新车装配率达到 10%
	社会效益方面	在部分区域初步形成"零伤亡、零拥堵"的智能交通体系,全国范围内交通事故率、拥堵时间与排放量均大幅度降低

1.5.3 智能网联汽车的发展重点

智能网联汽车的发展重点见表 1-4。

表1-4 智能网联汽车的发展重点

序号	发展重点	具体内容
1	基于网联的车载智能信息服务系统	在现有远程信息服务系统的基础上,为驾驶和出行提供交通、咨询、汽车运行状态及智能控制等信息服务,突出信息化和人机交互升级;逐步普及远程通信功能,部分实现V2X短程通信功能,信息可用于智能化控制
2	驾驶辅助级智能汽车	制定中国版智能驾驶辅助标准,基于车载传感实现智能驾驶辅助,可提醒驾驶人干预汽车,突出安全性、舒适性和便利性,驾驶人应对汽车保持持续控制
3	部分自动驾驶或高度自动驾驶级智能汽车	制定中国版乘用车城市智能驾驶标准和高速公路智能驾驶标准;乘用车逐步实现部分自动驾驶或高度自动驾驶,突出舒适性、便利性、高效机动性和安全性,实现网联信息的安全管理;制定中国版商用车城郊智能驾驶标准和高速公路智能驾驶标准,商用车逐步实现部分自动驾驶或高度自动驾驶,以网联智能管理和编队控制技术突破为主,提高运输车辆的运行效率、经济性、安全性和便利性
4	完全自动驾驶级智能汽车	制定中国版完全自动驾驶标准,基于多源信息融合、多网融合,利用人工智能、深度挖掘及自动控制技术,配合智能环境和辅助设施实现完全自动驾驶,可改变出行模式、消除拥堵、提高道路利用率
5	车载光学系统	光学摄像头、夜视系统等具备图像处理和视觉增强功能,性能与国际品牌相当并具有成本优势
6	车载雷达系统	开发高性价比的车载雷达系统,包括车载激光雷达系统和毫米波雷达系统
7	高精定位系统	基于北斗卫星导航系统开发,实现自主突破,车载定位精度可达到亚米级精度,实现对GPS(global positioning system,全球定位系统)的逐步替代与升级
8	车载互联终端	自主开发车载信息娱乐系统、远程通信模块和近程通信模块
9	集成控制系统	开发域控制器,实现对各子系统的精确控制及协调,并形成技术、成本优势
10	多源信息融合技术	突破环境感知与多传感器信息融合,V2X通信模块集成,车载与互联信息融合技术
11	车辆协同控制技术	突破整车集成与协同控制技术
12	数据安全及平台软件	突破信息安全、系统健康智能监测技术,并搭建中国版车载嵌入式操作系统平台软件
13	人机交互与共驾技术	突破人机交互、人机共驾与失效补偿技术
14	基础设施与技术法规	形成中国版先进智能驾驶辅助、V2X及多网融合的技术标准体系和测试评价方法,完善基于V2X通信标准体系的道路基础设施

1.6 智能网联汽车的标准体系

2023年7月26日，工业和信息化部、国家标准化管理委员会印发《国家车联网产业标准体系建设指南（智能网联汽车）（2023版）》。其规划了车联网产业标准体系建设阶段及目标、建设思路标准、体系框架和标准体系内容等。

《国家车联网产业标准体系建设指南（智能网联汽车）（2023版）》是《国家车联网产业标准体系建设指南》的第二部分，是对《国家车联网产业标准体系建设指南（智能网联汽车）（2018版）》的继承、延伸与完善，是在对第一阶段标准体系建设情况进行客观总结、对智能网联汽车产业新需求和新趋势进行深入分析后，形成框架更加完善、内容更加全面、逻辑更加清晰的标准体系建设指南，为智能网联汽车产业高质量发展奠定了坚实基础。

该建设指南明确，产业标准体系建设第一阶段目标为：到2025年，系统形成能够支撑组合驾驶辅助和自动驾驶通用功能的智能网联汽车标准体系。制修订100项以上智能网联汽车相关标准，涵盖组合驾驶辅助、自动驾驶关键系统、网联基础功能及操作系统、高性能计算芯片及数据应用等标准，并贯穿功能安全、预期功能安全、网络安全和数据安全等安全标准，满足智能网联汽车技术、产业发展和政府管理对标准化的需求。

第二阶段目标为：到2030年，全面形成能够支撑实现单车智能和网联赋能协同发展的智能网联汽车标准体系。制修订140项以上智能网联汽车相关标准并建立实施效果评估和动态完善机制，满足组合驾驶辅助、自动驾驶和网联功能全场景应用需求，建立健全安全保障体系及软硬件、数据资源支撑体系，自动驾驶等关键领域国际标准法规协调达到先进水平，以智能网联汽车为核心载体和应用载体，牵引"车路云"协同发展，实现创新融合驱动、跨领域协同及国内国际协调。

智能网联汽车标准体系如图1.25所示。智能网联汽车新标准体系规划标准涉及基础、通用规范、产品与技术应用等，其中已发布、报批和已立项的标准共53项。

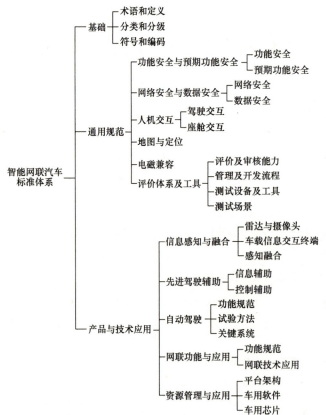

图1.25 智能网联汽车标准体系

1. 什么是智能网联汽车？它与智能汽车、无人驾驶汽车和车联网有什么关系？
2. 如何对智能网联汽车进行智能化分级和网联化分级？
3. 智能网联汽车层次结构由哪几部分组成？"三横两纵"技术结构具体包含哪些内容？
4. 智能网联汽车有哪些关键技术？其发展趋势是什么？
5. 智能网联汽车的发展目标和发展重点分别是什么？

第 2 章
智能网联汽车环境感知技术

教学目标

通过本章的学习,读者能够掌握智能网联汽车环境感知系统的任务和组成,了解基于机器视觉的环境感知流程,熟悉超声波传感器、毫米波雷达、激光雷达和视觉传感器的特点及在智能网联汽车上的应用;对道路识别技术、车辆识别技术、行人识别技术、交通标志识别技术和交通信号灯识别技术有初步认识。

教学要求

知识要点	能力要求	相关知识
环境感知技术概述	掌握智能网联汽车环境感知系统的任务和组成; 了解环境感知系统的对象; 了解环境感知方法; 了解基于机器视觉的环境感知流程	智能网联汽车环境感知系统
智能网联汽车环境感知传感器	熟悉超声波传感器、毫米波雷达、激光雷达和视觉传感器的特点及在智能网联汽车上的应用	超声波传感器、毫米波雷达、激光雷达和视觉传感器
道路识别技术	初步掌握道路识别分类、道路图像特点、图像特征分类和道路识别方法	道路图像特点、道路识别方法
车辆识别技术	初步掌握车牌识别技术和运动车辆识别技术	车牌和车辆特征、车牌和运动车辆识别技术
行人识别技术	了解行人识别类型、行人识别系统; 初步掌握行人识别特征和行人识别方法	行人识别特征、行人识别方法
交通标志识别技术	了解交通标志; 初步掌握交通标志识别系统和交通标志识别方法	交通标志、交通标志识别方法
交通信号灯识别技术	了解交通信号灯; 初步掌握交通信号灯识别系统和交通信号灯识别方法	交通信号灯、交通信号灯识别方法

> **导入案例**
>
> 为了减少道路交通事故、减轻驾驶人负担，在智能网联汽车上安装了先进驾驶辅助系统，如图 2.1 所示，主要用于感知周围环境，检测和识别道路、车辆、行人、交通标志、交通信号灯等。
>
>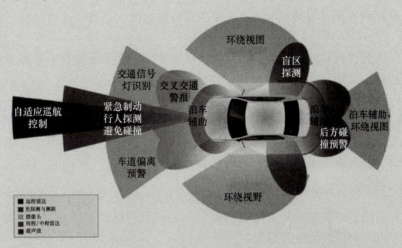
>
> 图 2.1　先进驾驶辅助系统
>
> 智能网联汽车环境感知系统包含哪些传感器？如何检测和识别道路、车辆、行人、交通标志、交通信号灯等？通过本章的学习，读者可以得到答案。

2.1　环境感知技术概述

2.1.1　环境感知系统的任务

智能网联汽车环境感知系统的任务是利用摄像头、毫米波雷达、激光雷达、超声波传感器等主要车载传感器及 V2X 通信系统感知周围环境，对道路、车辆、行人、交通标志、交通信号灯等进行检测和识别，为智能网联汽车提供决策依据。

在智能网联汽车中，环境感知主要应用于先进驾驶辅助系统，如前向碰撞预警系统、车道偏离预警系统、车道保持辅助系统、自适应巡航控制系统、自动紧急制动系统、盲区监测系统、驾驶人疲劳监测系统等，这些系统实施的先决条件就是感知环境。

2.1.2　环境感知系统的对象

智能网联汽车环境感知系统的对象主要包括行驶路径识别、周边物体识别、驾驶状态检测、驾驶环境检测等。

（1）行驶路径识别。结构化道路的行驶路径识别包括道路交通标线、行车道边缘线、路口导向线、导向车道线、人行横道线、道路出入口标线、道路隔离物识别；非结构化道路的行驶路径识别主要是可行驶路径确认。

（2）周边物体识别。周边物体识别主要包括车辆、行人、地面上可能影响车辆通过和安全行驶的其他移动物体或静止物体识别、交通标志识别、交通信号灯识别。

（3）驾驶状态检测。驾驶状态检测主要包括驾驶人自身状态、主车自身行驶状态和周边车辆行驶状态检测。

（4）驾驶环境检测。驾驶环境检测主要包括路面状况、道路交通拥堵情况、天气状况检测。

由此可见，智能网联汽车环境感知系统的对象非常多且情况复杂，下面主要介绍对道路、车辆、行人、交通标志、交通信号灯的检测和识别。

2.1.3 环境感知方法

智能网联汽车的环境感知方法主要有基于单一传感器的环境感知方法、基于自组织网络的环境感知方法和基于信息融合的环境感知方法。

1. 基于单一传感器的环境感知方法

基于单一传感器的环境感知方法主要是利用超声波传感器、激光雷达、毫米波雷达、视觉传感器对汽车周围环境进行感知。

2. 基于自组织网络的环境感知方法

基于自组织网络的环境感知方法是通过车载自组织网络获取汽车周边环境信息和周边其他车辆行驶信息，也可以把汽车本身的信息传递给周边其他车辆。采用车载自组织网络获取采用其他传感手段难以获取的宏观行驶环境信息，可实现车与车之间的信息共享，对环境干扰不敏感。

3. 基于信息融合的环境感知方法

基于单一传感器的环境感知方法具有局限性。例如，虽然激光雷达具有方向性好、波束窄、测角和测距精度高、不受地面杂波干扰等优点，但其具有受大气的光传输效应影响大，遇浓雾、雨、雪天气无法工作等缺点。仅靠单一传感器难以提供各种天气情况下的路况环境的全面描述。另外，汽车自动驾驶需要感知汽车行驶过程中可视距、超视距（长距离、短距离）的道路环境信息，周边移动车辆、行人和障碍物、宏观交通状态、交通事故信息，以及汽车自身位置和状态信息。因此，应为智能网联汽车配置多种传感手段，以获取更多汽车周边环境信息。采用多信息融合感知行驶环境，使智能网联汽车具有优良的环境适应能力，为安全快速自主导航提供可靠保障。

信息融合是指运用多种传感手段获取多种汽车周边环境信息，通过多信息融合技术（如视觉传感器与毫米波雷达、视觉传感器与激光雷达、视觉传感器与超声波传感器的融合等）感知行驶环境。其优点是能够获取丰富的汽车周边环境信息，具有优良的环境适应能力，为安全快速辅助驾驶提供可靠保障；其缺点是系统复杂，成本高。

图 2.2 所示为传感器信息融合示例。

（1）摄像头＋雷达组合。将前视摄像头与前置雷达组合在一起，实现自动制动或城市启停巡航控制等功能。前视摄像头在探测和区分物体方面（包括读取街道指示牌和路标）

表现出色，使用具有不同视场角和不同光学元件的多个摄像头可以识别汽车前方通过的行人和自行车以及测距范围内的物体；前置雷达能够在任何天气条件下测量测距范围内的物体。

（2）摄像头＋超声波传感器组合。将后视摄像头与超声波传感器（测距报警）组合在一起，实现自动泊车。后视

图 2.2　传感器信息融合示例

摄像头使驾驶人清楚地看到汽车后方情况，采用机器视觉算法可以探测物体及路肩石和街道上的标记。超声波传感器起补充作用，可以准确地确定识别物体的距离，即使在低光照或完全黑暗的情况下，也能使汽车具备基本的接近报警功能。

图 2.3 所示为智能网联汽车周边环境感知示意图。从图中可以看出，不同传感器的感知范围是不同的。

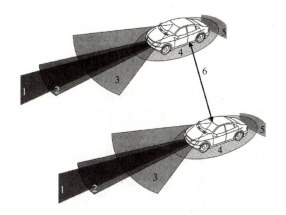

1—长距离雷达；2—短距离雷达；3，5—视觉传感器；
4—超声波传感器；6—自组织网络。
图 2.3　智能网联汽车周边环境感知示意图

2.1.4　基于机器视觉的环境感知流程

机器视觉是环境感知的常用方法，具有以下特点。

（1）视觉图像的信息量极大，尤其是彩色图像，不仅包含视野范围内物体的距离信息，而且包含物体的颜色、纹理、深度和形状等信息。

（2）在视野范围内，可同时实现道路识别、车辆识别、行人识别、交通标志识别、交通信号灯识别等，信息获取面大。当多辆智能网联汽车同时工作时，不会出现相互干扰的现象。

（3）获取的视觉信息是实时的场景图像，提供的信息不依赖先验知识（如 GPS 依赖地图信息），具有较强的环境适应能力。在驾驶过程中，绝大多数信息都是人们通过眼睛获取的。

因此，基于视觉的高效、低成本的环境感知并辅以信息融合技术将成为智能网联汽车产业化发展的主要方向。

基于视觉的环境感知流程如图 2.4 所示，一般包括图像采集、图像预处理、图像特征提取、图像模式识别、结果传输等，其因识别对象和识别方法的不同而略有差异。

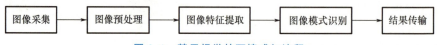

图 2.4　基于视觉的环境感知流程

1. 图像采集

图像采集的原理是通过摄像头采集图像，如果是模拟信号，则要把模拟信号转换为数字信号，并把数字图像以一定的格式表现出来。一般根据具体研究对象和应用场合并充分考虑实际车载情况，选择性价比高的摄像头。摄像头包括 CCD（charge coupled device，电荷耦合器件）摄像头和 CMOS（complementary metal oxide semiconductor，互补金属氧化物半导体）摄像头。

图 2.5 所示为某高清摄像机采集的车道线的原始图像。

2. 图像预处理

图像预处理包含较多内容，要根据实际情况选择。

（1）图像灰度化。视觉传感器采集的原始图像是彩色图像，即由红色（R）、绿色（G）、蓝色（B）三通道构成的图像，需要先处理每个像素点的三个颜色分量信息，需要处理的数据量很大。灰度图像是 R=G=B 的一种特殊彩色图像，其中 R=G=B 的值称为灰度值。在灰度图像中，只需用一个变量表示（灰度值数据处理范围为 0~255）每个像素点的信息，需要处理的数据量较小。图 2.6 所示为车道线的灰度图像。

图 2.5　某高清摄像机采集的车道线的原始图像　　图 2.6　车道线的灰度图像

灰度图像与彩色图像一样，可以完整地反映图像的色度和亮度的分布及特征。彩色图像灰度化的常用方法有分量法、最大值法、平均值法等。

（2）图像压缩。采用图像压缩技术可以减少描述图像的数据量，以节省图像传输及处理时间和减少存储器容量。图像压缩可以在不失真的前提下进行，也可以在允许失真的条件下进行。常用的数字图像压缩方法有基于傅里叶变换的图像压缩算法、基于离散余弦变换的图像压缩算法、基于小波变换的图像压缩算法、基于快速数论变换（NNT）的图像压缩算法、基于神经网络的图像压缩算法等。

（3）图像增强和复原。图像增强和复原的目的是提高图像的质量，如去除噪声、提高清晰度等。

图像增强有两种方法：空域法和频域法。空域法的原理是在空域内直接对像素灰度值进行运算处理，如图像灰度变换、直方图修正、图像空域平滑和锐化处理、伪彩色处理等。频域法的原理是在图像的某种变换域内对图像的变换值进行计算，如傅里叶变换等。

图像复原与图像增强不同，需要了解图像质量下降的原因，一般要根据图像质量下降过程的某些先验知识建立降质模型，再用降质模型按某种处理方法恢复或重建原来的图像。

图 2.7 所示为增强处理后的车道线图像。

图 2.7 增强处理后的车道线图像

（4）图像分割。图像分割是把图像分成若干特定的、具有独特性质的区域并提出感兴趣目标的过程。它是图像处理和图像分析的关键步骤。图像分割方法有阈值分割法、区域分割法、边缘分割法和特定理论分割法等。

3. 图像特征提取

为了识别图像中的目标，要在图像分割的基础上提取需要的特征，并对某些特征进行计算、测量、分类，以便计算机根据特征值进行图像分类和图像识别。

描述图像的特征主要有以下几种。

（1）图像边缘特征。图像边缘特征往往体现了图像属性的显著变化，主要包括场景照明的变化、深度的不连续性、表面方向的不连续性、物体属性的变化。因此，图像边缘包含大量信息（如物体形状、纹理等），不仅可以反映图像局部的不连续性，而且可以根据图像边缘特征将图像划分为不同的区域。在图像处理和机器视觉检测过程中，往往只对图像中体现物体结构属性的信息感兴趣。因此，对图像进行边缘检测能保留图像的重要信息，剔除不相关信息，大大减少后续处理的计算量。常用来获取图像边缘的检测算子有Canny 算子、Roberts 算子和 Prewitt 算子等。

图 2.8 所示为采用不同检测算子检测边缘的结果。

（a）灰度图

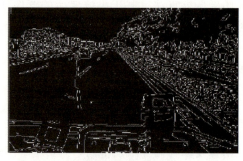
（b）Canny 算子检测结果

（c）Roberts 算子检测结果

（d）Prewitt 算子检测结果

图 2.8　采用不同检测算子检测边缘的结果

（2）图像幅度特征。图像像素灰度值、RGB、HSI 和频谱值等表示的幅值特征是图像的基本特征。

（3）直观性特征。直观性特征主要有图像的边缘、轮廓、纹理和区域等，这些都属于图像灰度的直观特征。它们的物理意义明确，提取比较容易，可以针对具体问题设计相应的提取算法。

（4）图像统计特征。图像统计特征主要有直方图特征、统计性特征（如均值、方差、能量、熵等）、描述像素相关性的统计特征（如自相关系数、协方差等）等。

（5）图像几何特征。图像几何特征主要有面积、周长、分散度、伸长度、曲线的斜率和曲率、凸凹性、拓扑特性等。

（6）图像变换系数特征。图像变换系数主要有傅里叶变换系数、Hough 变换系数、小波变换系数、Gabor 变换系数、阿达马变换系数、主成分分析变换系数等。

此外，还有一些其他描述图像的特征，如纹理特征、三维几何结构描述特征等。

4. 图像模式识别

图像模式识别的方法很多，按照提取的特征对象分为基于形状特征的识别技术、基于色彩特征的识别技术及基于纹理特征的识别技术等；按照模式特征选择及判别决策分为统计（决策理论）模式识别方法、句法（结构）模式识别方法、模糊模式识别方法和神经网络模式识别方法等。

为了减少图像识别的运算量，一般要对图像感兴趣区域进行划分。车道线图像划分如

图 2.9 所示，区域 A 和区域 B 构成感兴趣区域，其中区域 A 为近视野区域，约为道路区域的 3/4；区域 B 为远视野区域，约为道路区域的 1/4。区域 C 为非常感兴趣区域。

图 2.9 车道线图像划分

基于形状特征的识别技术，车道线识别结果如图 2.10 所示。

5. 结果传输

将环境感知系统识别的信息传输到汽车其他控制系统或汽车周围其他车辆，完成相应的控制功能。

把车道线识别结果输入车道偏离预警系统，可以对车道偏离进行预警，如图 2.11 所示。

图 2.10 车道线识别结果　　　　　图 2.11 车道偏离预警系统

2.1.5　环境感知系统的组成

智能网联汽车的环境感知系统如图 2.12 所示，**由信息采集单元、信息处理单元和信息传输单元组成。**

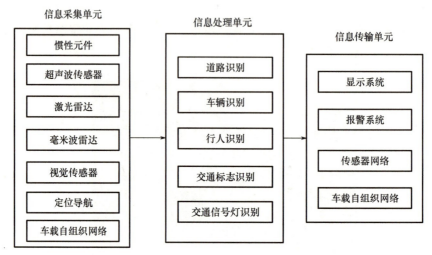

图 2.12 智能网联汽车的环境感知系统

（1）**信息采集单元**。对环境的感知和判断是智能网联汽车工作的前提及基础。环境感知系统获取汽车周围环境及汽车信息的实时性和稳定性，直接关系到后续检测或识别的准确性和执行的有效性。信息采集主要由惯性元件、超声波传感器、激光雷达、毫米波雷达、视觉传感器、定位导航及车载自组织网络等完成。

（2）**信息处理单元**。信息处理单元接收信息采集单元输送的信号，采用一定的算法对道路、车辆、行人、交通标志、交通信号灯等进行识别。

（3）**信息传输单元**。信息处理单元对环境感知信号进行分析后，将其传输到信息传输单元，信息传输单元根据具体情况执行不同的操作，如分析后确定前方有障碍物且本车与障碍物的距离小于安全距离，则将这些信息传输到控制执行模块，控制执行模块结合本车速度、加速度、转向角等自动调整汽车的速度和方向，实现自动避障，在紧急情况下也可以自动制动。信息传输单元把信息传输到传感器网络，以实现汽车内部资源共享；也可以通过车载自组织网络传输给周围车辆，以实现车与车之间的信息共享。

2.2　智能网联汽车环境感知传感器

2.2.1　环境感知传感器的类型

环境感知传感器的类型

智能网联汽车的环境感知传感器主要有超声波传感器、毫米波雷达、激光雷达、视觉传感器等。

（1）超声波传感器。超声波传感器主要应用于短距离场景（如辅助泊车），其结构简单、体积小、成本低。

（2）毫米波雷达。毫米波雷达主要用于中短测距的 24GHz 雷达和长测距的 77GHz 雷达。毫米波雷达可有效提取景深及速度信息，识别障碍物，具有一定的穿透雾、烟和灰尘的能力。但在环境复杂的情况下，毫米波依靠声波定位，声波会出现漫反射，导致漏检率和误差率比较高。

（3）激光雷达。激光雷达分为单线激光雷达和多线激光雷达。多线激光雷达可以获得极高的速度、距离和角度分辨率，形成精确的三维地图，且抗干扰能力强，是智能网联汽车发展的最佳技术路线；但是成本较高，易受到恶劣天气和烟雾环境的影响。

（4）视觉传感器。视觉传感器分为前视摄像头和环视摄像头。前视摄像头有单目前视摄像头、双目前视摄像头和三目前视摄像头，主要应用于中长距离场景，能识别清晰的车道线、交通标志、障碍物、行人，但对光照、天气等条件很敏感，而且需要复杂的算法支持，对处理器的要求较高；环视摄像头主要应用于短距离场景，可识别障碍物，技术成熟，价格低廉，但对光照、天气等条件敏感。

不同环境感知传感器的感知范围如图 2.13 所示。它们均有各自的优点和局限性，现在的发展趋势是通过环境感知传感器信息融合技术弥补单个传感器的缺陷，提高整个智能驾驶系统的安全性和可靠性。

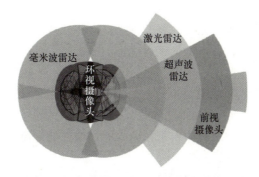

图 2.13　不同环境感知传感器的感知范围

智能驾驶的原理是通过摄像头和雷达（超声波雷达、毫米波雷达、激光雷达）实现感知。图 2.14 所示为奥迪某车型配备自动驾驶系统的环境感知传感器，包括两个激光雷达，位于汽车前方和后方；四个中程雷达，位于汽车的四角；四个摄像头，位于汽车前后和两侧后视镜；两个远程雷达，位于汽车前方；一个前视摄像头（三维相机），位于汽车内后视镜后方；四个超声波传感器，位于汽车前后及两侧；一个定位传感器，位于汽车后方；两个短程雷达，位于汽车后方。

图 2.14　奥迪某车型配备自动驾驶系统的环境感知传感器

随着汽车向智能化和网联化发展，智能网联汽车配备的先进环境感知传感器逐渐增加。

2.2.2 超声波传感器

超声波传感器

1. 超声波传感器的定义

频率高于人类听觉上限频率（约 20000Hz）的声波，称为超声波。

超声波传感器是利用超声波的特性研制的传感器，它是在超声频率范围内将交变电信号转换为声信号或将外界声场中的声信号转换为电信号的能量转换器件。

2. 超声波传感器的优缺点

超声波传感器具有以下优点。

（1）超声波的传播速度仅为光波的百万分之一，并且指向性强、能量消耗缓慢，可以直接测量与较近目标的距离，一般测量距离小于 10m。

（2）超声波对色彩、光照度不敏感，适用于识别透明、半透明及漫反射差的物体。

（3）超声波对外界光线和电磁场不敏感，适用于黑暗、有灰尘或烟雾、电磁干扰强、有毒等恶劣环境。

（4）超声波传感器结构简单、体积小、成本低、信息处理简单、可靠，易实现小型化与集成化，并且可以实时控制。

超声波传感器的主要缺点是在速度很高的情况下测量距离有一定局限性，这是因为超声波的传输速度容易受天气情况的影响，在不同的天气情况下，超声波的传输速度不同；当汽车高速行驶时，使用超声波传感器测量距离无法跟上汽车车距的实时变化，误差较大。另外，超声波散射角大、方向性较差，测量较远目标时的回波信号比较弱，从而影响测量精度。但是，在短距离测量中，超声波传感器具有非常大的优势。

3. 超声波传感器的结构

超声波传感器的结构如图 2.15 所示。超声波传感器有一个发射头和一个接收头，它们安装在同一面上。在有效的检测距离内，发射头发射特定频率的超声波，遇到检测面后反射部分超声波；接收头接收返回的超声波，芯片记录声波的往返时间，并计算出距离。超声波传感器可以通过模拟接口或 IIC 接口将数据传输给控制单元。

图 2.16 所示为博世公司生产的第六代超声波传感器。该超声波传感器将反应时间缩短一半，能够对近距离物体进行检测和对突然出现的障碍物（如行人、变化的场景等）进行快速响应。

4. 超声波传感器的测距原理

超声波传感器的测距原理如图 2.17 所示。发射头发出的超声波脉冲经媒质（空气）传到障碍物表面，反射后通过媒质（空气）传到接收头，测出超声波脉冲从发射到接收的时间，根据超声波在媒质中的传播速度，求得探头与障碍物表面的距离。设探头与障碍物

智能网联汽车环境感知技术 第2章

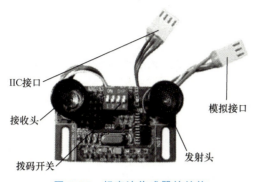

图 2.15 超声波传感器的结构　　　图 2.16 博世公司生产的第六代超声波传感器

表面的距离为 L，超声波在空气中的传播速度为 v（约为 340m/s），从发射到接收的时间为 t，则当发射头与接收头的距离远小于探头与障碍物表面的距离时，

$$L = \frac{vt}{2} \tag{2-1}$$

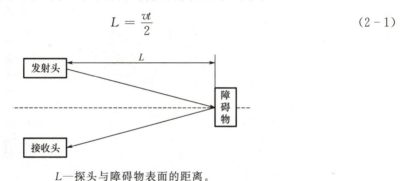

L—探头与障碍物表面的距离。

图 2.17 超声波传感器的测距原理

由式（2-1）可见，L 与 t 呈一定的函数关系，只要测出 t，就可求出 L。

5. 超声波传感器的主要指标

超声波传感器主要有以下指标。

（1）**探测距离**。超声波传感器的探测距离取决于波长和频率，波长越大，频率越低，探测距离越大。测量汽车前后障碍物的短距离超声波传感器的探测距离为 15～250cm；安装在汽车侧面、用于测量汽车侧方障碍物的长距离超声波传感器的探测距离为 30～500cm。

（2）**测量精度**。测量精度是指传感器测量值与真实值的偏差。超声波传感器的测量精度主要受被测物体体积、表面形状、表面材料等的影响。被测物体体积过小、表面形状凹凸不平、物体材料吸收声波等都会降低超声波传感器的测量精度。测量精度越高，感知的信息越可靠。

（3）**波束角**。超声波传感器产生的超声波以一定的角度向外发射，超声波在沿传感器中轴线的延长线（垂直于传感器表面）方向上的超声射线能量最高，并向其他方向逐渐降低。以传感器中轴线的延长线为轴线，到一侧能量强度减小一半处的角度称为波束角。波束角越小，指向性越好。一些超声波传感器具有较小的波束角（6°），适合探测较小范围

41

的物体。波束角为 12°～15° 的超声波传感器能够探测较大范围的物体。

（4）**工作频率**。工作频率直接影响超声波的扩散以及吸收损失、障碍物反射损失、背景噪声，并直接决定传感器的尺寸。一般选择工作频率约为 40kHz 的超声波传感器，其方向性强，而且避开了噪声、信噪比大；虽然传播损失比低频超声波传感器高，但不会给发射和接收带来困难。

（5）**抗干扰能力**。由于超声波为机械波，使用环境中的噪声会干扰超声波传感器接收物体反射的超声波，因此要求超声波传感器具有一定的抗干扰能力。

6. 超声波传感器的应用

超声波传感器在智能网联汽车中有着广泛的应用，如泊车辅助系统（图 2.18）。泊车辅助系统通常使用 6～12 个超声波传感器，汽车后方的 4 个短距离超声波传感器负责探测倒车时汽车与障碍物的距离，两侧的长距离超声波传感器负责探测停车位空间。

图 2.18 基于超声波传感器的泊车辅助系统

2.2.3　毫米波雷达

1. 毫米波雷达的定义

毫米波雷达

毫米波雷达如图 2.19 所示。**它是工作在毫米波频段的雷达**。毫米波是指长度为 1～10mm 的电磁波，对应的频率为 30～300GHz。因为毫米波的波长位于微波与远红外波交叠的波长区域，所以毫米波兼具两种波谱的优点，且具有自己独特的性质。毫米波雷达主要用于先进驾驶辅助系统中的自动紧急制动系统、盲区监测系统等。

根据波的传播理论，频率越高，波长越小，分辨率越高，穿透能力越强，但传播过程中的损耗越大，传输距离越小；相反，频率越低，波长越大，绕射能力越强，传输距离越大。所以，与微波相比，毫米波的分辨率高、抗干扰能力强、探测性能好；与远红外波相比，毫米波的大气衰减少，对烟雾、灰尘穿透性好，受天气影响小。这些特质决定了毫米波雷达具有全天时全天候的工作能力。

智能网联汽车环境感知技术 第2章

图 2.19 毫米波雷达

2. 毫米波雷达的类型

毫米波雷达按照频率的不同分为 24GHz 毫米波雷达和 77GHz 毫米波雷达。通常，24GHz 毫米波雷达的探测范围为中短距离，具有盲区监测、变道辅助等功能；77GHz 毫米波雷达具有自适应巡航控制、自动紧急制动等功能。

24GHz 毫米波雷达与 77GHz 毫米波雷达具有以下不同点。

（1）77GHz 毫米波雷达的体积更小。24GHz 毫米波雷达和 77GHz 毫米波雷达的性能及算法其实相差不大，主要差距在体积上。由于 24GHz 毫米波雷达的频率更低、波长更大，因此所需天线更长，做成小体积雷达的难度更高。24GHz 毫米波雷达的体积比 77GHz 毫米波雷达的体积大，这在追求美观与轻量化的车载领域是一个关键问题。

（2）77GHz 毫米波雷达的工艺更复杂。77GHz 毫米波雷达的制造难题体现在工艺上。由于 77GHz 毫米波雷达的体积小，其线路板的面积很小，因此射频线路的设计难度非常高，成品率比较低。

（3）77GHz 毫米波雷达的探测精度更高。与 24GHz 毫米波雷达相比，77GHz 毫米波雷达的波长更小，虽然其绕射能力比 24GHz 毫米波雷达弱，但是探测精度更高。因此，未来对探测精度要求精益求精的自动驾驶来说，77GHz 毫米波雷达无疑更具优势。

（4）24GHz 毫米波雷达的射频芯片比 77GHz 毫米波雷达的射频芯片易获取。

3. 毫米波雷达的优缺点

毫米波雷达具有以下优点。

（1）探测性能优异。毫米波波长较小，并且汽车行驶中前方目标一般是由金属构成的，会形成很强的电磁反射，同时探测不受颜色与温度的影响。

（2）响应速度很高。毫米波的传播速度与光速一样且调制简单，配合高速信号处理系统可以快速地测量目标的角度、距离、速度等信息。

（3）对环境的适应性强。毫米波具有很强的穿透能力，在雨、雪、雾等恶劣天气下依然可以正常工作；由于其天线属于微波天线，与光波天线相比，在大雨及轻微降霜的情况下依然可以正常工作。

（4）抗干扰能力强。毫米波雷达一般工作在高频段，而周围的噪声和干扰处于中、低频段，基本不会影响毫米波雷达的正常工作。因此，毫米波雷达具有抗低频干扰特性。

毫米波雷达的主要缺点是毫米波在空气中传播时会受到空气中氧分子和水蒸气的影响，这些气体的谐振会对毫米波频率进行选择性吸收和散射，在大气中传播衰减严重。因此，应用毫米波雷达时，应找到毫米波在大气中传播时因气体分子谐振吸收所致衰减为极小值的频率。

4. 毫米波雷达的测距原理

毫米波雷达根据测量原理的不同分为脉冲式毫米波雷达和调频连续波式毫米波雷达两种。

脉冲式毫米波雷达的测量原理简单，但受技术、元器件等方面的影响，在实际应用中很少使用。由于脉冲式毫米波雷达需要在很短的时间（一般是微秒级）内发射大功率脉冲信号，并通过脉冲信号控制雷达发射装置发射高频信号，因此其硬件结构比较复杂，而且成本高。除此之外，在高速路上行驶的汽车，其脉冲式毫米波雷达的回波信号难免会受到周围树木、建筑物的影响而衰减，从而降低接收系统的灵敏度。同时，如果脉冲式毫米波雷达的发射和接收采用同一个天线，则在对回波信号进行放大处理之前，应将其与发射信号进行严格隔离，否则发射信号的窜入会导致回波信号放大器饱和或损坏。为了避免发射信号窜入接收信号，需进行隔离处理，一般采用环形器或不同的天线发射和接收信号，但会导致硬件结构更复杂，产品成本提高。

大多数车载毫米波雷达为调频连续波式毫米波雷达，其测量原理如图 2.20 所示。

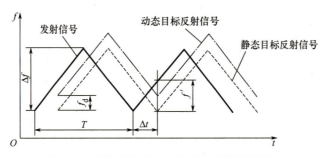

图 2.20 调频连续波式毫米波雷达的测量原理

调频连续波式毫米波雷达结构简单、体积小，可以同时得到目标的相对距离和相对速度。它的测量原理是当发射的连续调频信号遇到前方目标时产生与发射信号有一定延时的回波，通过雷达的混频器进行混频处理，而混频后的结果与前方目标的相对距离和相对速度有关。毫米波雷达测距和测速的计算公式分别为

$$s = \frac{c\Delta t}{2} = \frac{cTf'}{4\Delta f} \tag{2-2}$$

$$u = \frac{cf_d}{2f_0} \tag{2-3}$$

式中，s 为相对距离；u 为相对速度；c 为光速；T 为信号发射周期；f' 为发射信号与反射信号的频率差；Δf 为调频带宽；f_d 为多普勒频率；f_0 为发射信号的中心频率。

5. 毫米波雷达的布置

毫米波雷达的布置如图 2.21 所示，分为正向毫米波雷达布置、侧向毫米波雷达布置和不同高度毫米波雷达布置。

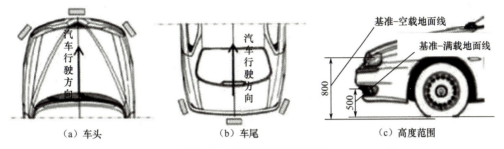

图 2.21 毫米波雷达的布置

（1）正向毫米波雷达布置。正向毫米波雷达一般布置在汽车中轴线上，外露或隐藏在保险杠内部。雷达波束的中心平面要基本与路面平行，考虑雷达系统误差、结构安装误差、汽车载荷变化后，需保证与路面夹角的最大偏差不超过 5°。

另外，在某些特殊情况下，正向毫米波雷达无法布置在汽车中轴线上，允许＋Y 向最大偏置距离为 300mm，偏置距离过大会影响雷达的有效探测距离。

（2）侧向毫米波雷达布置。侧向毫米波雷达在汽车四角呈左右对称布置，前侧向毫米波雷达与汽车行驶方向成 45°，后侧向毫米波雷达与汽车行驶方向成 30°，雷达波束的中心平面基本与路面平行，夹角的最大偏差不超过 5°。

（3）不同高度毫米波雷达布置。毫米波雷达在 Z 向的探测角度一般只有 ±5°，雷达安装高度太大会导致下盲区范围增大；高度太小又会导致雷达波束射向地面，地面反射带来杂波干扰，影响判断。因此，毫米波雷达的布置高度（地面到雷达模块中心点的距离）为 500（满载状态）～800mm（空载状态）。

布置毫米波雷达时，还需要考虑雷达区域外造型的美观性、对行人保护的影响、设计安装结构的可行性、雷达调试的便利性、维修成本等因素。

6. 毫米波雷达的主要指标

短程毫米波雷达、中程毫米波雷达和远程毫米波雷达的技术指标见表 2-1。

表 2-1 短程毫米波雷达、中程毫米波雷达和远程毫米波雷达的技术指标

技术指标	短程毫米波雷达	中程毫米波雷达	远程毫米波雷达
频带/GHz	24	76～77	77～81
带宽/GHz	4	0.6	0.6
测距范围/m	0.15～30	1～100	10～250
最大视角/(°)	±80	±40	±15
测距精度/m	±0.02	±0.1	±0.1
方位精度/(°)	±1	±0.5	±0.1
测速精度/(m·s^{-1})	0.1	0.1	0.1

77GHz 毫米波雷达的主要技术指标见表 2-2。

表 2-2　77GHz 毫米波雷达的主要技术指标

主要技术指标	数　值
频段/GHz	76～77
测距范围/m	1～160
方位角最大覆盖/(°)	45
俯仰角覆盖/(°)	±5
速度范围/(km·h^{-1})	最大 180
测距精度/m	0.3
速度精度/(m·s^{-1})	0.25
最大目标数量/个	超过 32
扫描周期/ms	<50

德尔福公司开发的高频电子扫描毫米波雷达采用连续调制方式，应用多普勒效应，能够扫描 175m 以内的 64 个目标。

高频电子扫描毫米波雷达能够提供目标的相对距离、角度和速度等信息。它从 CAN 总线获取所需的车速、横摆角速度、转向盘转角等信息，扫描后通过 CAN 总线传输给车载计算机。

高频电子扫描毫米波雷达具有中距离扫描和远距离扫描功能，它将扫描目标数据存入相应的内存地址。高频电子扫描毫米波雷达的性能参数见表 2-3。

表 2-3　高频电子扫描毫米波雷达的性能参数

性能参数		长　距　离	中　距　离
系统特性	频段/GHz	76～77	
	尺寸/(mm×mm×mm)	130×90×39	
	刷新率/ms	50	
	检测目标/个	64	
覆盖范围	距离/m	1～175	1～60
	相对速度/(m·s^{-1})	-100±25	-100±25
	水平视角/(°)	±10	±45
精确度	距离/m	±0.5	±0.25
	相对速度/(m·s^{-1})	±0.12	±0.12
	角度/(°)	±0.5	±0.2

7. 毫米波雷达的应用

毫米波雷达硬件体积小且不受恶劣天气的影响，广泛应用在智能网联汽车先进驾驶辅助系统和无人驾驶汽车上。

汽车安全的主要判断依据是两车的相对距离和相对速度，特别是汽车在高速行驶中，两车的距离过小容易导致追尾事故。凭借出色的测距、测速能力，毫米波雷达广泛应用在自适应巡航控制、前向碰撞预警、盲区监测、智能泊车辅助等先进驾驶辅助系统中。

通常，为了满足不同距离的探测需要，一辆汽车上会安装多个短程毫米波雷达、中程毫米波雷达和远程毫米波雷达。其中，24GHz 毫米波雷达系统主要实现短距离探测，77GHz 毫米波雷达系统主要实现中长距离探测。

毫米波雷达在智能网联汽车先进驾驶辅助系统中的应用如图 2.22 所示。

毫米波雷达检测仿真

图 2.22　毫米波雷达在智能网联汽车先进驾驶辅助系统中的应用

2.2.4　激光雷达

1. 激光雷达的定义

激光雷达如图 2.23 所示。它**主要通过发射激光束来探测周围环境，其功能包括搜索和发现目标，测量目标距离、速度、角位置等运动参数和目标反射率、散射截面和形状等特征参数**。车载激光雷达普遍采用多个激光发射器和接收器，建立三维点云图，从而达到实时感知环境的目的。

2. 激光雷达的类型

激光雷达按有无机械旋转部件分为机械激光雷达、固态激光雷达和混合固态激光雷达。

（1）**机械激光雷达**。机械激光雷达带有控制激光发射角度的旋转部件，体积较大，价格高昂，探量精度较高，一般安装于汽车顶部。机械激光雷达技术相对成熟。

激光雷达

图 2.23　激光雷达

(2) **固态激光雷达**。固态激光雷达依靠电子部件控制激光发射角度,不需要机械旋转部件,尺寸较小,可安装于汽车内部。

(3) **混合固态激光雷达**。混合固态激光雷达没有大体积旋转结构,采用固定激光光源,通过内部玻璃片旋转的方式改变激光光束方向,实现多角度探测,并且采用嵌入式安装。

激光雷达按维度分为一维激光雷达、二维激光雷达和三维激光雷达。其中,一维激光雷达主要用于测距、测速等,二维激光雷达主要用于轮廓探测、物体识别、区域监控等,三维激光雷达可以实现实时三维空间建模。

三维激光雷达一般安装在汽车顶部,可以高速旋转,以获得周围空间的点云数据,实时绘制汽车周边的三维空间地图;同时可以探测周围其他汽车在三个方向上的距离、速度、加速度、角速度等信息,结合GPS地图计算出汽车的位置,将这些数据信息传输给电子控制单元(electronic control unit,ECU)进行分析处理,供汽车快速作出判断。

3. 激光雷达的特点

激光雷达以激光为载波,激光是光波波段电磁辐射,其波长比微波和毫米波小得多。激光雷达具有以下特点。

(1) 全天候工作,不受白天和夜晚光照条件的限制。

(2) 激光束发散角小,能量集中,有很好的分辨率和灵敏度,探测精度高。

(3) 可以获得幅度、频率和相位等信息,并且多普勒频移大,可以探测低速目标和高速目标。

(4) 抗干扰能力强,隐蔽性好,激光不受无线电波的干扰,能穿透等离子鞘套,低仰角工作时对地面的多路径效应不敏感。

(5) 激光雷达的波长小,可以在分子量级上探测目标且探测系统的结构尺寸小。

(6) 具有三维建模功能,能够探测周围所有物体。

4. 激光雷达的组成

激光雷达由发射系统、接收系统、信号采集处理系统、控制系统等组成,如图2.24所示。

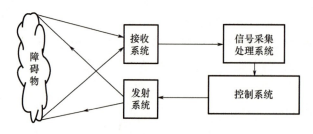

图 2.24 激光雷达的组成

激光雷达的发射系统主要负责向障碍物发出激光信号;接收系统主要负责接收障碍物反射的激光信息;信号采集处理系统主要负责处理接收的信号,使之符合下一级系统的要求,这是激光雷达系统的关键环节,直接影响激光雷达系统的探测精度;控制系统主要负责提供信号并对接收信号进行数据处理。

5. 激光雷达的测距原理

激光雷达的测距原理是通过测算激光发射信号与激光回波信号的往返时间计算出目标距离。 激光雷达发射激光束,激光束碰到障碍物后反射到激光接收系统进行处理,从而得到激光从发射到接收的时间,即激光飞行时间,然后根据激光飞行时间计算出障碍物的距离。

根据发射激光信号的形式不同,激光测距方式可分为脉冲激光测距和连续波相位激光测距两大类,常用测距方法有脉冲测距法、干涉测距法和相位测距法等。

(1) **脉冲测距法**。采用脉冲测距法测量距离时,激光器发射一个光脉冲,同时设定的计数器开始计数,当接收系统接收到经过障碍物反射的光脉冲时停止计数。计数器记录的时间就是光脉冲从发射到接收的时间。因为光速是一个固定值,所以只要得到从发射到接收的时间就可以计算出所需测量的距离。脉冲测距法的测距原理如图 2.25 所示。

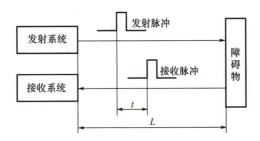

图 2.25 脉冲测距法的测距原理

设 c 为光在空气中的传播速度,$c=3\times 10^8\,\mathrm{m/s}$,光脉冲从发射到接收的时间为 t,则待测距离 $L=ct/2$。

脉冲测距法所测距离比较大,激光发射功率较高(一般从几瓦到几十瓦),最大射程可达几万米。脉冲测距法的关键是精确测量激光飞行时间。脉冲测距法的测量精度和分辨率与发射信号带宽或处理后的脉冲宽度有关,脉冲越窄,性能越好。

(2) **干涉测距法**。干涉测距法是指利用光波的干涉特性测量距离的方法。根据干涉原理,产生干涉现象的条件是两列有相同频率、相同振动方向的光相互叠加,并且这两列光的相位差固定。干涉测距法的测距原理如图 2.26 所示,激光器发射一束激光,通过分光镜分为两束相干光波,这两束光波各自经过反射镜 M1 和 M2 反射,在分光镜处汇合。由于这两束光波的路程差不同,干涉后形成的明暗条纹不同,因此传感器将干涉条纹转换为电信号后可以实现测距功能。

虽然干涉测距法已经很成熟,并且测量精度很好,但是它一般用于测量距离变化,不能直接测量距离,一般应用于干涉仪、测振仪、陀螺仪。

(3) **相位测距法**。相位测距法的测距原理是利用发射波和返回波之间的相位差测量距离,如图 2.27 所示。首先,经过调制的频率通过发射系统发射一个正弦波的光束;然后,接收系统接收经过障碍物后反射的激光。只要求出这两束光波之间的相位差,就可计算出待测距离。

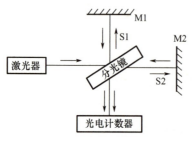

图 2.26 干涉测距法的测距原理

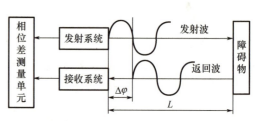

图 2.27 相位测距法的测距原理

激光飞行时间

$$t = \frac{\Delta\varphi}{\omega} = \frac{\Delta\varphi}{2\pi f} \qquad (2-4)$$

式中，$\Delta\varphi$ 为发射波和返回波之间的相位差；ω 为正弦波角频率；f 为正弦波频率。

待测距离

$$L = \frac{1}{2}ct = \frac{c\Delta\varphi}{4\pi f} \qquad (2-5)$$

相位测距法具有测量精度高、体积小、结构简单、昼夜可用的优点，被公认为最有发展潜力的测距方法。相位测距法正朝着小型化、高稳定性、方便与其他仪器集成的方向发展。

6. 激光雷达的主要指标

Velodyne 公司生产的激光雷达如图 2.28 所示，从左至右分别是 HDL-64 激光雷达、HDL-32 激光雷达和 VLP-16 激光雷达，其主要指标见表 2-4。

图 2.28 Velodyne 公司生产的激光雷达

表 2-4 Velodyne 公司生产的三种激光雷达的主要指标

主要指标	HDL-64 激光雷达	HDL-32 激光雷达	VLP-16 激光雷达
激光束数量	64	32	16
扫描距离/m	120	100	100
精度/cm	±2	±2	±3
数据类型	距离/密度	距离/校准发射率	距离/校准发射率
垂直扫描角度/(°)	26.8	40	30
水平扫描角度/(°)	360	360	360
功率/W	60	12	8
尺寸（直径×高）/(mm×mm)	203×284	86×145	104×72
质量/kg	15	1	0.83

7. 激光雷达的应用

IBEO LUX（4线）激光雷达是IBEO公司利用高分辨率激光测量技术制造的第一款多功能汽车智能传感器，如图2.29所示。它拥有110°的视角、0.3～200m的探测距离和绝对安全的一等级激光。

图 2.29　IBEO LUX（4线）激光雷达

IBEO LUX（4线）激光雷达不仅输出原始扫描数据，而且输出每个测量对象的数据（如位置、尺寸、纵向速度、横向速度等，拥有智能分辨率、长距离测量、全天候测量等能力），结合110°的视角，在以下方面具有出色的性能。

（1）行人保护。当行人出现在汽车前方时，需要汽车提供保护，IBEO LUX（4线）激光雷达能检测0.3～30m视场内的所有行人。通过分析对象的外形、速度和腿部移动来区分行人与普通物体，传感器在启动安全保护措施（如安全气囊）前300ms时发出警告，可在发生碰撞之前保护行人。

（2）自适应巡航控制系统的启停。基于IBEO LUX（4线）激光雷达的自适应巡航控制系统可在0～200km/h实现自动行驶，并可自动调整车速。大视场范围使它能及时地探测到并线的汽车，并且快速判断出其横向速度。

（3）车道偏离预警。IBEO LUX（4线）激光雷达可以探测汽车行驶前方的车道线标识和潜在的障碍，还可以计算汽车在道路中的位置。如果汽车偏离航线，系统就会立即发出预警。

（4）自动紧急制动。IBEO LUX（4线）激光雷达实时探测到汽车行驶前方的所有静止物体和移动物体，并且判断出它们的外形，当要发生危险时自动紧急制动。

（5）预碰撞处理。分析所有环境扫描数据，无论即将发生什么样的碰撞（如擦碰），预碰撞功能都会在碰撞发生前100ms发出警告。IBEO LUX（4线）激光雷达能计算出碰撞的初始接触点并采取措施，提前启动安全系统。

（6）交通拥堵辅助。针对城市拥堵路况，IBEO LUX（4线）激光雷达能够在上下班路上消除频繁起停带来的烦恼，驾驶人只需控制转向盘即可。该功能在车速小于30km/h的路况下显得尤为重要；具有缓和的加、减速度和可靠的行人保护功能，使汽车驾驶既安全又省心。

（7）低速防碰撞功能。在汽车行驶过程中，驾驶人即使分神一小会儿也可能导致事故发生。IBEO LUX（4线）激光雷达引入低速防碰撞功能，可以探测并分析前方路况，在汽车发生碰撞前使其停车。

2.2.5 视觉传感器

1. 视觉传感器的定义

视觉传感器是利用光学元件和成像装置获取外部环境图像信息的仪器，通常用图像分辨率描述其性能。 视觉传感器的精度不仅与分辨率有关，而且与被测物体的距离相关。

广义的视觉传感器主要由光源、镜头、图像传感器、模数转换器、图像处理器、图像存储器等组成，如图 2.30 所示。其主要功能是获取足够的机器视觉系统要处理的最原始图像。

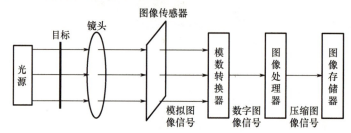

图 2.30 视觉传感器的组成

狭义的视觉传感器是指图像传感器，它的作用是将镜头所成的图像转变为数字图像信号或模拟图像信号输出。它是视觉检测的核心部件，主要有 CCD 图像传感器和 CMOS 图像传感器。

CCD 摄像机的灵敏度和分辨率均比 CMOS 摄像机高，为了确保视觉识别的精度和准确度，一般选用 CCD 摄像机作为图像传感器。

2. 视觉传感器的类型

视觉传感器在智能网联汽车上的应用是以摄像头的方式呈现的，主要用于自适应巡航控制系统、车道偏离预警系统、车道保持辅助系统、盲区监测系统、自动紧急制动系统中的障碍物识别和道路识别等。

摄像头一般分为单目摄像头、双目摄像头和环视摄像头。

图 2.31 单目摄像头

（1）**单目摄像头**。单目摄像头如图 2.31 所示。它一般安装在前风窗玻璃上部，用于探测汽车前方环境，识别道路、车辆、行人等。先通过图像匹配进行目标识别（如车型、行人、物体等），再通过目标在图像中的大小估算目标距离。这就要求对目标进行准确识别，然后建立并不断维护一个庞大的样本特征数据库，保证这个数据库包含待识别目标的全部特征数据。如果缺乏待识别目标的特征数据，就无法估算目标距离，导致先进驾驶辅助系统漏报。

单目摄像头的优点是成本低廉，能够准确识别具体障碍物的种类；缺点是无法识别没有明显轮廓的障碍物，工作准确率与外部光线条件有关，并且受限于数据库，不具有自学习功能。

(2) **双目摄像头**。双目摄像头通过计算两幅图像视差,直接测量前方障碍物的距离,而无须判断前方出现障碍物的类型。依靠两个平行布置的摄像头产生的视差,找到同一个物体的所有点,依赖精确的三角测距,计算出摄像头与前方障碍物的距离,实现更高的识别精度和更大的探测距离。由于使用这种方案需要两个摄像头有较高的同步率和采样率,因此技术难点在于双目标定及双目定位。相比单目摄像头,双目摄像头没有识别率的限制,无须识别即可直接测量;直接利用视差计算距离的精度更高;无须维护样本数据库。但因为检测原理上的差异,双目摄像头在距离测算上比单目摄像头、毫米波雷达、激光雷达的硬件成本和计算量级高。

图 2.32 所示为博世公司生产的双目摄像头,两个摄像头之间的距离为 12cm,像素为 1080×960,水平视角为 45°,垂直视角为 25°,最大探测距离为 50m。它不仅可以用于自动紧急制动系统,而且可以用于车道偏离预警系统和交通标志识别系统等。

图 2.32 博世公司生产的双目摄像头

(3) **环视摄像头**。环视摄像头一般至少包括四个摄像头,分别安装在汽车前侧、后侧、左侧、右侧,实现 360°环境感知,如图 2.33 所示。

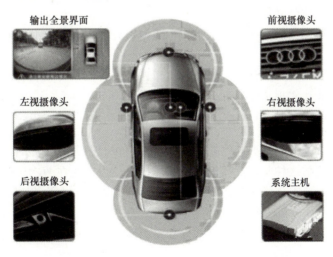

图 2.33 环视摄像头

摄像头分为红外摄像头和普通摄像头,红外摄像头既适合白天工作又适合夜晚工作,应用较多;普通摄像头只适合白天工作,不适合夜晚工作。

3. 视觉传感器的安装位置

先进驾驶辅助系统的功能需要不同,摄像头的安装位置也有所不同,主要分为环视摄像头、前视摄像头、后视摄像头、侧视摄像头及内置摄像头,如图 2.34 所示。实现自动驾驶时,先进驾驶辅助系统至少安装六个摄像头。

图 2.34　智能网联汽车摄像头的安装位置

前视摄像头一般采用 55°镜头来得到较大的有效距离,有单目摄像头和双目摄像头两种解决方案。双目摄像头需要安装在两个位置,成本比单目摄像头高 50%。前视摄像头可以实现先进驾驶辅助系统主动安全的核心功能,如车道偏离预警、车辆识别、行人识别、交通标志识别等,也是自动紧急制动、自适应巡航控制等主动控制功能的信号入口,安全等级较高,应用范围较广。

后视摄像头采用广角摄像头或鱼眼摄像头,主要在倒车时使用。

侧视摄像头一般使用两个广角摄像头,完成盲区监测等工作,也可替代后视镜,这一部分功能也可由超声波传感器替代。

内置摄像头采用广角摄像头,安装在车内后视镜处,完成在行驶过程中对驾驶人的闭眼提醒。

环视摄像头也采用广角摄像头,通常在汽车四周装备四个环视摄像头,将图像拼接成全景图,利用辅助算法实现道路感知。

4. 视觉传感器的要求

车载摄像头在工艺上的首要特性是快速,特别是在汽车高速行驶时,系统必须能够记录关键驾驶状况,评估这种状况并实时启动相应措施。为避免在两次图像信息获取间隔自动驾驶的距离过大,要求摄像头具有 30 帧/秒的影像捕捉率,在汽车制造商的规格中,甚至出现了 60 帧/秒和 120 帧/秒的要求。

在功能上,要求车载摄像头在复杂的运动路况环境下采集稳定的数据。具体表现为以下几点。

(1) 高动态。在较暗及明暗差异较大的环境下仍能实现识别,要求摄像头具有高动态的特性。

(2) 中低像素。为降低计算处理的负担,摄像头的像素并不需要非常高,目前 30 万~120 万像素已经能满足要求。

(3) 角度要求。对于环视摄像头和后视摄像头,一般采用 135°以上的广角摄像头;前视摄像头对视距要求更高,一般采用 55°左右的摄像头。

(4) 相比工业级和生活级摄像头，对车载摄像头尤其是前视摄像头的安全级别要求更高。

(5) 温度要求。车载摄像头的温度为－40～80℃。

(6) 防磁抗振。汽车起动时会产生极高的电磁，车载摄像头必须具备极高的防磁抗振的可靠性。

(7) 使用寿命长。车载摄像头的使用寿命只有大于10年才能满足要求。

5. 视觉传感器的应用

车载摄像头是实现众多预警、识别类先进驾驶辅助功能的基础。在先进驾驶辅助功能中，视觉影像处理系统较基础，对于驾驶人来说也更直观，而摄像头是视觉影像处理系统的基础，因此车载摄像头对于智能驾驶来说必不可少。**车道偏离预警、前向碰撞预警、交通标志识别、车道保持辅助、行人碰撞预警、盲区监测、全景泊车、智能泊车辅助、驾驶人疲劳监测等功能都可借助摄像头实现，有的功能甚至只能通过摄像头实现。**

视觉传感器检测仿真

汽车用视觉传感器的主要型号见表2-5，表中报价仅供参考。

表2-5 汽车用视觉传感器的主要型号

公司/型号	主要参数		报价	图片
point grey firefly	帧率	60 幅/秒	2000～3000 元	
	像素/(μm×μm)	6.0×6.0		
	分辨率/dpi	752×480		
IDS uEys XS	帧率	30 幅/秒	6000～8000 元	
	像素/(μm×μm)	1.4×1.4		
	分辨率/dpi	2592×1944		

图 2.35 所示为视觉传感器（包括前视摄像头、后视摄像头、侧视摄像头、内视摄像

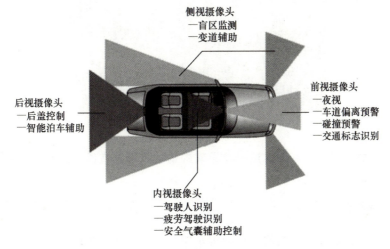

图 2.35 视觉传感器在智能网联汽车中的主要应用

头等)在智能网联汽车中的主要应用。以前视为例,夜视、车道偏离预警、碰撞预警、交通标志识别等应用要求视觉系统在所有天气和路况条件下都能够清晰地识别车道线、车辆、障碍物、交通标志等。

选择超声波传感器、毫米波雷达、激光雷达和视觉传感器时需要综合考虑性能特点和性价比,它们之间的比较见表 2-6。

表 2-6 环境感知传感器的比较

传感器类型	一般测量性能	环 境 影 响
超声波传感器	测量范围为 0.2~10m;测量精度为 ±0.1m;测量频率为 10~20Hz	不受光照的影响,测量精度受测量物体表面形状、材质的影响大
毫米波雷达	测量范围为 0~100m;测量精度为 ±0.5m;测量频率为 20~50Hz	角度分辨率高,抗电子干扰能力强
激光雷达	测量范围为 1~200m;测量精度为 ±0.1m;测量频率为 10~20Hz	聚焦性好,易实现远程测量,能量高度集中,具有一定的危害性
视觉传感器	测量范围为 3~25m;测量精度为 0.3m;测量频率为 30~50 帧/秒	测量精度不受物体表面材质、形状等的影响,但受环境光照强度的影响大

2.3 道路识别技术

道路识别的原理是识别道路的车道线,用于车道偏离报警系统和车道保持辅助系统等,如图 2.36 所示。

图 2.36 道路识别

道路识别方法主要分为基于雷达成像原理的雷达传感器道路识别和基于机器视觉图像的视觉传感器道路识别两类。

2.3.1 道路识别分类

道路识别的任务是提取车道的几何结构,如车道的宽度、车道线的曲率等;确定汽车在车道中的位置、方向;提取汽车可行驶的区域。

根据道路构成的特点,道路识别可以分为结构化道路识别和非结构化道路识别两类。

(1) 结构化道路识别。结构化道路具有明显的车道线或道路边界,几何特征明显,车道宽度基本保持不变,如城市道路、高速公路。结构化道路识别一般依据车道线的边界或车道线的灰度与车道明显不同来实现检测。结构化道路识别对道路模型有较强的依赖性,并且对噪声、阴影、遮挡等环境变化敏感。结构化道路识别技术比较成熟。

(2) 非结构化道路识别。非结构化道路比较复杂,一般没有车道线和清晰的道路边界,或路面凹凸不平,或交通拥堵,或受到阴影和水迹的影响。多变的道路类型、复杂的环境背景及阴影与变化的天气等都是非结构化道路识别面临的困难,而且这些使道路区域和非道路区域难以区分,所以针对非结构化道路的道路识别方法尚处于研究阶段。非结构化道路识别主要依据车道的颜色或纹理。

从算法的实现原理来看,虽然道路识别的实现细节各不相同,但可以用图 2.37 所示的理论框架概括。也有部分道路识别未使用该框架内的方法,如神经网络方法。

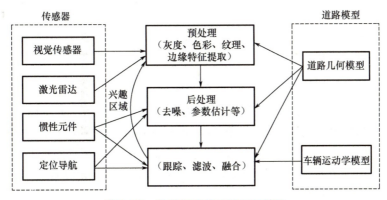

图 2.37 道路识别算法的理论框架

2.3.2 道路图像特点

复杂的道路环境和气候变化都会影响道路识别,道路图像具有以下特点。

1. 阴影条件下的道路图像

阴影检测和去除一直是计算机视觉研究的热点和难点,可以通过分析阴影特征来识别道路。

阴影检测一是基于物体的特性,二是基于阴影的特性。前者通过目标的三维几何结构、已知场景和光源信息确定阴影区域。后者通过分析阴影在色彩、亮度和几何结构等方面的特征识别阴影。第一种方法局限性强,因为获得场景、目标的三维结构信息并不是一件容易的事。第二种方法具有普遍性和实用性,因为直射光线被遮挡,所以阴影区域较暗,这些都是检测阴影的重要特征。另外,因为彩色图像比灰度图像包含更多信息,所以分析阴影的色彩特征是目前的研究热点。

2. 强、弱光照条件下的道路图像

光照可分为强光照射和弱光照射。强光照射造成的路面反射会使道路其余部分图像的亮度增大,而弱光照射会使道路的图像变得暗淡。例如,在阴天条件下,道路图像具有黑

暗、难以辨别车道线等特点。

3. 雨天条件下的道路图像

雨水覆盖分为完全覆盖和部分覆盖两种。前者完全改变了道路的相对特征和种子像素，能够自然地识别。后者如果雨水能反光，就可以通过光照处理来解决。

4. 弯道处的道路图像

弯道道路图像与直线道路图像相比建模更复杂，但是并不影响道路图像的检测。弯道图像的彩色信息和普通图像的彩色信息差别不大，可以利用基于模型的道路图像进行建模，提取弯道曲线的斜率，从而进一步检测图像。汽车行驶的重要信息均来自近区域，而近区域视野的车道线可近似看成直线模型。

2.3.3 图像特征分类

要对图像中的物体进行分类，就需要知道图像中各个部分的特征，并将这些特征作为划分的标准。从某种意义上，图像特征对分类的精确度起着决定性作用。图像的基本特征是颜色，还有纹理、形状等个体特征以及空间位置关系等整体特征。

1. 颜色特征

颜色特征就是对图像或图像区域中色彩的描述。它的特点是不关注细节，不关注具体的某个像素，而是从整体上统计图像或图像区域中的色彩。颜色特征有自己的优点，如颜色是不会因为旋转图像而发生变化的，即使放大或缩小图像，也不会对其有影响。但是颜色特征不太适用于描述图像中的某个局部。在图像处理中，常用的颜色特征包括颜色直方图、颜色集、颜色矩、颜色聚合向量等。

2. 纹理特征

纹理特征给人的直观印象是图像中色彩分布的某种规律性，它也是面向全局的。但是它和颜色特征不太一样，它在讨论每个像素点时，往往需要在此像素点的邻域内进行分析。纹理特征是不会因为旋转图像而发生变化的，对一些噪声有比较好的适应性。但是它也有缺点，如放大或缩小图像时，纹理特征会发生变化，而且光线的变化会对纹理特征产生影响。纹理特征的提取方法有很多种，如统计方法、结构方法、模型方法和信号处理方法等。统计方法的原理是基于像元及其邻域的灰度属性，研究纹理区域中的统计特性，或像元及其邻域内灰度的一阶、二阶或高阶统计特性，如灰度共生矩阵法；结构方法的原理是基于纹理基元分析纹理特征找出纹理基元，认为纹理由许多纹理基元构成，不同类型的纹理基元、不同的方向和数目等决定了纹理的表现形式，如数学形态学法；模型方法的原理是假设纹理以某种参数控制的分布模型方式形成，从纹理图像的实现来估计计算模型参数，以参数为特征或采用某种分类策略进行图像分割，如随机场模型法；信号处理方法建立在时域分析、频域分析与多尺度分析的基础上，对纹理图像中的某个区域实行某种变换后，提取保持相对平稳的特征值并作为特征表示区域内的一致性以及区域间的相异性，如小波变换方法。信号处理方法从变换域中提取纹理特征，其他方法从图像域中提取纹理特征。

3. 形状特征

形状特征主要用于讨论图像或图像区域中物体的各种形状。这里的形状包含了图像或图像区域的周长、面积、凸凹性及几何形状等特征。按照关注点的不同，形状特征分为着眼于边界的特征和关系整个区域的特征。比较成熟的形状特征描述方法如下：边界特征法着眼于图像中的边界以描述图像的形状，如采用 Hough 变换提取直线和圆；傅里叶形状描述法的原理是针对物体的边界进行傅里叶变换，因为边界有封装和周期性的特征，所以可以把二维问题降为一维问题；几何参数法的原理是利用形状的定量计算来描述形状特征，计算的参数包括面积、周长、圆度、偏心率等。

4. 空间位置关系特征

图像中的物体是丰富多彩的，物体作为一个独立的个体具有自己的特性。而从整体来看，物体和物体之间存在一定的联系，其中最直接的联系就是空间位置关系。例如，物体之间可能邻接，也可能被其他物体间隔；可能相互重叠，也可能互不关联。在描述物体空间位置时，可以用绝对的描述（如用具体的图像中的坐标），也可以用相对的描述（如相对某物体的左或右等）。空间位置关系的作用是加强区分图像的能力。但是空间位置关系随着图像的旋转发生变化，而尺度的变化也同样会影响图像识别的效果。因此，一般要将空间位置关系和其他特征配合使用。

2.3.4 道路识别方法

为了在智能网联汽车的先进驾驶辅助系统中应用视觉识别技术，视觉识别必须具备实时性、鲁棒性、实用性。实时性是指系统的数据处理必须与汽车的行驶速度同步进行；鲁棒性是指智能网联汽车上的机器视觉系统对不同的道路环境和变化的气候条件有良好的适应性；实用性是指智能网联汽车先进驾驶辅助系统能够被普通用户接受。

道路识别方法主要有基于区域分割的识别方法、基于道路特征的识别方法、基于道路模型的识别方法、基于道路特征与模型相结合的识别方法、基于深度学习的识别方法。

1. 基于区域分割的识别方法

基于区域分割的识别方法是把道路图像的像素分为道路和非道路两类。分割的依据一般是颜色特征或纹理特征。基于颜色特征的区域分割识别方法的依据是道路图像中道路部分的像素与非道路部分的像素的颜色存在显著差别。根据采集的图像性质，颜色特征可以分为灰度特征和彩色特征两类。灰度特征来自灰度图像，可用的信息为亮度。彩色特征除包含亮度信息外，还包含色调和饱和度。基于颜色特征的区域分割识别方法的本质是彩色图像分割问题，主要涉及颜色空间的选择和采用的分割策略两个方面。当然，由于不同道路的颜色和纹理会有变化，而且道路的颜色随时间变化而变化，因此基于区域分割是一个很困难的问题。同时，大多路面区域分割方法计算量大，难以精确定位车道的边界。

2. 基于道路特征的识别方法

基于道路特征的识别方法的原理是结合道路图像的一些特征（如颜色特征、梯度特征、纹理特征等），从所获取的图像中识别出道路边界或车道线，适合有明显边界特征的道路。基于道路特征的识别过程一般分为两个阶段：第一阶段是特征提取，主要利用图像预处理技术、边缘检测技术提取属于车道线的像素集合，并利用相位技术确定车道线像素的方向；第二阶段是特征聚合，即把车道线像素聚合为车道线，包括利用车道线宽度恒定的约束进行车道线局部聚合，再利用车道线平滑性约束、平行车道线交于消隐点的约束进行车道线长聚合。

基于道路特征的识别方法中的特征可以分为灰度特征和彩色特征。基于灰度特征的识别方法是从汽车前方的序列灰度图像中，利用道路边界和车道线的灰度特征完成识别；基于彩色特征的识别方法是利用获取的序列彩色图像，根据道路及车道线的特殊色彩特征完成识别。目前，应用较多的是基于灰度特征的识别方法。

基于道路特征的识别方法与道路形状没有关系，其鲁棒性较好，但对阴影和水迹较敏感，并且计算量较大。

3. 基于道路模型的识别方法

基于道路模型的识别方法的原理是基于不同的道路图像模型（二维模型或三维模型），采用不同的检测技术（如 Hough 变换、模板匹配技术、神经网络技术等）对道路边界或车道线进行识别。

在道路平坦的情况下，可以认为道路图像中的车道线在同一平面上，这时道路模型有直线道路模型、多项式曲线道路模型、双曲线道路模型及样条曲线道路模型等。目前，常用的道路几何模型是直线道路模型。

为了更准确地描述道路形状，提出了曲线道路模型。常用的弯道模型有同心圆曲线模型、二次曲线模型、抛物线模型、双曲线模型、直线-抛物线模型、线性双曲线模型、广义曲线模型、回旋曲线模型、样条曲线模型、圆锥曲线模型和分段曲率模型等。

在道路不平坦的情况下，可以利用双目视觉系统获得立体道路图像，通过建立三维道路图像模型进行车道线检测。基于二维道路图像模型的识别方法便于使用，而且不需要精确地标定或了解汽车的自身参数，但很难对汽车位置进行估计。基于三维道路图像模型的识别方法主要用于对距离分析要求不是很高的、没有标志的道路识别，具有模型比较简单、噪声强度比较大时识别精度比较低、模型比较复杂时更新比较困难的缺点。

使用基于道路模型的识别方法检测的道路较完整，只需较少参数即可表示整条道路，对阴影、水迹等外界影响有较强的抗干扰性；但在道路类型比较复杂的情况下，很难建立准确的模型，降低了道路检测的灵活性。

4. 基于道路特征与模型相结合的识别方法

基于道路特征与模型相结合的识别方法的基本原理是利用基于道路特征的识别方法对阴影、光照变化等方面的鲁棒性分割图像，找出其中的道路区域，再根据道路区域与非道路区域的分割结果找出道路边界，并使用道路边界拟合道路模型，从而达到综合利用基于道路特征的识别方法与基于道路模型的识别方法的目的。

基于道路特征与模型相结合的识别方法要取得好的识别效果，关键在于分割与拟合两个过程。基于特征的分割过程分割图像的道路区域与非道路区域的准确性将直接影响拟合的准确性；道路模型的拟合过程能否排除分割过程残留的噪声的影响、能否适应复杂环境中道路形状的变化将直接影响道路检测的最终结果。因此，找到一种鲁棒性强的分割方法及一种适应道路形状变化的道路模型是关键。

5. 基于深度学习的识别方法

基于深度学习的识别方法是较先进的算法，它利用深度神经网络自动学习特征和规律，可以有效解决传统算法中存在的一些问题。基于深度学习的识别方法的主要特点和方法如下。

（1）特点。基于深度学习的识别方法可以自动学习特征和规律，避免了传统算法中需要手动提取特征的烦琐过程。它具有较强的适应性和鲁棒性，可以适应不同的道路场景和光照条件；还可以处理视频流数据，实现实时车道线检测。

（2）方法。基于深度学习的识别方法主要如下。

① 基于卷积神经网络的算法。该算法使用卷积神经网络（CNN）对车道线进行检测。CNN可以学习图像的局部特征，识别车道线的位置和形状。该算法检测效果较好，具有一定的实时性；但需要大量的标注数据和计算资源来训练模型。

② 基于循环神经网络的算法。该算法使用循环神经网络（RNN）对车道线进行检测。RNN可以学习图像的时序特征，根据前一帧图像的信息预测下一帧图像的车道线位置。该算法具有一定的实时性；但需要输入连续的图像序列。

③ 基于端到端学习的算法。该算法使用端到端学习的方法，直接从输入图像中学习车道线的位置和形状。采用该算法可以减少人工干预和预处理，提高检测的鲁棒性和实时性。该算法检测效果较好；但需要大量的训练数据和计算资源来训练模型。

除此之外，还有一些基于深度学习的识别方法采用多任务学习、弱监督学习等，可以进一步提高检测效果和鲁棒性。

图2.38所示为基于深度学习的识别方法。输入一幅图像，LaneNet负责输出实例分割结果，每条车道线都有一个标识ID，H-Net输出一个转换矩阵，对车道线像素点进行修正，并根据修正结果拟合出一个三阶多项式作为预测的车道线。

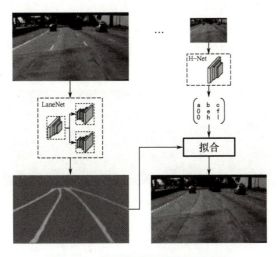

图2.38 基于深度学习的识别方法

2.3.5 道路识别实例

(1) 获取道路原始图像。利用视觉传感器获取道路原始图像,如图 2.39 所示。

图 2.39 道路原始图像

(2) 选取道路图像感兴趣区域。在视觉传感器采集的图像中包含大量无用的干扰信息,为了提高图像处理的运算速度、应用的实时性要求,需要确定道路图像感兴趣区域,如图 2.40 所示。

图 2.40 道路图像感兴趣区域

(3) 阈值分割。在进行图像边缘检测前,一般要经过图像的阈值分割,使图像的边缘信息更加突出,易识别检测。阈值分割相当于图像的二值化过程,其基本原理就是确定分割的阈值,然后将图像中的每个像素点与此阈值比较,大于此阈值的像素点置为白色,小于此阈值的置为黑色,从而增强图像的对比度。基于直方图的阈值分割实际上就是通过分析道路图像的灰度值在直方图中的分布特征,确定一个最优阈值实现。阈值分割后的二值化图像如图 2.41 所示。

图 2.41 阈值分割后的二值化图像

(4) 道路图像感兴趣区域的边缘检测。应用 Sobel 算子对道路图像感兴趣区域进行边缘检测,如图 2.42所示,图像显示了经过运算后的图像边缘信息,图像中的像素突变处的轮廓都被有效检测出来。

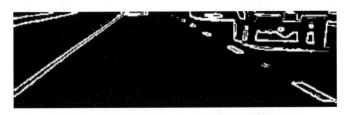

图 2.42　道路图像感兴趣区域的边缘检测

（5）逻辑运算。对图像边缘检测结果与图像阈值分割结果进行逻辑运算，过滤掉图像中的干扰信息，保留相同的像素点，如图 2.43 所示。该方法对图像干扰信息的过滤非常有效，而且计算简单方便、处理速度高，能够获得良好的前处理效果，利于后续应用 Hough 变换等方法对道路进行检测和识别。

图 2.43　道路图像边缘检测与阈值分割的逻辑运算

（6）道路图像感兴趣区域的识别。在 MATLAB｜Simulink 中构建基于单目视觉的道路识别与检测系统来识别道路图像感兴趣区域，其识别结果如图 2.44 所示。

图 2.44　道路图像感兴趣区域的识别结果

2.4　车辆识别技术

2.4.1　车牌识别技术

1. 车牌识别系统的组成

车牌识别系统集合了先进的光电、计算机视觉、信号处理、图像处理、模式识别、人工智能、远程数据访问等技术，实现了对监控路面过往的每辆机动车的特征图像和车辆全景图像的连续全天候实时记录，利用图像处理的分析方法提取车牌区域，进而对车牌区域进行字符分割和识别。车牌识别系统的组成如图 2.45 所示。

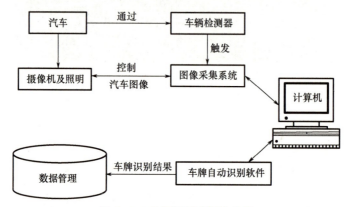

图 2.45　车牌识别系统的组成

2. 车牌识别系统的功能

车牌识别系统具有以下功能。

（1）图像预处理。由于汽车图像采集主要利用摄像机室外拍摄车牌图像，因此存在许多干扰。为了减小误差，必须对图像进行预处理（灰度化、图像滤波、图像增强等），为车牌定位做好准备。

（2）车牌定位。车牌定位包括粗定位、精确定位及提取车牌图像。

（3）车牌字符分割。若车牌中的字符出现一定的倾斜，则要对其校正。然后正确地将车牌中的字符分割成单个字符。

（4）车牌字符识别。对分割的车牌字符进行归一化处理，识别字符并显示车牌号码。

3. 车牌区域特征

不同国家的车牌特征不同。我国车牌具有四种可用于定位的特征：颜色特征、纹理特征、形状特征、灰度跳变特征。

（1）颜色特征。颜色特征是一种全局特征，也是基于像素点的特征。现有车牌主要有四种：小型汽车的蓝底白字车牌、大型汽车的黄底黑字车牌、军警车的白底黑字车牌、驻华使馆用车的黑底白字车牌。车牌底色和字符颜色反差较大，由于颜色对图像区域的方向、大小等变化不敏感，因此颜色特征不能很好地捕捉图像中车牌的局部特征。另外，仅使用颜色特征信息量过大，基本上是灰度信息量的 3 倍，信息处理时间太长。

（2）纹理特征。纹理特征描述了车牌区域的表面性质。车牌内的字符大小统一、水平排列，部分字符会存在一定程度的倾斜，字符和背景之间灰度值对比明显。但由于纹理只是物体表面的特性，并不能完全反映物体的本质属性，因此不能单一利用纹理特征。与颜色特征不同，纹理特征不是基于像素点的特征，它需要在包含多个像素点的区域中进行统计计算。在模式识别中，这种区域性的特征具有较大的优越性。作为一种统计特征，纹理特征对噪声有较强的抵抗能力。但是纹理特征易受到光照强度、反射情况的影响。

（3）形状特征。形状特征通常有两类表示方法，一类是轮廓特征，另一类是区域特征。轮廓特征主要针对物体的外边界，而区域特征关系整个形状区域。受摄像头的安装位置和拍摄角度的限制，图像中的车牌区域往往不是矩形的，而是平行四边形的。但是车牌尺寸是统一的，即宽高比是一定的，即使有所变形也在一定的范围内，因此车牌在原始图像中的相对位置比较集中，偏差不会很大。

（4）灰度跳变特征。车牌的底色、边缘颜色和车身的颜色各不相同，表现在图像中就是灰度级各不相同，在车牌边缘形成灰度突变边界，形成灰度跳变特征。事实上，车牌边缘在灰度上的表现就是一种屋顶状边缘。在车牌区域内部，由于字符本身和车牌底色的灰度是均匀的，因此穿过车牌的水平直线呈连续的峰—谷—峰分布。

4. 车牌定位算法

车牌定位算法很多，如基于灰度值的车牌定位算法、基于边缘检测技术的车牌定位算法、基于频谱分析的车牌定位算法、基于神经网络的车牌定位算法、基于遗传算法的车牌定位算法、基于模糊逻辑的车牌定位算法等。

（1）基于灰度值的车牌定位算法。基于灰度值的车牌定位算法的基本原理是车牌底色、车牌边框颜色及背景颜色灰度化后的灰度值不同，形成灰度值突变的边界。车牌边框的灰度值高于背景的灰度值，并且车牌边框为平行四边形，通过边缘提取进行定位。

（2）基于边缘检测技术的车牌定位算法。基于边缘检测技术的车牌定位算法根据车牌的特征和车牌内部字符的边缘特征，估计出最大的车牌区域。该算法可能会把干扰性强的边缘误记为车牌区域，需要大量车牌字符区域和图像宽度比例的先验知识。

（3）基于频谱分析的车牌定位算法。常用基于频谱分析的车牌定位算法为小波变换，其根据小波分析在不同的分辨率层次上对图像进行分割，在低分辨率层次上进行粗分割，可以节约时间并为细分割缩小检测范围。

基于神经网络的车牌定位算法、基于遗传算法的车牌定位算法、基于模糊逻辑的车牌定位算法等需要大量的先验知识，同时计算量巨大；但记忆性好。

任何算法均有优缺点，仅靠单一算法是无法在多种情况下取得较好的定位效果的，可以综合使用多种算法。

5. 字符识别算法

字符识别算法有很多，如基于模板匹配的字符识别算法、基于特征统计匹配算法、基于边缘检测和水平灰度变化特征的算法、基于颜色相似度及彩色边缘的算法等。

（1）**基于模板匹配的字符识别算法**。基于模板匹配的字符识别算法是一种经典的模式识别算法，也是直接的字符识别算法，其实现方式是计算输入模式与样本的相似性，取相似性最大的样本为输入模式所属类别。这种算法具有较高的识别速度，可以满足实时性要求；但它对噪声十分敏感，任何有关光照、字符清晰度的变化都会影响识别准确率，而且往往需要使用大量模板或匹配多个模板。

（2）**基于特征统计匹配算法**。字符图像的特征提取法多种多样，如逐像素特征提取法、垂直方向数据统计特征提取法、基于网格的特征提取法、弧度梯度特征提取法等。这种特征对一般噪声不敏感，选取的特征能够反映出图像的局部细节特征，算法相对简单。然而在实际应用中会出现字符模糊、字符倾斜等情况，从而影响识别效果。当字符出现笔画融合、断裂、部分缺失时，此算法更加无能为力，实际应用效果不理想，抗干扰能力不强。

（3）**基于边缘检测和水平灰度变化特征的算法**。基于边缘检测和水平灰度变化特征的算法应用较多，细分类也较多，如用可变矩形模板检测的方法搜索符合条件的车牌矩形区域的算法、记录灰度水平跳变频度的算法，速度高、漏检率低，但误检率高。

（4）**基于颜色相似度及彩色边缘的算法**。基于颜色相似度及彩色边缘的算法一般利用颜色模型转换，结合先验知识进行定位和判断，不受大小限制，精度较高；但是对图像品质要求高，对偏色、车牌褪色及背景色干扰等情况无能为力，一般不单独使用。

6. 车牌识别应用

电子警察系统是车牌识别技术在我国交通管理中的一个成功应用。随着技术的进步，电子警察系统由早期单一的闯红灯抓拍演变为多项违章内容（如超速行驶、违章压黄线、禁区停车、逆行等）的监控系统。此外，电子警察系统对打击有记录的违法汽车有很大帮助，很大程度上节省了警力。电子警察系统的应用缓解了日益繁忙的交通勤务管理与警力严重不足之间的矛盾，有效抑制了机动车驾驶人的违章行为，规范了城市交通秩序。

车牌识别技术应用在停车场管理和停车场信息系统中，在园区停车场入口、出口处设有车牌自动识别系统，自动识别进出停车场的车辆，根据数据库中的车牌数据进行管理，并记录其进出停车场的时间，以便在出现汽车被盗等情况时查询，有效加强了停车场管理，降低了汽车丢失率。车牌自动识别技术大量应用于智能园区的障碍是识别率和成本。随着识别率的提高和成本的降低，这种车牌自动识别产品将会大量应用于智能园区的车辆管理。

2.4.2　运动车辆识别技术

前方运动车辆识别如图 2.46 所示。前方运动车辆识别是判断安全车距的前提。车辆识别的准确性不仅决定了测距的准确性，而且决定了及时发现潜在交通事故的可能性。运动车辆识别在智能网联汽车先进驾驶辅助系统中有着广泛应用，如前车防撞预警系统、自动紧急制动系统、自适应巡航控制系统等。

车辆和车道线识别

图 2.46　前方运动车辆识别

识别算法用于确定图像序列中是否存在汽车，并获得其基本信息，如大小、位置等。摄像头跟随汽车在道路上运动时，获取的道路图像中汽车的大小、位置和亮度等是不断变化的。根据车辆识别的初始结果,对汽车大小、位置和亮度的变化进行跟踪。由于车辆识别时需要搜索所有图像,因此算法的耗时较长。而跟踪算法可以在一定的时间和空间条件约束下搜索目标,还可以借助一些先验知识,计算量较小,一般可以满足预警系统的实时性要求。

识别前方运动车辆的方法主要有基于特征的识别方法、基于机器学习的识别方法、基于光流场的识别方法、基于模型的识别方法和基于深度学习的识别方法等。

1. 基于特征的识别方法

基于特征的识别方法是常用的车辆识别方法,也称基于先验知识的识别方法。

前方运动车辆的颜色、轮廓、对称性等特征都可以用来与周围背景区分。基于特征的识别方法以车辆的外形特征为基础,从图像中检测前方运动车辆。基于特征的识别方法主要有使用阴影特征的识别方法、使用边缘特征的识别方法、使用对称特征的识别方法、使用位置特征的识别方法和使用汽车尾灯特征的识别方法等。

(1) 使用阴影特征的识别方法。前方运动车辆底部的阴影是一个非常明显的特征。通常先使用阴影找到车辆的候选区域,再利用其他特征或方法对候选区域进行下一步验证。

(2) 使用边缘特征的识别方法。前方运动车辆无论是水平方向还是垂直方向都有着显著的边缘特征,通常将边缘特征与车辆符合的几何规则结合运用。

(3) 使用对称特征的识别方法。前方运动车辆在灰度化的图像中表现出较明显的对称特征。一般来说,对称特征分为灰度对称特征和轮廓对称特征两类。灰度对称特征一般指统计意义上的对称特征,而轮廓对称特征指的是几何规则上的对称特征。

(4) 使用位置特征的识别方法。一般情况下,因为前方运动车辆在车道区域内,所以在定位出车道区域的前提下,将检测范围限制在车道区域内,不但可以减少计算量,而且能够提高检测的准确率。在车道区域内检测到的不属于车道的物体一般是其他车辆或障碍物,对驾驶人来说,这些都是需要注意的目标物体。

(5) 使用汽车尾灯特征的识别方法。在夜间驾驶场景中,前方运动车辆的尾灯是区分车辆与背景的显著且稳定的特征。夜间汽车尾灯在图像中呈现的是高亮度、高对称性的红白色车灯对。利用空间及几何规则判断前方是否存在车辆及其位置。

受周围环境干扰和光照条件多样性的影响,仅使用一种特征检测车辆难以达到良好的稳定性和准确性,要想获得较好的检测效果,可使用结合多种特征的识别方法。

2. 基于机器学习的识别方法

前方运动车辆的识别其实是对图像中车辆区域与非车辆区域的定位与判断问题。基于机器学习的识别方法一般需要首先从正样本集和负样本集提取目标特征,其次训练出识别车辆区域与非车辆区域的决策边界,最后使用分类器判断目标。通常其识别过程是对原始图像进行不同比例的缩放,得到一系列缩放图像,在这些缩放图像中全局搜索与训练样本尺度相同的区域,使用分类器判断这些区域是否为目标区域,最后确定目标区域并获取目标区域的信息。

基于机器学习的识别方法无法预先定位车辆可能存在的区域,只能对图像进行全局搜索,识别过程的计算复杂度高,无法保证检测的实时性。

3. 基于光流场的识别方法

光流场是指图像中所有像素点构成的一种二维瞬时速度场，其中二维速度矢量是景物中可见点的三维速度矢量在成像表面的投影。通常，光流场是在摄像机、运动目标或二者在同时运动的过程中产生的。在存在独立运动目标的场景中，分析光流可以检测目标数量、目标运动速度、目标相对距离及目标表面结构等。

光流分析的常用方法有特征光流法和连续光流法。特征光流法的原理是在求解特征点处的光流时，利用图像角点和边缘等进行特征匹配。特征光流法的主要优点是能够处理帧间位移较大的目标，对帧间运动的限制很小；降低了对噪声的敏感性；特征点较少，计算量较小。特征光流法的主要缺点是难以从得到的稀疏光流场中提取运动目标的精确形状，不能很好地解决特征匹配问题。连续光流法大多采用基于帧间图像强度守恒的梯度算法，如L-K法和H-S法。

识别运动目标时，采用基于光流场的识别方法效果较好，但存在计算量较大、对噪声敏感等缺点。识别前方运动车辆尤其是车辆较远时，目标车辆在两帧之间的位移非常小，有时为一个像素，不能使用连续光流法。另外，车辆在道路上运动时，车与车之间的相对运动较小，而车与背景之间的相对运动较大，导致图像中的光流包含较多背景光流，而目标车辆光流较少，因此特征光流法也不适用于前方运动车辆识别。但识别超车车辆时，由于超越车辆和摄像头之间的相对运动速度较大，因此在识别超车车辆时采用基于光流场的识别方法效果较好。

4. 基于模型的识别方法

基于模型的识别方法的原理是根据前方运动车辆的参数建立二维模型或三维模型，然后利用指定的搜索算法匹配查找前方车辆。这种识别方法对建立的模型依赖度高，但是车辆外部形状各异，难以通过建立一种或少数几种模型的方法对车辆实施有效的检测，如果为每种车辆外形都建立精确的模型，则将大幅度增加检测过程中的计算量。

近年来，深度学习方法不断发展，图形处理器的计算性能不断提升，并在目标检测领域得到了飞速发展。如今，许多优秀的卷积神经网络结构出现，RCNN、Fast RCNN、Faster RCNN、Mask RCNN、YOLO等目标检测算法逐步应用于车辆检测。

卷积神经网络在目标检测领域有两条发展主线，第一条是基于目标候选框的检测主线，其按照RCNN—Fast RCNN—Faster RCNN—Mask RCNN的线路不断发展，称为两阶段车辆目标检测法；第二条是基于一体化卷积网络的检测主线，其按照YOLO—YOLOv2—YOLOv3—SSD的线路不断发展，称为单阶段车辆目标检测法。第一条主线采用的方法是先粗检测找到目标候选框，再精检测确定检测目标；第二条主线采用的方法得到最终检测结果。第一条主线中的算法检测精度较高，但检测速度低，需要大量的计算资源；第二条主线中的YOLO系列算法检测速度较高，可以实时处理视频流，但准确率较低，SSD算法比YOLO算法的准确率高。下面主要介绍两阶段车辆目标检测法。

（1）RCNN。RCNN是第一个成功将深度学习应用到目标检测上的算法。RCNN是基于卷积神经网络、线性回归和支持向量机等算法实现目标检测的技术。RCNN的主要思路是根据一个图像提取多个区域，再将每个区域输入卷积神经网络来提取特征。因此，RC-

NN可以分为区域候选框生成和特征提取两个主要部分,可以将提取的特征输入任一个分类器进行分类。

RCNN的目标是借助边界框获取图像,并正确识别图像中的主要对象,运用选择性搜索给出边界框或者候选区域。选择性搜索通过不同尺寸的窗口在图像中滑动,通过纹理、颜色、亮度等特征将不同滑窗聚合,减少候选区域,降低模型的复杂度。

生成一组候选区域之后,RCNN将这些区域变换为标准的方形尺寸并采用改进后的AlexNet进行特征提取。在卷积神经网络的最终层,RCNN增加了支持向量机,用于简单判断区域中是否包含目标以及目标是什么。

RCNN识别效果非常好,但是效率非常低、训练困难,主要原因有两个:一个是需要对每幅图像的每个候选区域进行卷积神经网络前向传播,每幅图像需要约2000次前向传播,存在大量重复计算;另一个是必须分别训练三个不同的模型——卷积神经网络图像特征提取模型、支持向量机分类模型、线性边框回归模型,训练困难且中间保存特征向量需占用大量空间。

图2.47所示为基于RCNN模型的车辆检测框架。

图2.47　基于RCNN模型的车辆检测框架

(2) Fast RCNN。为解决RCNN效率低、训练难的问题,提出了Fast RCNN方法。Fast RCNN与RCNN相比,主要改进的一个方面在于不再对每个候选区域进行重复卷积操作,而是对整张图像提取泛化特征,减少了大量的计算,并在卷积神经网络中引入兴趣区池化层,首先对图像进行选择性搜索生成候选区域,同时在卷积神经网络中对整个图像进行特征提取,将候选区域以映射的方式在池化层特征图上确定位置和矩形框。如此一来,只需要一次原始图像的卷积神经网络前向传播,而不是2000次。另外,Fast RCNN把分类从支持向量机改进为Softmax函数,并将卷积神经网络、Softmax函数和边框回归的训练融合到一个模型中,降低了训练难度。池化用来降低卷积神经网络或循环神经网络中的特征图的维度。在卷积神经网络中,池化操作通常紧跟在卷积操作之后,用于减小特征图的空间。

图2.48所示为基于Fast RCNN模型的车辆检测框架。

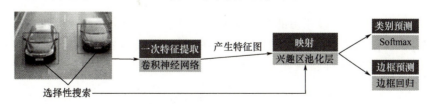

图2.48　基于Fast RCNN模型的车辆检测框架

（3）Faster RCNN。Faster RCNN 的思想来源于候选区域的特征计算依赖图像特征，这些特征已经通过卷积神经网络的前向传播（分类的第一步），为什么不重用这些相同的卷积神经网络特征给出候选区域，从而取代单独的选择性搜索？实际上，这就是 Faster RCNN 方法的最大改进。创新性地提出不一定要在原图像上进行候选框提取，可以考虑在特征图上进行，继而提出了候选区域网络，抛弃了传统的候选区域方法，大幅度提高了训练速度。

图 2.49 所示为基于 Faster RCNN 模型的车辆检测框架。

图 2.49　基于 Faster RCNN 模型的车辆检测框架

（4）Mask RCNN。Mask RCNN 的原理是将 Faster RCNN 扩展到像素级分割。原始 Faster RCNN 架构由感兴趣区域池化层选择的特征图的区域与原始图像的区域稍有偏差，与边界框不同，图像分割需要像素级的特征，少量偏差自然会导致检测不准确。巧妙地采用感兴趣区域对齐层的方法代替兴趣区池化层，使之更精确地对齐。与 Faster RCNN 不同，Mask RCNN 增加了一个输出作为物体的掩膜（mask）。与 Faster RCNN 类似的是，Mask RCNN 同样采用 RPN 提取候选区域。但是之后，对于每个感兴趣区域，Mask RCNN 还输出一个二值化（二进制）mask，说明给定像素是否是目标的一部分，从而实现像素级分割。所谓二进制掩膜（mask），就是当像素属于目标的所有位置上时标识为 1，其他位置时标识为 0。

图 2.50 所示为 RCNN 系列算法的比较。

图 2.50　RCNN 系列算法的比较

从 RCNN 网络的演进可以看出，最初 RCNN 由基础的三个部分完成检测；Faster RCNN 实现了端到端的检测，效率不断提高；Mask RCNN 更加实现了像素级分割，使得结果更加精确。

图 2.51 所示为基于深度学习的车辆检测结果。

多传感器融合技术是未来车辆识别技术的发展方向。在车辆识别中主要有两种融合技术，即视觉传感器和激光雷达的融合技术及视觉传感器和毫米波雷达的融合技术。

图 2.51　基于深度学习的车辆检测结果

2.5　行人识别技术

2.5.1　行人识别类型

行人识别技术的原理是采用安装在汽车前方的视觉传感器（摄像头）采集前方场景的图像信息，通过一系列复杂的算法分析处理这些图像信息实现对行人的识别，如图 2.52 所示。

行人识别

图 2.52　行人识别

根据所采用摄像头的不同，基于视觉的行人识别分为可见光行人识别和红外行人识别。

1. 可见光行人识别

可见光行人识别采用的视觉传感器为普通光学摄像头。普通光学摄像头基于可见光成像，非常符合人的正常视觉习惯，并且硬件成本十分低廉。但是受到光照条件的限制，可见光行人识别只能应用在白天，在光照条件很差的阴雨天或夜间无法使用。

2. 红外行人识别

红外行人识别采用红外热成像摄像头,利用物体发出的热红外线成像,不依赖光照,具有很好的夜视功能,在白天和夜间都适用,尤其是在夜间及光线较差的阴雨天具有无可替代的优势。红外行人识别相比可见光行人识别的主要优势如下:红外摄像头靠感知物体发出的红外线(与温度成正比)成像,与可见光光照条件无关,检测夜间场景中的发热物体有明显的优势;行人属于恒温动物,温度一般会比周围背景高很多,在红外图像中表现为行人相对于背景明亮突出。由于红外成像不依赖光照条件,因此对光照明暗、物体颜色变化及纹理和阴影干扰不敏感。随着红外成像技术的不断发展,红外摄像头的硬件成本降低,由原来的军事应用扩展到民事应用。

2.5.2 行人识别系统

行人识别系统如图 2.53 所示,由预处理、分类检测和决策报警三部分组成。

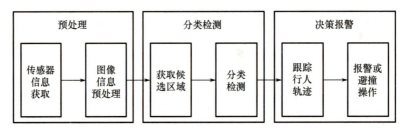

图 2.53 行人识别系统

(1)预处理。在预处理阶段,通过视觉传感器获得汽车前方场景的图像信息并进行预处理(如降噪、增强等)。

(2)分类检测。在分类检测阶段,采用图像分割、模型提取等图像处理技术在图像中选取一些感兴趣区域,即行人的候选区域,然后对感兴趣区域进行进一步验证,采用分类等方法判断候选区域中是否包含行人。

(3)决策报警。在决策报警阶段,对含有行人的区域进行跟踪,得到行人的运动轨迹,在提高检测精度和检测速度的同时,也能判断行人是否会与汽车发生碰撞,对可能发生碰撞的情况进行报警或采取其他避免碰撞的操作。

2.5.3 行人识别特征

行人识别特征提取是利用数学方法和图像处理技术,从原始的灰度图像或彩色图像中提取表征人体信息的特征,并伴随分类器训练和识别的过程,直接关系行人识别系统的性能。因此,行人识别特征提取是行人识别的关键技术。在实际环境中,受行人自身的姿态、服饰和背景等因素的影响,行人识别特征提取比较困难,因此选取的行人识别特征的鲁棒性要好。行人识别特征主要有 HOG 特征、Haar 小波特征、Edgelet 特征和颜色特征等。

1. HOG 特征

HOG 特征的基本原理是用局部梯度大小和梯度方向的分布来描述对象的局部外观及

外形，而无须知道梯度和边缘的确切位置。

梯度方向直方图描述符如图 2.54 所示，图中三种形式都是基于密集型的网格单元，用图像梯度方向的信息代表局部的形状信息。图 2.54（a）所示为矩形梯度直方图描述符（R-HOG），图 2.54（b）所示为圆形梯度方向直方图描述符（C-HOG），图 2.54（c）所示为单个中心单元的 C-HOG。

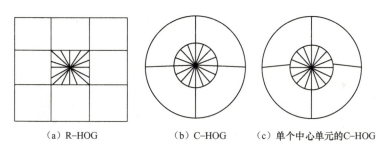

(a) R-HOG　　(b) C-HOG　　(c) 单个中心单元的C-HOG

图 2.54　梯度方向直方图描述符

2. Haar 小波特征

Haar 小波特征反应图像局部的灰度值变化，它是黑色矩形与白色矩形在图像子窗口中对应区域灰度级总和的差值。Haar 小波特征计算方便且能充分描述目标特征，常与 Adaboost 级联分类器结合来识别行人目标。

常用的 Haar 小波特征主要分为八种线性特征、四种边缘特征、两种圆心环特征和一种特定方向特征，如图 2.55 所示。

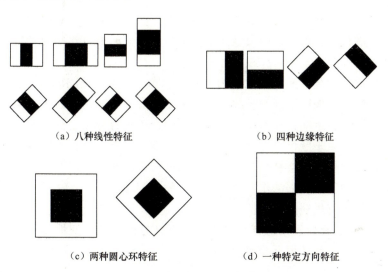

(a) 八种线性特征　　(b) 四种边缘特征

(c) 两种圆心环特征　　(d) 一种特定方向特征

图 2.55　常用的 Haar 小波特征

由图 2.55 可以看出，Haar 小波特征都是由 2~4 个白色和黑色的矩形框构成的。由该特征定义可知，每种特征的计算都是黑色填充区域的像素值之和与白色填充区域的像素值之和的差值，这种差值就是 Haar 小波特征的特征值。试验表明，可以从一幅很小的图像中提取成千上万个 Haar 小波特征，计算量较大，严重降低了检测 Haar 和分类器的训练速度。为了解决这些问题,可以在特征提取中引入积分图的概念,并应用到实际的对象检测框架中。

3. Edgelet 特征

Edgelet 特征描述的是人体的局部轮廓特征,无须人工标注,从而避免重复计算相似的模板,降低了计算的复杂度。检测局部特征能较好地处理行人之间的遮挡问题,对复杂环境下多个行人相互遮挡的检测效果明显优于其他特征。

人体部位的定义如图 2.56 所示。

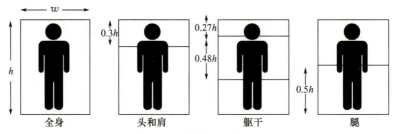

图 2.56 人体部位的定义

每个 Edgelet 特征都是一条由边缘点组成且包含一定形状与位置信息的小边,主要有直线型、弧型和对称型三种形式的 Edgelet 特征。该方法的原理是通过 Adaboost 算法筛选出一组能力强的 Edgelet 特征进行学习训练,以便识别行人的全身及各个部位(如头、肩、躯干和腿),最后分析各个局部特征之间的关系并进行整体的行人识别。

4. 颜色特征

就几何特征而言,颜色特征具有较强的鲁棒性,图像中的对象方向和对象大小的改变对其影响不大。颜色给人以直观的视觉冲击,它是最稳定、最可靠的视觉特征。颜色特征经常通过描述跟踪对象来实现目标跟踪。

颜色特征提取与颜色空间和颜色直方图有关。颜色空间包括 RGB、HSV 和 HIS 等。颜色直方图表示整幅图像中不同颜色的占比,并不关心每种颜色所处的空间位置,即无法描述图像中的对象。在运动目标占比检测与跟踪中,颜色直方图有其独特的优点,即物体形变对其影响较小。由于颜色直方图不表示物体的空间位置,而仅表示颜色,跟踪目标的颜色不变,形体发生变化不会影响颜色直方图的分布,因此,应用颜色直方图作为特征进行行人跟踪能很好地解决行人动作随意和形变较大的问题。

上述四种特征各有优缺点,概括如下。

(1) HOG 特征是比较经典的行人特征,具有良好的光照不变性和尺度不变性,能较强地描述行人的特征,对环境适应性较强;但其特征维数较高、计算量大,难以保证实时性。

(2) Haar 小波特征容易理解、计算简单,特别是引入积分图的概念后,计算速度提高、实时性增强,在稀疏行人且遮挡不严重的环境下检测效果较好;但是它对光照和环境遮挡等因素敏感,适应性差,不适合复杂易变的行人场景。

(3) Edgelet 特征表征的是人体局部轮廓特征,可以在一定遮挡情况下识别行人;但是要匹配图像中所有相似形状的边缘,需要耗费大量时间搜索,不能达到实时要求。

（4）颜色特征具有较强的鲁棒性，图像中的对象方向和对象大小的改变对它影响不大，给人以直观的视觉冲击。它是最稳定、最可靠的视觉特征，常应用于行人跟踪领域；但是容易受到环境的影响。

2.5.4 行人识别方法

行人识别方法主要有基于特征分类的行人识别方法、基于模型的行人识别方法、基于运动特性的行人识别方法、基于形状模型的行人识别方法、基于小波变换和支持向量机的行人识别方法及基于深度学习的行人识别方法等。

1. 基于特征分类的行人识别方法

基于特征分类的行人识别方法注重提取行人特征，然后通过特征匹配来识别行人目标，它是主流的行人识别方法，主要有基于HOG特征的行人识别方法、基于Haar小波特征的行人识别方法、基于Edgelet特征的行人识别方法、基于形状模板特征的行人识别方法、基于部件特征的行人识别方法等。

2. 基于模型的行人识别方法

基于模型的行人识别方法通过建立背景模型来识别行人，常用的是基于背景建模的行人识别方法，它又可分为混合高斯法、核密度估计法和Codebook法。

利用轮廓模型进行跟踪利于降低计算的复杂度，如果开始能够合理地分开每个运动目标并实现轮廓初始化，那么即使在有部分遮挡的情况下也能连续跟踪；然而初始化通常是很困难的。

3. 基于运动特性的行人识别方法

基于运动特性的行人识别方法就是利用人体运动的周期性特性确定图像中行人的方法。该方法主要识别运动的行人，而不适合识别静止的行人。在基于运动特性的行人识别方法中，比较典型的有背景差分法、帧间差分法和光流法。

大多数基于运动特性的行人识别方法运用行人独有的运动节奏特征或运动模式来探测行人，而且能在摄像机随车运动情况下探测运动目标。但是应用该方法进行行人识别有一定的局限性：①为了提取运动节奏特征，要求行人的脚或腿是可见的；②识别时需要连续几帧序列图像，延误了行人的识别，增加了处理时间；③不能识别静止的行人。

4. 基于形状模型的行人识别方法

基于形状模型的行人识别方法主要依靠行人形状特征来识别行人，避免了背景变化和摄像头运动带来的影响，适合识别运动的行人和静止的行人。

基于形状模型的行人识别方法存在两大难点：一是行人是非刚性的，形状信息具有多样性，需要考虑很多基本的信息，导致计算量较大；二是行人在行走的过程中会产生遮挡现象，无形中增大了基于形状信息识别行人的难度。

5. 基于小波变换和支持向量机的行人识别方法

基于小波变换和支持向量机的行人识别方法的原理是基于小波模板概念，按照图像中小波相关系数子集定义目标形状的小波模板。首先对图像中每个特定大小的窗口进行一定比例的缩放,并对得到的窗口进行 Haar 小波变换;然后利用支持向量机检测变换结果是否可以与小波模板匹配;最后如果匹配成功,则认为检测到一个行人。

基于小波变换和支持向量机的行人识别方法需要按不同尺度搜索整幅图像来找到行人,计算量很大。为了实现实时检测与跟踪行人,需要减少小波特征,降低支持向量机的维数。

6. 基于深度学习的行人识别方法

基于深度学习的行人识别方法可以分为基于锚点框的行人识别和基于无锚点框的行人识别。

(1) 基于锚点框的行人识别。基于锚点框的目标检测(如 Faster RCNN 和 SSD)是较成熟且应用较广泛的一类算法,其利用数据集的先验信息设置一系列大小和形状不同的锚点框,并利用卷积神经网络对锚点框进一步分类与回归,得到最终的行人识别结果。基于锚点框的行人识别方法分为基于行人部位的检测方法、基于行人整体与部位加权的检测方法以及基于级联的检测方法。

① 基于行人部位的检测方法。基于行人部位的检测方法是处理遮挡行人识别问题的非常有效的方法。该方法利用遮挡行人可见部位判断行人是否存在。基于行人部位检测器的方法往往是通过训练好的人体关键点或部位检测网络,简单有效地识别遮挡行人可见部位。基于部位检测器的行人识别框架如图 2.57 所示,图中 FC 表示全连接网络。该算法通过人体关键点检测网络识别每个行人目标的六种关键节点,包括头部、上身、手臂、腿部等,并利用关键节点重建相应的部位信息。对含有特定语义的部位信息进行整合,得到更具有鲁棒性的行人特征表达。该方法直观、有效,对提升检测器的抗遮挡性能有明显效果。但是该方法的缺点也显而易见:一是需要额外的部位标注训练人体关键点或部位检测网络,二是依赖数据驱动的部位检测器往往难以适配遮挡模式的变化。因此,降低部位检测器的计算成本、更有效地利用部位检测器仍然是值得探索的问题。

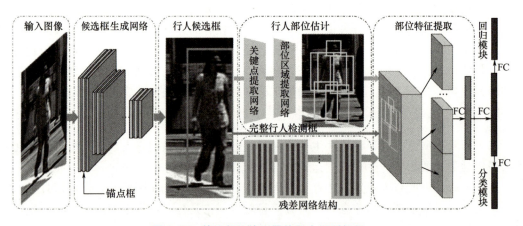

图 2.57　基于部位检测器的行人识别框架

② 基于行人整体与部位加权的检测方法。基于行人整体与部位加权的检测方法较有效地降低了遮挡行人漏检率,但是由于过于依赖局部(部位)特征,因此会对结构形似行人部位的背景目标产生误检,如主体结构形似行人躯干的树干、形状形似行人头部的路灯

等。显然,仅基于行人部位的检测方法较难满足实际应用的需求,从而提出了基于行人整体(全局特征)与部位(局部特征)加权的方法,旨在同时保证遮挡行人的低漏检率以及无遮挡行人的低误检率。基于行人头部与整体加权的检测网络如图 2.58 所示。该方法同时检测行人全身,直观、有效地缓解了行人识别中的遮挡问题。

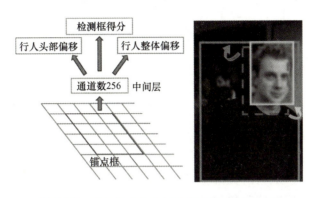

图 2.58 基于行人头部与整体加权的检测网络

③ 基于级联的检测方法。基于级联的检测方法分为基于两阶段检测器的级联方法和基于单阶段检测器的级联方法。

两阶段检测器是指检测算法包含候选框产生和候选框修正两个阶段。以两阶段 Faster RCNN 网络为例,候选框通过 RPN(region proposal network)模块产生,并经过 RCNN 模块修正,得到更加精确的检测结果。Cascade RCNN 算法框架如图 2.59 所示,图中 H 表示检测模块,B 表示检测框回归结果,C 表示检测框分类得分,conv 及 pool 分别表示卷积层及池化层。Cascade RCNN 采用级联式网络框架,将检测结果迭代式地回归,前一级检测模型的输出作为下一级检测模型的输入,并逐步提高正、负样本分类时的交并比阈值。该方法通过多级级联模式逐步精调检测结果,可以取得更好的分类精度和定位效果。

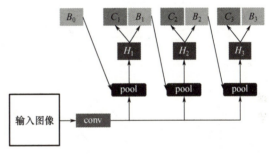

图 2.59 Cascade RCNN 算法框架

单阶段检测器是指无须经过候选框生成,可以通过锚点框直接预测分类结果和边界框的回归位置。典型的行人识别模型是 ALFNet(asymptotic localization fitting network),其主要思想是多级渐进定位,即使用较高的交并比阈值筛选第 1 级检测框作为第 2 级检测框的输入,然后逐步提高网络的交并比阈值,从而训练更精确的行人识别器。ALFNet 检测框架如图 2.60 所示,图中 h 及 w 分别表示特征图高度及宽度。采用该级联方式,一方面可以为下一级检测网络提供更加精准、可靠的行人特征,另一方面通过加权多级检测置信度得到更加可靠的检测结果。

(2)基于无锚点框的行人识别。基于无锚点框的行人识别分为基于点的行人识别方法和基于线的行人识别方法。

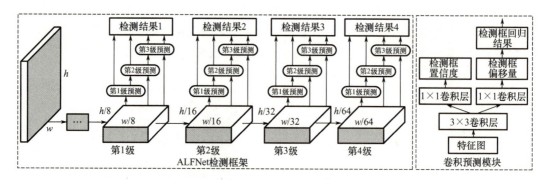

图 2.60 ALFNet 检测框架

① 基于点的行人识别方法的出发点是认为行人目标可以用含有特定语义信息的点（如角点、中心点）表示。CSP（center scale prediction）是此类算法的典型代表。CSP 算法的主要思想是通过卷积神经网络直接预测行人目标的中心点热力图，热力图上响应较大的点即行人目标置信度较高的位置；通过卷积及全连接层预测相应的行人识别框高度。CSP 算法框架如图 2.61 所示，图中 h 及 w 分别表示输入图像高度及宽度。与基于锚点框的方法相比，基于点的方法的优点在于降低了锚点框训练推理过程中的计算复杂度；基于点的方法更依赖行人可见部位特征而非行人整体特征，对遮挡行人识别较有效。

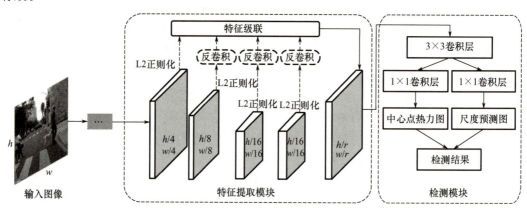

图 2.61 CSP 算法框架

② 基于垂直线的行人识别网络 TLL（topological line localization）算法框架如图 2.62 所示，图中 h 及 w 分别表示输入图像高度及宽度。从基于线的检测思路出发，TLL 算法将行人识别划分为三个子任务，分别是行人目标上顶点预测、行人目标下顶点预测以及行人目标中轴线预测。与基于锚点框的方法相比，基于线的方法无须根据数据集人工设定大量先验框，降低了计算复杂度。基于锚点框的方法不可避免地引入背景噪声，而基于线的方法具有更明确、更清晰的语义特征。与基于点的行人识别方法相比，基于线的行人识别方法对行人结构有垂直约束，在检测性能上更具有鲁棒性。

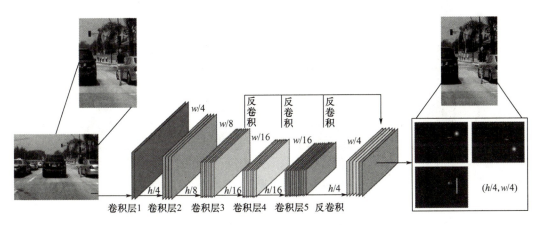

图 2.62　TLL 算法框架

2.6　交通标志识别技术

2.6.1　交通标志介绍

交通标志作为重要的道路交通安全附属设施，可向驾驶人提供各种引导和约束信息。驾驶人实时、正确地获取交通标志信息，可使行车更安全。

鉴于地区和文化差异，世界各国和地区执行的交通标志标准有所不同。我国道路交通标志执行的标准是 GB 5768.2—2022《道路交通标志和标线　第 2 部分：道路交通标志》。由该标准可知，我国交通标志分为主标志和辅助标志两大类。主标志又可以分为警告标志、禁令标志、指示标志、指路标志、旅游区标志、作业区标志、告示标志七种，其中警告标志、禁令标志和指示标志常见的交通标志，直接关系道路交通的通畅与安全，更与智能网联汽车的行车路径规划直接相关。为引起行人和车辆驾驶人的注意，交通标志都具有鲜明的颜色特征。我国交通警告标志、禁令标志和指示标志由五种主要颜色（红色、黄色、蓝色、黑色和白色）组成。

1. 警告标志

警告标志主要用来警告汽车驾驶人、行人前方有危险，道路使用行动需谨慎。警告标志有明显的颜色特征，即黄色底、黑色边缘、黑色内部图形，其大多形状是顶角朝上的正三角形。部分警告标志样式如图 2.63 所示。

2. 禁令标志

禁令标志主要用来禁止或限制车辆、行人的交通行为及相应解除，道路使用者应严格遵守。禁令标志有明显的颜色特征，即白色底、红色边缘、红色斜杠、黑色内部图形，而且黑色图形在红色斜杠之上（解除速度限制和解除禁止超车除外）。大多禁令标志的形状是圆形，其中特殊的是正八边形和倒三角形。部分禁令标志样式如图 2.64 所示。

T形交叉路口　　　反向弯路　　　十字交叉路口　　　向右急弯路

向左急弯路　　　右侧变窄　　　左侧变窄　　　注意行人

图 2.63　部分警告标志样式

禁止直行　　　禁止向右转弯　　　禁止直行和向右转弯　　　禁止直行和向左转弯

禁止向左转弯　　　禁止向左和向右转弯　　　停车让行　　　减速让行

图 2.64　部分禁令标志样式

3. 指示标志

指示标志主要用来指示车辆、行人的行进。指示标志有明显的颜色特征，即蓝色底、白色内部图形（个别除外），其形状多为圆形、矩形。部分指示标志样式如图 2.65 所示。

环岛行驶　　　分隔带右侧行驶　　　分隔带左侧行驶　　　鸣喇叭

向右转弯　　　向左和向右转弯　　　向左转弯　　　允许掉头

图 2.65　部分指示标志样式

国家标准对交通标志的规定包括交通标志的大小规格、制作材料、表面颜色、形状及安装位置等信息，如圆形交通标志的外径有 60cm、80cm 和 100cm 三种规格；交通标志表面采用反光材料；交通标志一般安装在道路右侧或道路上方的悬臂或桥梁上，有固定高度。同时，交通标志的颜色与形状之间也有着一定的对应关系，如图 2.66 所示，禁令标志以红色为主，形状有倒三角形、正八边形和圆形；指示标志以蓝色为主，形状有圆形和矩形；警告标志以三角形为主。在交通标志的检测与识别过程中，应该充分利用这些颜色信息和形状信息，以及颜色与形状之间的对应关系。

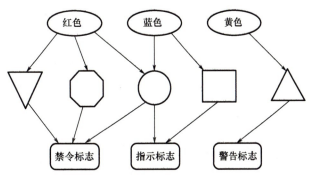

图 2.66　交通标志颜色与形状之间的对应关系

由于交通标志具有鲜明的色彩特征，因此要实现对交通标志图像的有效分割，颜色是一个重要信息，选择合适的颜色空间分析和提取交通标志图像，有助于提高系统识别的实时性和准确性。

2.6.2　交通标志识别系统

在智能网联汽车中，交通标志识别是通过图像识别系统实现的。交通标志识别系统如图 2.67 所示，首先使用车载摄像机获取目标图像，然后进行图像分割和特征提取，通过与交通标志标准特征库比较来识别交通标志，最后可以将识别结果与其他智能网联汽车共享。

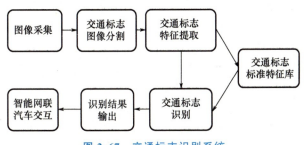

图 2.67　交通标志识别系统

2.6.3　交通标志识别方法

交通标志识别方法主要有基于颜色信息的交通标志识别方法、基于形状特征的交通标志识别方法、基于显著性的交通标志识别方法、基于特征提取和机器学习的交通标志识别方法等。

1. 基于颜色信息的交通标志识别方法

颜色分割的原理是利用交通标志特有的颜色特征，将交通标志与背景分离。颜色特征具有旋转不变性，即颜色信息不会随着图像的旋转、倾斜而发生变化。与几何特征、纹理特征等相比，基于颜色特征设计的交通标志识别算法对图像旋转、倾斜的情况有较好的鲁棒性。大部分文献中采用的颜色模型为 RGB 模型、HSI 模型、HSV 模型及 XYZ 模型等。

2. 基于形状特征的交通标志识别方法

除颜色特征外，形状特征也是交通标志的显著特征。我国交通警告标志、指示标志、禁令标志基本都有规则的形状，如圆形、矩形、正三角形、倒三角形、正八边形。颜色检测和形状检测是交通标志识别中的重要内容。通常以颜色分割为粗检测，排除大部分的背景干扰；再提取二值图像各连通域的轮廓，分析形状特征，最后确定交通标志候选区域并完成定位。

3. 基于显著性的交通标志识别方法

显著性作为从人类生物视觉中引入的概念，用来度量场景中最显眼的特征及最容易使人类优先看到的区域。交通标志被设计为具有显眼的颜色和特定的形状，在一定程度上满足显著性的要求，可以采用显著性模型来识别交通标志。

4. 基于特征提取和机器学习的交通标志识别方法

无论是基于颜色信息和形状特征的识别方法还是基于显著性的识别方法包含的信息都具有局限性，在背景复杂或出现与目标物十分相似的干扰物时都不能很好地去除干扰。因此，可以先通过合适的特征描述符更充分地表示交通标志，再通过机器学习方法区分标志和障碍物。

基于特征提取和机器学习的交通标志识别方法一般使用滑动窗口的方式或验证之前处理得到的感兴趣区域的方式。前者对全图或交通标志可能出现的感兴趣区域进行操作，以多尺度的窗口滑动扫描目标区域，用训练好的分类器判断得到的窗口是不是标志。后者认为经过之前的处理，如颜色分析、形状分析等，得到的感兴趣区域已经是整个标志或干扰物，只需对其整体进行分类即可。

2.6.4 交通标志识别实例

（1）获取交通标志原始图像。利用视频传感器获取交通标志原始图像，如图2.68所示。

（2）图像灰度化处理。对交通标志原始图像进行灰度化处理，如图2.69所示。

图 2.68 交通标志原始图像

图 2.69 交通标志灰度图

(3) 直方图均衡化。对交通标志灰度图进行直方图均衡化，如图 2.70 所示。

(4) 交通标志图像噪声去除。采用自适应中值滤波去除噪声，效果如图 2.71 所示。

图 2.70　交通标志灰度图直方图均衡化　　　图 2.71　自适应中值滤波去除噪声后的交通标志图

(5) 交通标志识别。采用交通标志识别方法，利用 MATLAB 识别交通标志。

2.7　交通信号灯识别技术

2.7.1　交通信号灯介绍

不同国家和地区采用的交通信号灯式样各不相同，我国交通信号灯的设置必须遵循 GB 14887—2011《道路交通信号灯》和 GB 14886—2016《道路交通信号灯设置与安装规范》。

从颜色来看，交通信号灯的颜色有红色、黄色、绿色三种，而且这三种颜色在交通信号灯中出现的位置有一定的顺序关系。

从功能来看，交通信号灯有机动车信号灯、非机动车信号灯、左转非机动车信号灯、人行横道信号灯、车道信号灯、方向指示信号灯、闪光警告信号灯、道口信号灯、掉头信号灯等。其中，机动车信号灯、闪光警告信号灯、道口信号灯的光信号无图案；非机动车信号灯、左转非机动车信号灯、人行横道信号灯、车道信号灯、方向指示信号灯、掉头信号灯的光信号有图案。

从安装方式来看，交通信号灯的安装方式有横放安装和竖放安装两种，一般安装在道路上方。

机动车信号灯由红色、黄色、绿色三个几何位置分立单元组成一组，指导机动车通行。非机动车信号灯由红色、黄色、绿色三个几何位置分立的内有自行车图案的圆形单元组成一组，指导非机动车通行。人行横道信号灯由几何位置分立的内有红色和绿色行人站立图案的单元组成一组，指导行人通行。机动车信号灯用于指导某方向机动车通行，箭头方向向左、向上和向右分别代表左转、直行和右转，绿色箭头表示允许车辆沿箭头所指的方向通行。

不同排列顺序的机动车信号灯如图 2.72 所示。

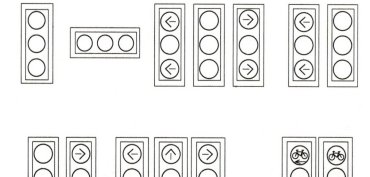

图 2.72 不同排列顺序的机动车信号灯

2.7.2 交通信号灯识别系统

交通信号灯识别系统包括检测和识别两个基本环节。首先定位交通信号灯,通过摄像机从复杂的城市道路交通环境中获取图像,根据交通信号灯的颜色特征、几何特征等信息准确定位位置,获取候选区域;然后识别交通信号灯,采用检测算法对获取交通信号灯的候选区域进行分析及特征提取;最后运用分类算法实现分类识别。

图 2.73 所示为某交通信号灯识别系统,主要由图像采集模块、图像预处理模块、检测模块、识别模块、跟踪模块和通信模块组成。

图 2.73 某交通信号灯识别系统

(1)图像采集模块。摄像机成像质量影响后续识别和跟踪的效果,一般采用彩色摄像机,其中摄像机的镜头焦距、曝光时间、增益、白平衡等参数都会对摄像机成像效果和后续处理有重要影响。

(2)图像预处理模块。图像预处理模块包括彩色空间选择和转换、彩色空间分量的统计分析、基于统计分析的彩色图像分割、噪声去除、基于区域生长聚类的区域标记,图像预处理后得到交通信号灯的候选区域。

(3)检测模块。检测模块包括离线训练和在线检测两部分。离线训练通过交通信号灯的样本和背景样本的统计学习得到分类器,完成交通信号灯的在线检测。

(4)识别模块。通过检测模块在图像中的检测定位,结合图像预处理得出的交通信号灯色彩结果、交通信号灯发光单元面积和位置先验知识完成交通信号灯的识别功能。

(5)跟踪模块。根据识别模块得到的结果可以得到跟踪目标,利用基于彩色的跟踪算法对目标进行跟踪,有效提高目标识别的实时性和稳定性。运动目标跟踪方法有四种,分别是基于区域的跟踪方法、基于特征的跟踪方法、基于主动轮廓线的跟踪方法和基于模型的跟踪方法。

(6) 通信模块。通信模块是联系环境感知模块、规划决策模块与汽车底层控制模块的桥梁,通过制定的通信协议完成各系统的通信,实现信息共享。

2.7.3 交通信号灯识别方法

交通信号灯识别方法主要有基于颜色特征的交通信号灯识别方法和基于形状特征的交通信号灯识别方法和基于深度学习的识别方法。

1. 基于颜色特征的交通信号灯识别方法

基于颜色特征的交通信号灯识别方法的原理是选取某个色彩空间,对交通信号灯的红色、黄色、绿色进行描述。根据色彩空间,该方法主要分为以下三类。

(1) 基于 RGB 颜色空间的识别方法。通常采集到的交通信号灯图像都是 RGB 格式的,如果直接在 RGB 色彩空间识别交通信号灯,由于无须要色彩空间的转换,因此识别的实时性很好;但是 R、G、B 三个通道之间的相互依赖度较高,对光学变化敏感。

(2) 基于 HSI 颜色空间的识别方法。HSI 色彩模型比较符合人类对色彩的视觉感知,而且 HSI 模型的三个分量之间的相互依赖度较低,更加适合识别交通信号灯;但是从 RGB 色彩空间转换过来会比较复杂。

(3) 基于 HSV 颜色空间的识别方法。在 HSV 颜色空间中,H 和 S 两个分量是用来描述色彩信息的,V 分量是表征对非色彩的感知的。虽然在 HSV 颜色空间识别交通信号灯对光学变化不敏感;但是相关参数的确定比较复杂,必须视具体环境而定。

2. 基于形状特征的交通信号灯识别方法

基于形状特征的交通信号灯识别方法的原理是利用交通信号灯及其相关支撑物之间的几何信息识别交通信号灯。这种识别方法的主要优势在于交通信号灯的形状信息一般不会受到光学变化和气候变化的影响。

可以将交通信号灯的颜色特征和形状特征结合起来识别,以减少单独利用某个特征带来的影响。

3. 基于深度学习的交通信号灯识别

交通信号灯识别就是检测当前路况下在摄像头的视觉范围内红绿灯的状态。输入是照相机拍摄的图像,输出是红绿灯的属性,即交通信号灯的颜色信息和位置信息。

交通信号灯识别分为预处理、神经网络模型及后处理。

预处理是指输入信号的预处理。由于有多个摄像头、定位信息、高精度地图及标定结果,因此预处理的目的是有针对性地选择摄像头,选择一个需要处理的图像;还需要根据高精度地图的结果,预先设定一个交通信号灯的大致位置。使用高精度地图的目的是交通信号灯在图像中占比较小,属于小目标检测问题,在有些情况下的检测召回率很难保证,比较容易出现漏检的情况。高精度地图会预先提供交通信号灯的大致位置,可以根据高精度地图给出的信息在图像中选取感兴趣区域作为检测模型的输入,提高了交通信号灯在检测模型输入中的占比，有效地提高了检测精度，减少了误检的情况。

神经网络模型分为两部分：一是检测，二是对检测的结果做分类识别。检测模型不会直接输出交通信号灯的颜色信息，其输出类别是三种形状，即横向灯、竖向灯和方形灯，根据不同的形状类别使用不同的分类模型识别颜色。

后处理是指对识别结果进行优化和矫正。

图 2.74 所示为要检测的交通信号灯。

图 2.74　要检测的交通信号灯

图 2.74 可以比较直观地解释感兴趣区域（region of interest，ROI）的选取过程，从图中可以看到交通信号灯的占比较小，想要比较准确、完整地检测全部交通信号灯存在一定难度。图中的小矩形框是高精度地图给出的交通信号灯位置，在一些情况下会有一些偏移，不完全准确。为了避免出现偏移情况，可对高精度地图给出的位置信息进行一定比例的扩展，也就是转换为大矩形框。大矩形框标识的区域就是输入第二步检测模型的图像。

交通信号灯检测模型如图 2.75 所示。检测模型可以分为三部分：提取图像特征、区域提取和 ROI 分类器。

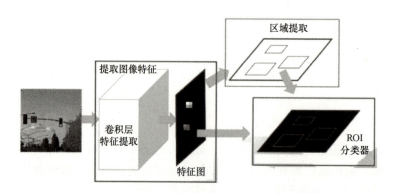

图 2.75　交通信号灯检测模型

模型检测采用一种常规的基于卷积神经网络的目标检测算法，模型接收选取的 ROI，输出交通信号灯的边框以及交通信号灯的类别。

可变形的、位置敏感的 ROI 池化是一种全卷积结构，引入了位置信息，其池化结构如图 2.76 所示。

智能网联汽车环境感知技术 第2章

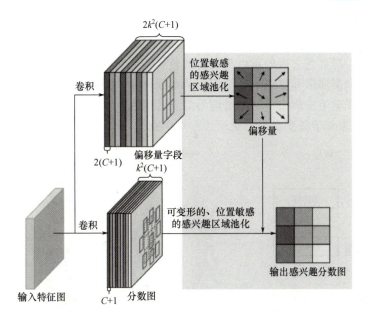

图 2.76 可变形的、位置敏感的 ROI 的池化结构

图 2.76 中上面部分的支路是偏移量的生成，下面是常规的位置敏感的 ROI 池化，上、下支路合起来就是可变形的、位置敏感的 ROI 池化。先看下面的位置敏感的 ROI 池化，对输入特征图进行卷积操作，生成相同空间分辨率的通道数为 $k^2(C+1)$ 的分数图［其中 C 是要分类的类别数（+1 代表背景），k^2 是输出特征图的大小］。若无偏移量，则要取的块的空间位置在分数图中的虚线部分；加入偏移量后，要取的块的空间位置偏移到 9 个块。取 9 个块时，在不同的通道维度上取块（每个块的通道数为 $C+1$，即对应一种颜色的厚度）。由图 2.76 可以看出，分数图中，在通道维度上有 k^2（$k=3$ 时值为 9）种颜色，与输出感兴趣分数图中的颜色一一对应。偏移量字段部分是通过卷积层生成的，通道数为 $2k^2(C+1)$。因为总共有 k^2 个块，每个块的通道数都为（$C+1$），一个偏移量需要用两个数表示（二维空间）。

一般网络越深，ROI 池化具有的平移旋转不变性越强。进行分类时，利用该性质可以有效地提高分类的鲁棒性，因为分类时不关心物体是否翻转、旋转等。但检测时，由于需要对物体定位，需要通过模型得到物体具体的位置信息，因此需要模型对位置有比较好的感知能力。模型过深，平移旋转不变性太强会削弱模型的感知能力。太深的图像特征检测框架存在一个明显的缺陷：检测器对物体的位置信息敏感度下降，检测准确度降低，从而提出了这种位置敏感的 ROI 池化。

检测完成后，需要识别交通信号灯的颜色。将训练了三个轻量级的卷积神经网络做分类，这三个网络分别对应检测结果的三个类别：竖向灯、横向灯和方形灯。左图是检测模型输出的三个结果。对其进行不同比例的缩放并输入不同的分类网络，得到四维向量，对应四种类别出现的概率。

因为交通信号灯可能会出现闪烁或者阴影的情况，不能保证识别结果完全正确，也就是说，当前检测的状态可能不能代表真实的状态，所以需要一个矫正系统对它进行矫正。假如检测出来的是黑色或者置信度不高，不能确定颜色，矫正器就会查找前几帧的检测状态。假如前面的状态一直稳定（比如一直是绿色），那么当前的黑色或者不确定的状态可以置为绿色。另外，由于时间顺序的关系，比如黄色只能出现在绿色之后或红色之前，为了保证行车安全，把红色之后的黄色都视为红色，直到检测出绿色。

以上就是整个交通信号灯识别的流程，从预处理到检测网络再到分类网络以及最后的矫正，输出当前视觉下检测出来的交通信号灯及其颜色。

图 2.77 所示为基于深度学习的交通信号灯识别。

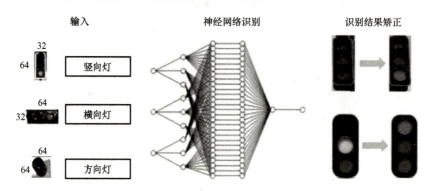

图 2.77　基于深度学习的交通信号灯识别

未来，智能网联汽车或无人驾驶汽车交通信号灯的信号可以采用 V2I 技术，如图 2.78 所示。

图 2.78　基于 V2I 技术的交通信号灯识别

2.7.4　交通信号灯识别实例

（1）采集交通信号灯原始图像。利用视觉传感器采集交通信号灯原始图像，如图 2.79 所示。

（2）图像灰度处理。对交通信号灯原始图像进行灰度处理，如图 2.80 所示。

（3）直方图均衡化。对交通信号灯灰度图进行直方图均衡化，消除光照强度对灰度分布的影响，增强图像对比度，如图 2.81 所示。

（4）图像二值化处理。交通信号灯的灰度值较高，可以使用求得的最近阈值对灰度图进行二值化，高于阈值的置为 1，低于阈值的置为 0。使用 MATLAB 进行二值化，得到的二值图像如图 2.82 所示。

图 2.79 交通信号灯原始图像

图 2.80 交通信号灯灰度图

图 2.81 交通信号灯灰度图直方图均衡化

图 2.82 交通信号灯的二值化图像

（5）交通信号灯识别。交通信号灯识别结果如图 2.83 所示，识别出红灯，并输出"红灯，禁止直行"的指令。

图 2.83 交通信号灯识别结果

1. 智能网联汽车环境感知系统由哪几部分组成？
2. 智能网联汽车环境感知传感器主要有哪几种？
3. 超声波传感器有什么特点？在智能网联汽车上有什么应用？
4. 毫米波雷达有什么特点？在智能网联汽车上有什么应用？
5. 激光雷达有什么特点？在智能网联汽车上有什么应用？
6. 视觉传感器有什么特点？在智能网联汽车上有什么应用？
7. 如何识别道路？
8. 如何识别运动车辆？
9. 如何识别行人？
10. 如何识别交通标志？
11. 如何识别交通信号灯？

第3章
智能网联汽车无线通信技术

通过本章的学习,读者能够掌握无线通信技术的组成与分类、智能网联汽车的通信类型,以及蓝牙技术、RFID(radio frequency identification,射频识别)技术、DSRC技术、LTE-V通信技术、第五代移动通信技术(5G)的基本知识。

知识要点	能力要求	相关知识
无线通信技术概述	掌握无线通信技术的组成与分类、智能网联汽车的通信类型	无线通信技术、智能网联汽车的通信类型
蓝牙技术	掌握蓝牙技术的定义、组成、特点和应用	蓝牙技术的基本知识
RFID技术	掌握RFID技术的定义、系统组成、分类、特点和应用	RFID技术的基本知识
DSRC技术	掌握DSRC技术的定义、DSRC系统架构、技术要求和支持的业务	DSRC技术的基本知识
LTE-V通信技术	掌握LTE-V通信技术的定义、LTE-V通信系统架构、应用场景,以及与DSRC技术对比	LTE-V通信技术的基础知识
第五代移动通信技术	掌握5G的定义、系统架构、应用场景、特点	5G的基础知识

导入案例

智能网联汽车不是独立的运输个体,而是无数个移动终端。智能网联汽车之间以及智能网联汽车与道路基础设施、行人之间都有信息交流,以保证行驶安全,提高通行效率。图3.1所示为利用DSRC技术进行V2X通信。

图 3.1 利用 DSRC 技术进行 V2X 通信

除了DSRC技术,智能网联汽车还有哪些常用的通信技术?通过本章的学习,读者可以得到答案。

3.1 无线通信技术概述

无线通信的原理是利用电磁波的辐射和传播,经过空间传送信息的通信方式传输数据、图像、音频和视频等。

3.1.1 无线通信系统的组成

无线通信系统一般由发射设备、传输介质(电磁波)和接收设备组成,需要在发射设备和接收设备上安装天线,完成电磁波的发射与接收,如图3.2所示。

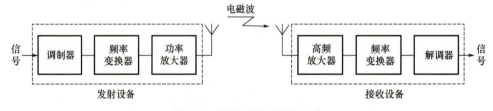

图 3.2 无线通信系统的组成

发射设备用于将原始的信号转换为适合在传输介质上传输的信号,需要对信号进行调制、频率变换、功率放大等。调制器将低频信号加到高频载波信号上,频率变换器将信号转换为发射电波所需频率(如短波频率、微波频率等),经功率放大器放大后通过天线发射出去进行传输。

接收设备用于将收到的信号还原为原来的信息并传输至接收端。接收设备对天线接收的射频载波信号进行高频放大、频率变换、解调后,将其恢复为原始信息,完成无线通信。

3.1.2 无线通信系统的分类

无线通信系统可以根据传输信号形式、无线终端状态、电磁波波长、信道路径和传输方式、通信距离等分类。

1. 根据传输信号形式分类

根据传输信号形式,无线通信系统可以分为模拟无线通信系统和数字无线通信系统。

(1) 模拟无线通信系统。模拟无线通信系统直接传输采集的信号(模拟信号)。

(2) 数字无线通信系统。数字无线通信系统将采集的信号转换为数字信号后传输,传输的信号只包括0和1两个数字。数字无线通信系统正在逐步取代模拟无线通信系统。

2. 根据无线终端状态分类

根据无线终端状态,无线通信系统可以分为固定无线通信系统和移动无线通信系统。

(1) 固定无线通信系统。固定无线通信系统的终端设备是固定的,如固定电话通信系统。

(2) 移动无线通信系统。移动无线通信系统的终端设备是移动的,如移动电话通信系统。

3. 根据电磁波波长分类

根据电磁波波长,无线通信系统可以分为长波无线通信系统、中波无线通信系统、短波无线通信系统、超短波无线通信系统、微波无线通信系统等。

(1) 长波无线通信系统。长波无线通信系统利用波长大于1000m、频率低于300kHz的电磁波进行无线电通信,也称低频通信。它可细分为长波(波长为1~10km、频率为30~300kHz)波段的通信,甚长波(波长为10~100km、频率为3~30kHz)波段的通信,特长波(波长为100~1000km、频率为300~3000Hz)波段的通信,超长波(波长为1000~10000km、频率为30~300Hz)波段的通信,极长波(波长为10000~100000km、频率为3~30Hz)波段的通信。

(2) 中波无线通信系统。中波无线通信系统利用波长为100~1000m、频率为300~3000kHz的电磁波进行无线电通信。

(3) 短波无线通信系统。短波无线通信系统利用波长为10~100m、频率为3~30MHz的电磁波进行无线电通信。

(4) 超短波无线通信系统。超短波无线通信系统利用波长为1~10m、频率为30~300MHz的电磁波进行无线电通信。

(5) 微波无线通信系统。微波无线通信系统利用波长小于1m、频率高于300MHz的电磁波进行的无线电通信。它可细分为分米波(波长为100~1000mm、频率为300~3000MHz)波段的通信,厘米波(波长为10~100mm、频率为3~30GHz)波段的通信,毫米波（波长为 1～10mm、频率为 30～300GHz）波段的通信，以及丝米波（波长为 0.1～1mm、频率为 300～3000GHz）波段的通信。

4. 根据信道路径和传输方式分类

根据信道路径和传输方式，无线通信系统可以分为红外通信系统、可见光通信系统、微波中继通信系统和卫星通信系统等。

（1）红外通信系统。红外通信系统利用红外线传输信息。

（2）可见光通信系统。可见光通信系统以可见光波段的光为信息载体，在空气中直接传输光信号。

（3）微波中继通信系统。微波中继通信系统利用微波的视距传输特性，采用中继站接力的方法进行无线电通信。

（4）卫星通信系统。卫星通信实际上是一种微波通信。卫星通信系统以卫星为中继站转发微波信号，在多个地面站之间进行通信。

5. 根据通信距离分类

根据通信距离，无线通信系统可以分为短距离无线通信系统和长距离无线通信系统。

（1）短距离无线通信系统。短距离无线通信和长距离无线通信的传输距离至今没有严格的定义。一般来说，只要发射端和接收端以无线电方式传输信息，并且传输距离被限定在较小范围内（一般是几厘米至几百米），就可以称为短距离无线通信。短距离无线通信具有低成本、低功耗和对等通信三个重要特征。短距离无线通信技术主要有蓝牙技术、ZigBee（紫蜂）技术、Wi-Fi 技术、UWB（ultrawideband，超宽带）技术、60GHz 技术、IrDA（红外）技术、RFID 技术、NFC（near field communication，近场通信）技术、可见光技术、DSRC 技术等。

（2）长距离无线通信系统。当无线通信传输距离超过短距离无线通信的传输距离时，称为长距离无线通信。长距离无线通信技术主要有移动通信技术、微波通信技术和卫星通信技术等。

3.1.3 智能网联汽车的通信类型

智能网联汽车的通信类型可根据通信对象划分为五种，即车与车通信、车与基础设施通信、车与行人通信、车与应用平台通信、车内部通信。

V2X技术

1. 车与车通信

车与车（V2V）通信（图 3.3）主要是指通过车载单元进行车间通信。车载单元可实时获取周围车辆的车速、车辆位置、行车状态警告等信息，车与车之间也可以构成一个互动平台，实时交换文字、图片、音乐和视频等信息。车与车通信主要用于避免和减缓交通事故、车辆监督管理、生活娱乐等，以及车与车之间的语音、视频通话等。

车与车通信的原理是将无线数字传输模块植入智能网联汽车，无线数字传输模块可以向周边联网汽车提供本车状态信息和数字化交通信号灯信息等。联网汽车中的无线数字传输模块可同步接收和显示来自其他联网汽车的数字化信息，同时将信息与车内驾驶辅助系统相联,为联网汽车的安全行驶提供依据。根据接收的数字信息,联网汽车可了解周边联网汽车的状况,包括位置、距离、相对速度及加速度等,并在紧急制动情况下令后面的联网汽车同步减速,有效防止追尾事故的发生。

车与车通信的主要特点如下:车与车之间的连接是间断的、随机的;车与车之间的通信可以进行多跳传输,保证消息安全、正确到达;车与车之间的多跳传输取决于路由。

2. 车与基础设施通信

车与基础设施(V2I)通信(图3.4)是指车辆区域设备与道路区域设备(如交通信号灯、交通摄像头、路侧单元等)进行通信,道路区域设备获取附近区域的车辆信息并发布实时信息。车与基础设施通信主要用于实时信息服务、车辆监控管理、电子不停车收费等。

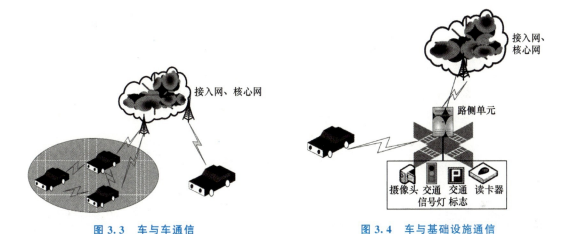

图3.3 车与车通信　　　　　　　　图3.4 车与基础设施通信

车与基础设施通信的原理是将无线数字传输模块植入当前道路交通基础设施,无线数字传输模块可向经过的汽车发送数字化交通信号灯信息、指示信息、路况信息等,并接收联网汽车的信息查询及导航请求,然后将有关信息反馈给相关联网汽车。联网汽车接收并显示来自基础设施的数字化信息,同时将信息与车内驾驶辅助系统相联,作为汽车安全驾驶的控制信号。

车与基础设施通信的主要特点:汽车可以通过路侧单元接入互联网;路侧单元可以对在覆盖范围内的汽车节点广播信息,还可以准确地捕获覆盖范围内的道路状况、交通信号灯及车辆状况;具有一定的实时性和可靠性。

3. 车与行人通信

车与行人(V2P)通信(3.5)是指行人使用用户区域的设备(如手机、计算机、多功能读卡器等)与车辆区域的设备进行通信。车与行人通信主要用于防止车与行人相撞、智能钥匙、信息服务、车辆信息管理等。

4. 车与应用平台通信

车与应用平台通信(3.6)是指车载单元通过接入网、核心网与远程的应用平台建立连接，应用平台与车辆进行数据交互，并存储和处理获取的数据，提供远程车辆交通、娱乐、商务服务和车辆管理等应用。

车与应用平台通信主要用于车辆导航、车辆远程监控、紧急救援、信息娱乐服务等。

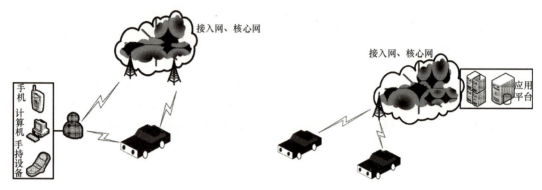

图 3.5　车与行人通信　　　　　　图 3.6　车与应用平台通信

5. 车内部通信

车内部通信是指车载单元与用户终端的通信。用户终端可以是手机、计算机、手持设备等，连接方式可以是有线也可以是无线。

3.2　蓝牙技术

3.2.1　蓝牙技术的定义与组成

1. 蓝牙技术的定义

蓝牙技术是 1998 年 5 月由五家公司——爱立信、诺基亚、东芝、IBM 和英特尔联合开发的一种短距离无线通信技术。

蓝牙技术是一种支持设备短距离无线通信的技术，使用该技术可以在手机、无线耳机、计算机、智能汽车、相关外围设备之间进行无线信息交互，有效简化移动通信终端设备之间的通信、设备与互联网之间的通信，从而使数据传输更加迅速、高效，为无线通信拓宽道路。蓝牙技术采用分散式网络结构及快跳频和短包技术，支持点对点通信及点对多点通信。

2. 蓝牙系统的组成

蓝牙系统一般由天线单元、链路控制（固件）单元、链路管理（软件）单元和软件（协议栈）单元组成，如图 3.7 所示。

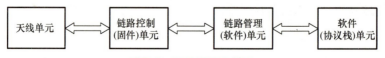

图 3.7　蓝牙系统的组成

(1) 天线单元。蓝牙系统要求天线单元体积小、质量轻。蓝牙系统的天线发射功率符合 FCC (federal communications commission，联邦通信委员会) 关于 ISM 波段的要求。采用扩频技术时，发射功率可增大到 100mW。蓝牙系统的最大跳频为 1600 跳/秒，在 2.4~2.48GHz 频段下进行通信，采用 79 个 1MHz 带宽的频点；设计通信距离为 0.1~10m，如果增大发射功率，则通信距离可以达到 100m。

(2) 链路控制（固件）单元。蓝牙系统使用三个 IC (integrated circuit，集成电路) 分别作为连接控制器、基带处理器及射频传输/接收器，还使用 30~50 个单独调谐元件。链路控制（固件）单元负责处理基带协议和其他底层连接规程，支持同步面向连接和异步无连接两种方式。

(3) 链路管理（软件）单元。链路管理（软件）单元携带链路的数据设备、鉴权、链路硬件配置和其他协议。链路管理（软件）单元可以发现其他远端链路管理，并通过链路管理协议与之通信。链路管理（软件）单元提供的主要服务有发送和接收数据、请求名称、地址查询、鉴权、建立连接、链路模式协商和建立、决定帧的类型等。

(4) 软件（协议栈）单元。软件（协议栈）单元是一个独立的操作系统，不与其他操作系统捆绑，它必须符合制定好的蓝牙规范。链路协议分为四层：核心协议层、电缆替代层、电话控制协议层和采纳的其他协议层。软件（协议栈）单元主要实现配置及诊断、蓝牙设备的发现、电缆仿真、与外围设备的通信、音频通信及呼叫控制等功能。

在蓝牙协议栈中，还有一个主机控制接口和音频接口。主机控制接口是与基带控制器、链路管理器及访问硬件状态和控制寄存器连接的命令接口。利用音频接口（与基带直接相连），可以在一个或多个蓝牙设备之间传递音频数据。

3.2.2 蓝牙技术的特点

蓝牙技术具有以下特点。

(1) 全球范围适用。蓝牙设备在 2.4GHz 的 ISM 频段下工作，大多数国家 ISM 频段为 2.4~2.4835GHz，使用该频段无须向各国无线电资源管理部门申请许可证而直接使用。

(2) 通信距离为 10cm~10m，当发射功率为 100mW 时，通信距离可以达到 100m。

(3) 同时传输语音和数据。蓝牙设备采用电路交换和分组交换技术，支持异步数据信道、三路语音信道及异步数据与同步语音同时传输的信道。蓝牙设备有两种链路类型，即异步无连接链路和同步面向连接链路。

(4) 建立临时性的对等连接。根据在网络中的角色，蓝牙设备可分为主设备和从设备。主设备是组网连接主动发起连接请求的蓝牙设备，当几个蓝牙设备连接成一个皮网时，只有一个主设备，其余都是从设备。皮网是蓝牙的基本网络形式，最简单的皮网是由一个主设备和一个从设备组成的点对点的通信连接。

(5) 抗干扰能力强。在 ISM 频段下工作的无线电设备有很多种，为了很好地抵抗来自这些设备的干扰，蓝牙设备采用跳频方式扩展频谱。蓝牙设备在某个频点发送数据之后，跳到另一个频点发送，而频点的排列顺序是伪随机的，每秒频率改变 1600 次，每个频率持续 $625\mu s$。

(6) 蓝牙模块体积很小，便于集成。

(7) 功耗低。蓝牙设备在通信连接状态下有四种工作模式：激活模式、呼吸模式、保持模式和休眠模式。激活模式是正常工作状态，另外三种模式是用于节能的低功耗模式。

（8）接口标准开放。蓝牙技术联盟为了推广蓝牙技术，将蓝牙技术标准全部公开，任何单位和个人都可以开发蓝牙产品，只要最终通过蓝牙技术联盟的蓝牙产品兼容性测试，就可以推向市场。

（9）成本低。随着市场需求的扩大，各生产厂家纷纷推出自己的蓝牙芯片和模块，蓝牙产品价格下降。

3.2.3　蓝牙技术的应用

蓝牙技术的实质是建立通用的无线接口及其控制软件的开放标准，使计算机和通信进一步结合，不同生产厂家生产的便携式设备可以在没有电缆或电线连接的情况下短距离互联。

蓝牙技术主要有三方面的应用：外围设备互联，个人局域网，语音、数据接入。外围设备互联是指通过蓝牙链路将设备连接到主机；个人局域网主要用于个人网络和信息的共享；语音、数据接入用于通过安全的无线链路将计算机连接到广域网。

蓝牙技术在汽车上的应用有车载蓝牙电话、车载蓝牙音响、车载蓝牙导航、蓝牙汽车防盗、蓝牙后视镜、利用蓝牙技术对汽车进行解锁等。

（1）车载蓝牙电话。车载蓝牙电话是专为行车安全和舒适性设计的。其主要功能如下：自动辨识移动电话，不需要电缆或电话托架便可与手机联机；使用者无须触碰手机（双手保持在转向盘上）便可控制手机，用语音指令控制接听或拨打电话。使用者可以通过汽车上的音响或蓝牙无线耳机通话。若选择通过汽车上的音响通话，则有来电或需要拨打电话时，汽车上播放的音乐自动静音，通过音响的扬声器进行话音传输。若选择蓝牙无线耳机通话，则只要耳机处于开机状态，来电时按下接听按钮就可以实现通话。

（2）车载蓝牙音响。车载蓝牙音响以稳定的、高度通用的蓝牙无线技术为基础的无线有源音响，内设锂电池，可以随时充电。车载蓝牙音响的使用方式是对手机和音响进行蓝牙配对。开车时，可以通过蓝牙连接手机，播放手机中的歌曲；蓝牙还可以作为手机的音响接打电话；想在户外听歌时，可以插卡播放，充当便携式音响。

（3）车载蓝牙导航。具备蓝牙功能的车载 GPS 能为驾驶人提供定位导航服务，还能作为蓝牙耳机实现免提接听。

（4）蓝牙汽车防盗。把驾驶人的蓝牙手机当作汽车的第二把锁，如果蓝牙手机不在车内，一旦汽车起动，系统就会认定汽车被盗，从而开启报警装置。

（5）蓝牙后视镜。汽车后视镜通过蓝牙与手机相连，来电时，蓝牙后视镜（图 3.8）显示来电号码。此外，蓝牙后视镜集成了免提电话功能。

（6）利用蓝牙技术对汽车进行解锁。汽车虚拟钥匙技术能够通过蓝牙连接使汽车与智能手机、智能手表互联，实现汽车解锁及获取汽车信息，如图 3.9 所示。当驾驶人靠近汽车（几米范围内）时，手机 App 通过蓝牙与汽车连接，能够为汽车解锁及获取汽车信息。

当驾驶人远离汽车时，可以利用手机 App 通过移动网络获取汽车信息，如胎压、预估续驶里程、汽车位置、离保养剩余里程等，如图 3.10 所示；软件会提示虚拟钥匙超出范围，此时手机 App 无法为汽车解锁。

图 3.8 蓝牙后视镜

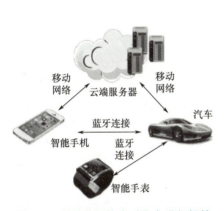

图 3.9 利用蓝牙技术对汽车进行解锁

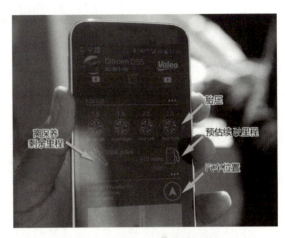

图 3.10 利用蓝牙技术获取汽车信息

手机 App 虚拟钥匙共享功能可自动识别手机通讯录中安装相同 App 的人。车主可以通过简单操作,把汽车虚拟钥匙转交给相应的联系人,甚至可以设定虚拟钥匙的作用时间,使虚拟钥匙在指定时间内有效,过期的虚拟钥匙将无法对汽车进行任何操作,如图 3.11 所示。

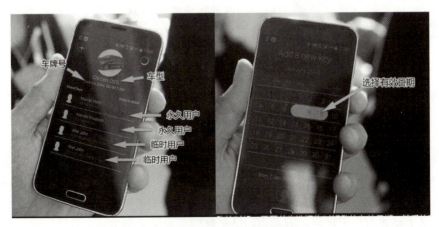

图 3.11 手机 App 虚拟钥匙共享功能

汽车虚拟钥匙技术的共享功能使借车过程简化，只要双方手机中安装了相同 App 就能够实现虚拟钥匙移交。蓝牙技术在一定程度上拉近了人与车的距离，只有携带虚拟钥匙的人靠近汽车时才能对汽车进行解锁操作，增强了该技术的安全性。

智能蓝牙连接技术将在汽车与可穿戴技术连接的实现过程中发挥至关重要的作用，包括实现监测驾驶人疲劳驾驶、血液中酒精含量及血糖水平等生物计量指标的连接。智能手表、血压计、脉搏监测仪、酒精监测仪或血糖监测仪等将成为与汽车连接的可穿戴设备。

随着蓝牙技术的发展，其在汽车上的应用越来越多。

3.3 RFID 技术

3.3.1 RFID 技术的定义与系统组成

1. RFID 技术的定义

RFID 技术是一种无线通信技术，可以通过无线电信号识别特定目标并读写相关数据，而无须识别系统与特定目标之间建立机械接触或光学接触。可见，RFID 技术是一种非接触式自动识别技术。

2. RFID 系统的组成

RFID 系统主要由电子标签、阅读器和天线三部分组成，如图 3.12 所示。阅读器将收集的数据信息传输到后台系统进行处理。

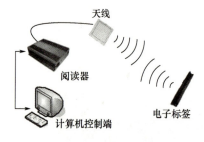

图 3.12 RFID 系统的组成

（1）电子标签。电子标签由耦合元件及芯片组成。每个电子标签都有一个全球唯一的 ID 号码——UID（user identification，用户身份证明），在制作电子标签芯片时存放在只读存储器中且无法修改，其对物联网的发展有着很重要的影响。

（2）阅读器。阅读器是读取或写入电子标签信息的设备，可设计为手持式、固定式等形式；对电子标签进行识别、读取和写入操作，一般将收集的数据信息传输到后台系统进行处理。

（3）天线。天线用来在电子标签和阅读器之间传递射频信号。射频电路中的天线是联系阅读器和电子标签的桥梁，阅读器发送的射频信号能量通过天线以电磁波的形式辐射到空间。当天线发射电磁波时，电子标签接收电磁波能量，但只能接收少部分电磁波能量。阅读器和电子标签之间的天线耦合方式有两种：一种是电感耦合方式，适用于低频段的射频识别系统；另一种是反向散射耦合方式，适用于超高频段的射频识别系统。天线可视为阅读器和电子标签的空中接口，它是 RFID 系统的重要组成部分。

3.3.2 RFID产品的分类

RFID产品有三类：无源RFID产品、有源RFID产品、半有源RFID产品。

（1）无源RFID产品。无源RFID产品（如公交卡、银行卡等）在日常生活中随处可见，属于短距离识别类产品。其主要工作频率有低频125kHz、高频13.56MHz、超高频433MHz、915MHz。

（2）有源RFID产品。有源RFID产品的长距离自动识别特性决定了其巨大的应用空间和市场潜质，在长距离自动识别领域（如智能停车场、智能交通、物联网等）有重要应用。其主要工作频率有超高频433MHz、微波2.45GHz和5.8GHz。

（3）半有源RFID产品。半有源RFID产品结合有源RFID产品及无源RFID产品的优势，利用低频125kHz短距离精确定位、微波2.45GHz长距离识别和上传数据，以实现有源RFID产品和无源RFID产品无法实现的功能。

3.3.3 RFID技术的特点

RFID技术具有以下特点。

（1）读取方便、快捷。读取数据时无需光源，甚至可以透过外包装读取。有效识别距离更大，采用自带电池的电子标签时，有效识别距离可达到30m以上。

（2）识别速度高。一旦电子标签进入磁场，阅读器就可以即时读取其中的信息，而且能够同时处理多个电子标签，实现批量识别。

（3）数据容量大。数据容量很大的条形码只能存储2725个数字，若包含字母，则存储量更少；RFID标签可以根据用户的需要扩充到数万字节。

（4）穿透性和无屏障阅读。在被覆盖的情况下，RFID能够穿透纸张、木材和塑料等非金属或非透明材质，并能够进行穿透性通信。

（5）使用寿命长，应用范围广。无线通信方式使RFID可以应用于粉尘、油污等高污染环境和放射性环境，而且其封闭式包装使得其使用寿命超过打印条形码。

（6）电子标签数据可动态更改。利用编程器可以向电子标签写入数据，从而赋予RFID交互式便携数据文件的功能，而且写入时间比打印条形码短。

（7）安全性好。电子标签不仅可以嵌入或附着在不同形状、类型的产品上，而且可以为电子标签数据的读写设置密码保护，具有更高的安全性。

（8）动态实时通信。电子标签以50～100次/秒的频率与阅读器通信，只要RFID附着的物体出现在阅读器的有效识别范围内，就可以动态追踪和监控其位置。

3.3.4 RFID技术的应用

RFID技术凭借实时、准确、快速识别高速移动目标的特性成为交通信息采集与监管的主要手段，它在交通管理中的应用将成为智能交通的发展趋势。

RFID技术可以用于采集交通信息，如机动车流量、车辆平均速度、道路拥挤状况；智能交通控制，如交通信号优化控制、公交信号优化控制、特定区域出入管理；违章、违法行为检测，通过与视频监控、视频抓拍系统配合对过往车辆进行检测、抓拍和身份判别；高速公路自动收费系统；无钥匙系统；车牌自动识别系统；等等。下面仅介绍RFID

技术在汽车无钥匙系统、汽车防伪查询和电子不停车收费系统中的应用。

1. 汽车无钥匙系统

汽车无钥匙系统如图3.13所示。它采用RFID技术，通过车主随身携带的智能卡中的芯片感应自动开关门锁。通常情况下，当车主走近汽车1m以内时，门锁自动打开并解除防盗；当车主离开汽车时，门锁自动锁上并进入防盗状态；当车主进入汽车时，车内检测系统会即识别智能卡，只要轻轻按动起动按钮（或旋钮），就可以正常起动汽车。在整个过程中，车主无须拿出车钥匙，非常方便。

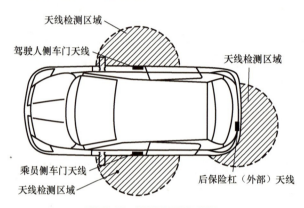

图3.13 汽车无钥匙系统

2. 汽车防伪查询

汽车防伪查询的基本原理是将车牌号、发动机号、汽车类型、颜色、车主信息、驾驶证号、发证机关、年审情况等基本信息保存在射频芯片中，可以使用验证器（读写器）读出这些数据，通过核对这些信息验证汽车、车主及车牌，如图3.14所示。芯片不断发射汽车的ID，在任何天气和车速下均可识别，撞击、油污或破坏均不影响芯片工作，并且不能将其从一辆汽车上拆下而放到另一辆汽车上。核对这些信息后，判断汽车、车主、车牌的真伪，并查验汽车违规违纪、年检的状况。

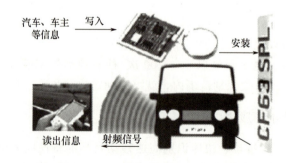

图3.14 汽车防伪查询

3. 电子不停车收费系统

高速公路电子不停车收费（electronic toll collection，ETC）系统已在全国推广使用。电子不停车收费系统是应用RFID技术，通过路侧天线与车载电子标签之间的专用短程通信,在无须驾驶人停车和其他收费人员采取任何操作的情况下自动完成收费。电子不停车收费系统的组成如图 3.15 所示。当 ETC 系统检测到汽车进入 ETC 车道时,龙门架上的微波天线与汽车风窗玻璃上的电子标签自动交换信息,与微波天线连接的 ETC 车道计算机根据电子标签中存储的信息识别汽车信息,根据车主的使用情况计算并扣除通行费用。交易成功后,车道栏杆自动升起,放行汽车;汽车通过后,车道栏杆自动降下。整个收费过程无须人工干预,车主可不停车快速通过 ETC 车道。电子不停车收费系统可以提高汽车通过效率,它是缓解收费站交通堵塞的有效手段。

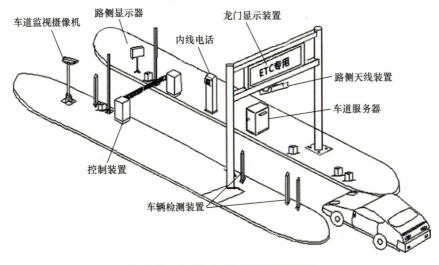

图 3.15 电子不停车收费系统的组成

3.4 DSRC 技术

3.4.1 DSRC 技术的定义与系统架构

1. DSRC 技术的定义

DSRC 技术是专门用于道路环境的车与车、车与基础设施、基础设施与基础设施之间的通信距离有限的无线通信方式。它是智能网联汽车系统的重要通信方式。

2. DSRC 系统架构

DSRC 系统架构如图 3.16 所示。车与车及车与基础设施之间通过 DSRC 系统进行信息交互。

DSRC 系统包含物理层、媒体访问控制层、网络层和应用层。

(1) 物理层。物理层是建立、保持和释放专用短程通信网络数据传输通路的物理连接的层,位于协议栈的最底层。

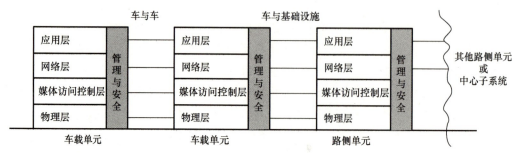

图 3.16 DSRC 系统架构

(2) 媒体访问控制层。媒体访问控制层是提供短距离通信网络节点寻址及接入共享通信媒体的控制方式的层,位于物理层之上。

(3) 网络层。网络层是实现网络拓扑控制、数据路由及设备的数据传送和应用的通信服务手段的层,位于媒体访问控制层之上。

(4) 应用层。应用层是向用户提供应用及服务手段的层,位于网络层之上。

车载单元的媒体访问层和物理层负责处理车与车、车与基础设施之间的 DSRC 系统连接的建立、维护及信息传输;应用层、网络层负责把服务和应用信息传递到基础设施及车载单元,并通过车载子系统与用户交互。路侧单元通过 DSRC 系统接收车载单元的信息并向车载单元发送信息。管理与安全功能覆盖 DSRC 系统的整个框架。

3.4.2　DSRC 技术要求

1. DSRC 技术总体功能要求

DSRC 技术总体功能包含无线通信功能和网络通信功能,其中无线通信功能要求如下。

(1) 车与基础设施通信的路侧单元最大覆盖半径大于 1km。

(2) 车与车通信的单跳距离可达 300m。

(3) 支持车载单元的最大运动速度不小于 120km/h。

网络通信功能要求如下。

(1) 广播功能。

(2) 多点广播功能。

(3) 地域群播功能。

(4) 消息优先级的管理功能。

(5) 通道、连接管理功能。

(6) 车载单元的移动性管理功能。

2. 媒体访问控制层的技术要求

媒体访问控制层的技术要求如下。

(1) 车载单元与车载单元通信接口的要求:为满足汽车辅助驾驶中紧急安全事件消息的传播,媒体访问控制层的通信时延应小于 40ms。

(2) 媒体访问控制层支持的并发业务数应大于 3。

(3) 路侧单元支持的并发终端用户数量应大于 128。

3. 网络层的技术要求

网络层的技术要求如下。

(1) 网络层可适配不同的物理层。

(2) 支持终端的最大运动速度不小于 120km/h；在跨路侧设备覆盖区时，可保证业务的连续性。

(3) 紧急安全事件业务的端到端传输时延应小于 50ms。

(4) 可支持多种接入技术要求，网络层和应用层的接入技术具有相对独立性，可以通过多种接入技术为网络层提供服务。

(5) 支持传输技术多样性，网络层与数据传输技术相对独立，网络层不受底层传输技术的影响。

(6) 服务质量保证，可为业务建立优先级，并具备服务质量识别能力，以支持网络的服务质量保障机制。

4. 应用层的技术要求

应用层主要包括车与车通信应用、车与基础设施通信应用及其他通用交通应用，其技术要求如下。

(1) 业务接口统一，制定标准格式。

(2) 业务支撑管理。

(3) 具有安全性。

3.4.3　DSRC 技术支持的业务

DSRC 技术支持如下业务。

(1) 汽车辅助驾驶，包括辅助驾驶警告和道路基础设施警告。其中，辅助驾驶警告包括碰撞风险预警、错误驾驶方式警示、信号违规警告、慢速车辆指示、摩托车接近指示、车辆远程服务、行人监测、协作式自动车队等；道路基础设施警告包括车辆事故警告、道路工程警告、交通条件警告、气象状态及预警、基础设施状态异常警告等。

(2) 交通运输安全，包括紧急救援请求及响应、紧急事件通告、紧急车辆调度与优先通行、运输车辆及驾驶人的安全监控、超载超限管理、交通弱势群体保护等。

(3) 交通管理，包括交通法规告知、交通执法、信号优先、交通信号灯最佳速度指引、停车场管理等。

(4) 导航及交通信息服务，包括路线实时指引和导航，施工区、收费、停车场、换乘、交通事件信息，流量监控、建议行程、兴趣点通知，等等。

(5) 电子收费，包括以电子化的交易方式、向用户收取相关费用（如道路、桥梁和隧道通行费及停车费等）。

(6) 运输管理，包括运政稽查、特种运输监测、车队管理、场站区管理等。

(7) 其他，包括汽车软件、数据配置和更新、汽车和路侧单元的数据校准、协作感知信息更新及发送等。

3.5 LTE-V通信技术

3.5.1 LTE-V通信技术的定义与LTE-V通信系统架构

LTE-V通信技术

1. LTE-V通信技术的定义

V2X通信是指车与车、基础设施、行人、网络等外界对象之间进行信息交换。它是实现交通安全、效率提升的前提,也是未来智能交通运输系统的核心技术。

V2X通信包括V2V、V2I、V2P、V2N(车与网络)等通信模式及技术,如图3.17所示。V2X通信应用对象主体是交通环境下的车辆。由于V2X通信具有高速移动、高速率数据传输、低时延、多用户、高可靠性等特点,因此对技术方案的性能指标提出了较高的要求。车路通信技术不仅会提高行驶安全性,而且会提升交通效率;同时以V2X通信为核心的车路通信是自动驾驶的必要条件。

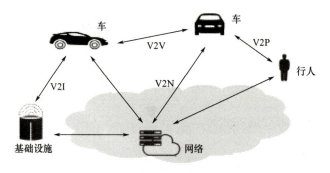

图3.17 V2X通信类型

LTE-V (long term evolution-vehicle,长期演进-V2X)通信技术是我国具有自主知识产权的V2X通信技术,它是基于TD-LTE (time division-long term evolution,分时长期演进)的ITS (intelligent traffic system,智能交通系统)解决方案,也是LTE后续演进技术的重要应用分支。LTE-V通信技术按照全球统一规定的体系架构及通信协议和数据交互标准,在车与车、车与基础设施、车与行人之间组网,构建数据共享交互桥梁,助力实现智能化的动态信息服务、汽车安全驾驶、交通管控等。基于LTE-V通信技术标准的系统和设备已经进入商用测试。

2. LTE-V通信系统架构

LTE-V通信系统由物理层、数据链路层和应用层组成。

(1)物理层。物理层是LTE-V通信系统的底层协议,主要提供帧传输控制服务和信道的激活、失效服务,具有发射和接收定时及同步功能。

(2)数据链路层。数据链路层负责可靠传输信息,提供差错和流量控制,对上层提供无差错的链路连接。

（3）应用层。应用层基于数据链路层提供的服务，实现通信初始化和释放程序、广播服务、远程应用等操作。

LTE-V通信系统的设备包含用户终端（user equipment，UE）、路侧单元、基站（e-utran node B，eNB）三部分，如图3.18所示。用户终端包含车载设备、个人用户便携设备等；路侧单元提供V2I服务，在基站和用户终端之间，承担双方的数据通信任务；基站是承担LTE-V通信系统的无线接入控制功能的设备，主要用于管理空中接口、用户资源分配、接入控制、移动性控制等。

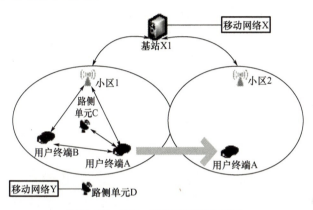

图3.18　LTE-V通信系统的设备

3.5.2　LTE-V通信技术的应用场景

LTE-V通信技术能够满足智能交通的多种应用需求，结合蜂窝通信技术和直通通信技术，全面支持行车安全、信息娱乐、后台监控等业务。LET-V通信技术的应用场景如图3.19所示。

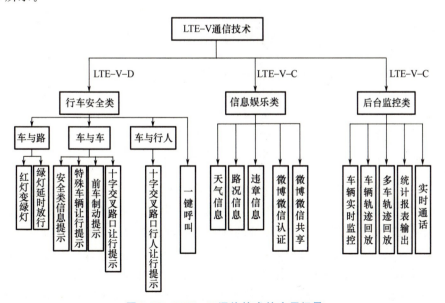

图3.19　LET-V通信技术的应用场景

基于车与车通信的紧急车辆接近警示如图 3.20 所示。

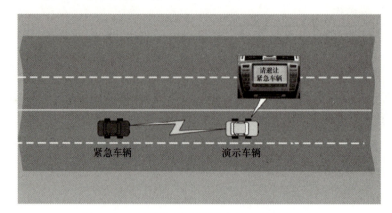

图 3.20　基于车与车通信的紧急车辆接近警示

基于十字交叉路口交通信息的车辆安全通行如图 3.21 所示。基于车路协同的车辆引导控制如图 3.22 所示。

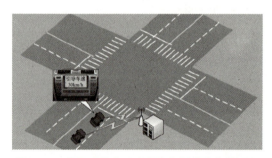

图 3.21　基于交叉路口交通信息的车辆安全通行

图 3.22　基于车路协同的车辆引导控制

3.5.3　LET-V 通信技术与 DSRC 技术对比

V2X 通信技术包括 LTE-V 通信技术和 DSRC 技术。LTE-V 通信是基于 LTE 的智能网联汽车协议，由 3GPP（3rd generation partnership project，第三代合作伙伴计划）主导制定规范，主要参与厂商有华为、大唐、LG 等；DSRC 主要基于 IEEE 802.11p 与 IEEE 1609 系列标准，它是一种专门用于 V2V 和 V2I 的通信标准。

1. LTE-V 通信系统架构与 DSRC 系统架构的对比

LTE-V 通信技术针对车辆应用定义了两种通信方式：LTE-V-C（蜂窝链路式）和 LTE-V-D（短程直通链路式），如图 3.23 所示。其中，LTE-V-C 通过 Uu 接口承载传统的车联网远程信息处理业务，在传统的移动宽带授权频段下工作；LTE-V-D 通过 PC5 接口实现 V2V、V2I 直接通信，促进实现汽车安全驾驶。LTE-V-D 在 ITS 频段（如 ITS 5.9GHz）下工作，独立于蜂窝网络，直接通信可有效保证应用的低时延。

DSRC 技术架构如图 3.24 所示。路侧单元是 DSRC 技术的重要组成部分，并且通过有线光纤的方式联入互联网。白车代表 V2V、V2I 安全业务，灰车代表远程信息处理业

图 3.23　LTE-V 通信技术架构

务。车与车之间的信息交换通过路侧单元和车载设备之间的通信实现,远程信息处理业务通过 IEEE 802.11p+路侧单元回程的方式实现。可以看到,需要在 DSRC 技术架构中部署大量路侧单元以较好地满足业务需求,建设成本较高。

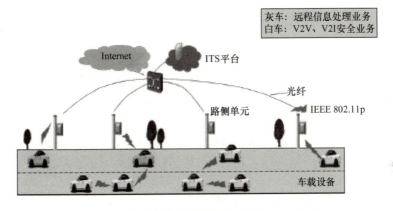

图 3.24　DSRC 技术架构

从图 3.23 和图 3.24 可以看到,LTE-V 通信技术和 DSRC 技术均需要路侧单元,但两种技术的路侧单元的承载能力不尽相同。在两种技术中,路侧单元均会为汽车提供道路的相关信息(如交通信号灯、限速等),在 V2I 模式下将这些信息发送给汽车。在 DSRC 技术下,车与车之间的信息交流必须通过路侧单元,对路侧单元的需求量很大。在 LTE-V-D 通信方式下,车与车之间的信息交互基于广播方式,可采用终端直通模式,也可经由路侧单元进行交互,大大减少了路侧单元的需求量。

2. LTE-V 通信技术与 DSRC 技术参数的对比

LTE-V 通信技术与 DSRC 技术各有优缺点,其中 DSRC 技术的最大优势在于起步早、技术成熟度高,但车速、带宽、速率及通信距离等都不如 LTE-V 通信技术,参数对比见表 3-1。

由表 3-1 可知基于蜂窝通信的 LTE-V 通信技术在主要指标上优于基于无线局域网的 DSRC 技术。

表 3-1　DSRC 技术与 LTE-V 通信技术参数对比

参　　数	DSRC 技术	LTE-V 通信技术
支持车速/(km/h)	200	500
带宽/MHz	75	可扩展至 100
传输速率	3～27Mbit/s，平均值为 12Mbit/s	峰值速率上行 500Mbit/s，下行 1Gbit/s
通信距离	几百米，容易被建筑遮挡，受路侧单元密度的影响	约为 DSRC 技术的 2 倍
IP 接入方式	部署路侧单元作为网关	通过蜂窝基站接入，基站集中调度；业务连续性好，调度效率高
低延时安全业务（前车防撞预警、盲区预警等）	采用 IEEE 802.11p 协议	LTE 直通技术解决
演进性	较弱	可平滑演进至 5G 技术
成熟度	成熟	基本成熟

还有一项关键技术特性——通信时延，V2X 通信的关键是实现比普通交通系统低的时延，通常要求小于 100ms。在实际测试中，DSRC 通信技术的时延超过 100ms，而 LTE-V 通信技术通常为 50ms；而且 DSRC 技术的传输质量难以保证，时延抖动通常很大。在中国通信标准化协会关于 LTE-V 通信技术总体要求中，对时延有如下要求。

（1）无论是直接通信还是路侧单元转发，V2V 和 V2P 的时延都需要小于 100ms。

（2）仅对于特殊用例（如碰撞感知），V2V 通信时延需小于 20ms。

（3）V2I 通信时延应小于 100ms。

（4）V2N 业务最大端到端时延应小于 1000ms。

虽然目前没有国家政策明确我国 V2X 通信政策将选择哪种技术，但业界普遍认为 LTE-V 通信将成为国内 V2X 通信标准。

3.6　第五代移动通信技术

3.6.1　第五代移动通信技术的定义与其系统架构

1. 第五代移动通信技术的定义

移动通信技术是指在通信双方中至少有一方在运动中实现通信，包括移动台与固定台之间、移动台与移动台之间、移动台与用户之间的通信技术。在移动通信中，常处于移动状态的电台称为移动台，常处于固定状态的电台称为基地台或基站。

第五代移动通信技术（5th generation mobile communication technology，简称 5G）。5G 是 4G 的延伸，是对现有无线接入技术（包括 3G、4G 和 Wi-Fi）的技术演进，以及一些新增的补充性无线接入技术集成后解决方案的总称。从某种程度上讲，5G 是真正意义上的融合网络。其以融合和统一的标准,提供人与人、人与物及物与物之间高速、安全和自由的连通。除要满足超高速的传输需求外,5G还需满足超大带宽、超高容量、超密站点、超可靠性、随时随地可接入等要求。因此,通信界普遍认为,5G具有广带化、泛在化、智能化、融合化、绿色节能等特点。5G已实现商用,能够满足移动互联网业务的发展需求,并带给移动互联网用户一种前所未有的全新体验。

2. 5G系统架构

5G系统通常由移动台、基站子系统、移动业务交换中心等组成,如图3.25所示。

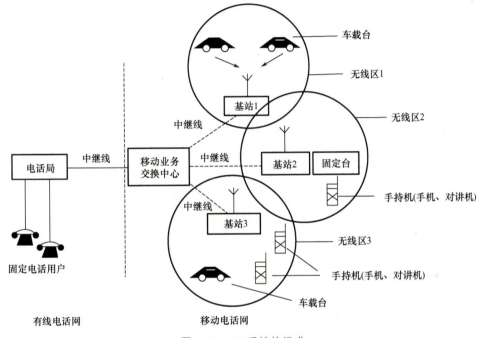

图 3.25 5G 系统的组成

(1) 移动台。移动台是5G系统的用户设备,包括收发信机、天线、电源等。其可以是手机、对讲机或车载台等。

(2) 基站子系统。基站子系统建在覆盖区域的中央或边缘,包括收发信机、天线公用设备、天线、馈线和电源等。基站一般具有较大的发射功率,并且天线架设较高,开通多个射频频道,形成一个可靠的通信覆盖区域,称为无线区。这个区域内的所有移动用户之间的无线信号都由基站进行射频频道的实时分配和控制,以实现信号转发。

(3) 移动业务交换中心。移动业务交换中心主要由交换和控制设备组成,其除用于交换无线电信号外,还对整个移动通信系统进行控制和管理。它是协调呼叫路由的控制中心。移动业务交换中心还可以通过中继线与电话局连接,实现移动用户与固话用户的通信,从而构成有线与无线结合的综合通信网。

5G将融合多类现有或未来的无线接入传输技术和功能网络,包括传统蜂窝网络、大规模多天线网络、认知无线网络、无线局域网、无线传感器网络、小型基站、可见光通信和设备直连通信等,并通过统一的核心网络进行控制和管理,以提供超高速率和超低时延的用户体验以及多场景的一致无缝服务。5G系统架构如图3.26所示。

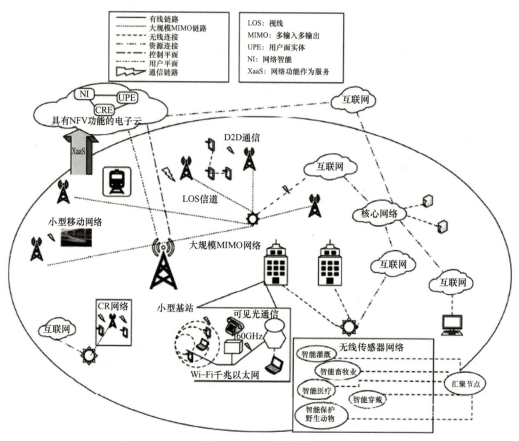

图 3.26 5G 系统架构

3.6.2 5G 的应用场景

自动驾驶与5G移动通信技术

5G 的应用场景由相关地点及其发生的业务组成，主要包括移动互联网和移动物联网两大类。移动互联网又可以抽象为低移动性高速度和高移动性广覆盖两个子类；移动物联网又可以抽象为低功耗大连接和低时延高可靠性两个子类，如图 3.27 所示。

（1）低移动性高速度应用场景。该应用场景主要包括办公室、密集住宅区、室外热点等，其对应的主要业务有（超）高清视频、虚拟现实（VR）、增强现实及云存储等，主要挑战在于高速度、高连接密度等。

（2）高移动性广覆盖应用场景。该应用场景主要发生在高铁、快速路、地铁等对移动性要求较高的地点，其对应的主要业务有网页浏览、实时在线游戏、云端办公等，主要挑战在于在一定移动性的前提下保持一定的体验速度。

（3）低功耗大连接应用场景。该应用场景主要面向传感器类应用，包括环境监测、智能报表和可穿戴设备等，主要挑战在于连接数巨大且功耗要求低。

（4）低时延高可靠性应用场景。该应用场景主要包括工业及医疗行业的自动控制、交通行业的自动驾驶、智能电网等，主要挑战在于时延和移动性等要求。

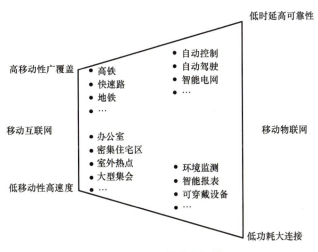

图 3.27 5G 的应用场景

3.6.3 5G 的特点

5G 具有以下特点。

(1) 高速度。相对于 4G，5G 要解决的第一个问题就是高速度。只有网络速度提升，用户体验与感受才会有较大的提高，网络才能在面对 VR、超高清业务时不受限制，对网络速度要求很高的业务才能广泛推广和使用。5G 的基站峰值速度要求不低于 20Gbit/s，这个速度是峰值速度，不是每个用户的体验。随着新技术的使用，基站峰值速度还有提升的空间。

(2) 泛在网。随着业务的发展，网络业务需要无所不包、广泛存在，只有这样才能支持更加丰富的业务，才能在复杂的场景上使用。泛在网有两个层面的含义：广泛覆盖和纵深覆盖。广泛是指我们社会生活的各个地方，需要广覆盖，以前高山峡谷不一定需要网络覆盖，因为生活的人很少。但是如果能覆盖 5G，那么可以大量部署传感器，进行环境、空气质量甚至地貌变化、地震的监测，这就非常有价值。5G 可以为更多这类应用提供网络。纵深是指虽然我们生活中已经有网络部署，但是需要进入更高品质的深度覆盖。一定程度上，泛在网比高速度还重要，只建一个少数地方覆盖、速度很高的网络不能保证 5G 的服务与体验，而泛在网是 5G 体验的一个根本保证。

(3) 低功耗。5G 要支持大规模物联网应用，就必须有功耗的要求。这些年，可穿戴产品有一定的发展，但是遇到很多瓶颈，最大的瓶颈就是体验较差。所有物联网产品都需要通信与能源，虽然通信可以通过多种手段实现，但是能源的供应只能靠电池。若通信过程消耗大量的能量，则很难让用户广泛接受物联网产品。如果能降低功耗，使大部分物联网产品一周充一次电，甚至一个月充一次电，就能大大改善用户体验，促进物联网产品的快速普及。

(4) 低时延。5G 的一个新场景是无人驾驶、工业自动化的高可靠连接。人与人之间进行信息交流，140ms 的时延是可以接受的，但是这个时延用于无人驾驶、工业自动化就无法接受。5G 对时延的最低要求是 1ms，甚至更低。这就对网络提出了严苛的要求。而5G 是这些新领域应用的必然要求。对于无人驾驶汽车，需要中央控制中心和汽车进行互联，车与车之间也应进行互联，在高速度行驶中制动，需要瞬间把信息传送到车上作出反应，100ms左右的时间汽车就会冲出数米，这就需要在最小时延下把信息传送到车上，进行制动与车控反应。无人驾驶飞机更是如此，如数百架无人驾驶编队飞行，极小的偏差就会导致碰撞和事故，这就需要在极小时延下把信息传递给飞行中的无人驾驶飞机。工业自动化过程中，机械臂的操作要做到极精细化，保证工作的高品质与精准性，也需要极小时延，以及时作出反应。在传统的人与人通信甚至人与机器通信时，对以上要求都不高，因为人的反应较慢，也不需要机器具有高的效率与精细化。无论是无人驾驶汽车、无人驾驶飞机还是工业自动化，都是高速度运行的，还需要在高速中保证及时信息传递和及时作出反应，从而对时延提出了极高的要求。要满足低时延的要求，需要在构建5G过程中找到方法来降低时延。

（5）**万物互联**。传统通信中，终端是非常有限的，固定电话是以群体应用来定义的，而手机是以个人应用来定义的。到了5G时代，终端不是按人来定义的，因为每个人、每个家庭都可能拥有数个终端。通信业对5G的愿景是每平方千米可以支撑100万个移动终端。未来，接入网络中的终端不仅有手机，还有更多千奇百怪的产品。可以说，我们生活中的每个产品都可能通过5G接入网络。我们的眼镜、手机、衣服、腰带、鞋子都可能接入网络而成为智能产品。家中的门窗、门锁、空气净化器、新风机、加湿器、空调、冰箱、洗衣机都可能进入智能时代，并通过5G接入网络，我们的家庭将成为智慧家庭。社会生活中大量以前不可能联网的设备也会进行联网工作，变得更加智能。以前管理汽车、井盖、电线杆、垃圾桶等公共设施非常难，也很难做到智能化，而5G可以让这些设备都成为智能设备。

（6）**重构安全**。安全问题应该成为5G的一个基本特点。传统互联网要解决的是信息速度、无障碍的传输，自由、开放、共享是互联网的基本精神，但是在5G基础上建立的是智能互联网。智能互联网不仅要实现信息传输，还要建立一个社会和生活的新机制与新体系。智能互联网的基本精神是安全、管理、高效、方便。安全是5G之后的智能互联网的首要要求。假设5G建设起来却无法重新构建安全体系，那么会产生巨大的破坏力。如果无人驾驶系统被攻破，就会像电影中展现的那样，道路上的汽车被黑客控制；智能健康系统被攻破，大量用户的健康信息泄露；智慧家庭被攻破，家中安全根本无保障。这种情况不应该出现，出现问题也不是修修补补可以解决的。在5G网络构建中，在底层就应该解决安全问题，从网络建设之初就应该加入安全机制，应该对信息加密，网络也不应该是开放的，需要对特殊的服务建立专门的安全机制。网络不是完全中立、公平的。举一个简单的例子，在网络保证上，普通用户上网可能只有一套系统保证其网络畅通，用户可能会面临拥堵。但是智能交通体系需要多套系统保证安全运行及网络品质，在网络出现拥堵时，必须保证智能交通体系的网络畅通，而这个体系也不是一般终端可以接入实现管理与控制的。

1. 智能网联汽车有哪些通信类型？
2. 什么是蓝牙技术？其在智能网联汽车上有什么应用？
3. 什么是RFID技术？其在智能网联汽车上有什么应用？
4. 什么是DSRC技术？其在智能网联汽车上有什么应用？
5. 什么是LTE-V通信技术？其在智能网联汽车上有什么应用？
6. 什么是5G？其有哪些应用场景？

第 4 章
智能网联汽车网络技术

教学目标

通过本章的学习,读者能够掌握智能网联汽车的网络体系构成,了解车载网络的类型和特点,初步掌握车内网、车载自组织网络和车载移动互联网在智能网联汽车上的应用。

教学要求

知识要点	能力要求	相关知识
智能网联汽车网络技术概述	掌握智能网联汽车的网络体系构成,了解车载网络的类型和特点	智能网联汽车的网络体系构成,车载网络的类型和特点
车载网络技术	初步掌握 CAN 总线网络、LIN 总线网络、FlexRay 总线网络、MOST 总线网络、以太网的定义、特点及在汽车上的应用	CAN 总线网络、LIN 总线网络、FlexRay 总线网络、MOST 总线网络、以太网
车载自组织网络技术	初步掌握自组织网络的定义、类型、路由协议类型、特征及应用场景	V2V、V2I、V2P 通信技术
车载移动互联网技术	初步掌握移动互联网的定义、特点、体系架构、接入方式,车载移动互联网的组成及应用	移动互联网

> **导入案例**
>
> 随着汽车向智能化、网联化发展，汽车上的传感器越来越多，并且需要与道路基础设施上的传感器互联互通。智能网联汽车成为一个庞大的网络系统，如图4.1所示。
>
>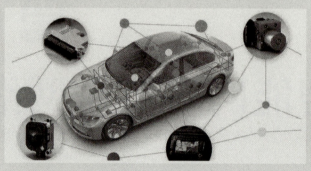
>
> 图4.1 智能网联汽车成为庞大的网络系统
>
> 智能网联汽车由哪些网络构成？这些网络各有什么特点？其在智能网联汽车上有什么应用？通过本章的学习，读者可以得到答案。

4.1 智能网联汽车网络技术概述

4.1.1 智能网联汽车的网络体系构成

智能网联汽车的网络体系主要包括三种网络，即以车内总线通信为基础的车内网络，常称车载网络；以短距离无线通信为基础的车载自组织网络；以长距离无线通信为基础的车载移动互联网。智能网联汽车的网络体系是融合车载网络、车载自组织网络和车载移动互联网的一体化网络系统，如图4.2所示。

（1）车载网络。**车载网络是基于CAN总线技术、LIN总线技术、FlexRay总线技术、MOST总线技术、以太网等建立的标准化整车网络，可实现车内电器、电子单元之间的状态信息和控制信号在车内网上的传输，使汽车具有状态感知、故障诊断和智能控制等功能。**

（2）车载自组织网络。**车载自组织网络是基于短距离无线通信技术自主构建的V2V、V2I、V2P无线通信网络，可实现V2V、V2I、V2P之间的信息传输，使汽车具有行驶环境感知、危险辨识、智能控制等功能，并可实现V2V、V2I之间的协同控制。**

目前，研究较多的是V2V和V2I信息交换技术，而V2P信息交换技术研究较少。在我国，因为路面上有很多行人、自行车等，所以V2P信息交换很重要。我国交通事故高发于车辆右转的情况下，驾驶人容易忽视右边的行人、自行车等。

（3）车载移动互联网。**车载移动互联网是基于长距离无线通信技术构建的车与互联网之间的网络，可实现车辆信息与各种服务信息的传输，使智能网联汽车用户能够开展商务办公、信息娱乐服务等。**

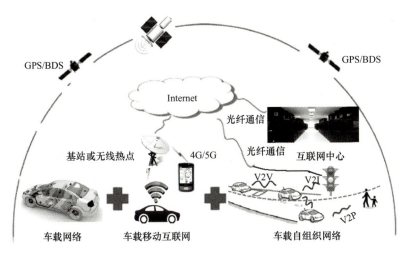

图 4.2 智能网联汽车的网络体系

4.1.2 车载网络的类型

车载网络有五种类型，分别为 A 类低速网络、B 类中速网络、C 类高速网络、D 类多媒体网络和 E 类安全网络。 不同类型的车载网络需要通过网关解析和交换信号以相互协调，保证汽车各系统正常运转。

（1）**A 类低速网络**。A 类低速网络的传输速率一般小于 10kbit/s，有多种通信协议，其中主流协议是 LIN。LIN 是用于连接智能传感器、执行器的低成本串行通信网络。LIN 采用 SCI（scalable coherent interface，可扩缩一致性接口）、UART（universal asynchronous receiver/transmitter，通用异步接收发送设备）等通用硬件接口，配以相应的驱动程序，成本低廉、配置灵活、适用面较广，主要用于电动门窗、电动座椅、车内照明系统和车外照明系统等。

（2）**B 类中速网络**。B 类中速网络的传输速率为 10～125kbit/s，对实时性要求不高，主要面向独立模块之间数据共享的中速网络。该网络的主流协议是低速 CAN，主要用于故障诊断、空调和仪表显示等。

（3）**C 类高速网络**。C 类高速网络的传输速率为 125～1000kbit/s，对实时性要求高，主要面向高速、实时闭环控制的多路传输网。该网络的主流协议是高速 CAN、FlexRay 等，主要用于牵引力控制、发动机控制、防抱装置控制、车身稳定控制、悬架控制等。

（4）**D 类多媒体网络**。D 类多媒体网络的传输速率为 250kbit/s～100Mbit/s。该网络的协议主要有 MOST、以太网、蓝牙、ZigBee 等，主要用于要求传输效率较高的多媒体系统、导航系统等。

（5）**E 类安全网络**。E 类安全网络的传输速率为 10Mbit/s，主要面向汽车安全系统。

汽车车载网络结构如图 4.3 所示。

随着汽车向智能化和网联化发展，对网络宽带和传输速率的要求越来越高，车载网络的类型不断增加。

智能网联汽车的网络之间具有相辅相成的配合关系，整车厂可以从实时性、可靠性、

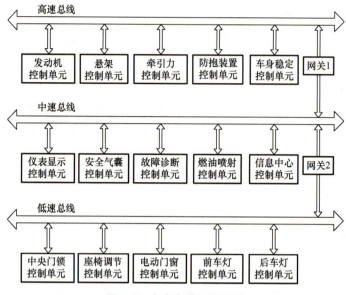

图 4.3　汽车车载网络结构

经济性等方面出发，选择合适的网络组合使用，充分发挥各类网络技术的优势。

4.1.3　车载网络的特点

智能网联汽车的车载网络具有以下特点。

（1）复杂性。智能网联汽车电控系统的网络体系结构复杂，包含数百个控制单元通信节点，控制单元被划分到十几个网络子系统中，其产生的需要进行通信的信号多达数千个。

（2）异构性。为满足各功能子系统在网络带宽、实时性、可靠性和安全性方面的不同需求，CAN 总线网络、LIN 总线网络、FlexRay 总线网络、MOST 总线网络、以太网、自组织网络、移动互联网等网络技术都将在智能网联汽车上得到应用。因此，不同网络子系统采用的网络技术之间存在很大程度的异构性，不仅体现在网络类型的不同方面，而且相同类型的网络在带宽和传输速率方面存在异构性，如高速 CAN 总线网络和低速 CAN 总线网络。因为网关用来实现不同网络子系统之间的互联和异构网络的集成，所以需要在网关内对协议进行转换。

（3）网关互联的层次性架构。智能网联汽车电控系统和先进驾驶辅助系统的网络体系架构具有层次性，同时存在同一网络子系统内不同控制单元之间的通信和多个网络子系统所包含的控制单元之间的跨网关通信等情况，如防碰撞系统功能通过安全子系统、底盘控制子系统、车身子系统及 V2V、V2I、V2P 之间的交互和协同控制。

（4）通信节点组成和拓扑结构是变化的。因为智能网联汽车需要实现 V2V、V2I、V2P 之间的通信，所以其网络体系结构中包含的通信节点和体系结构的拓扑结构是变化的。

4.2 车载网络技术

车载网络技术的应用提高了信息传输速率,增强了汽车控制系统的稳定性和可靠性,特别是智能网联汽车和无人驾驶汽车对车载网络提出了更高的要求。车载网络主要有 CAN 总线、LIN 总线、FlexRay 总线等,它们在汽车上的应用如图 4.4 所示,主要应用于电动车窗、车门、车椅、电动刮雨器、发动机、安全气囊的控制等。这些应用的特点是需要传输的数据量较小,但要求具有非常高的实时性和可靠性。随着智能网联汽车的发展,以太网的应用引起了广泛重视。

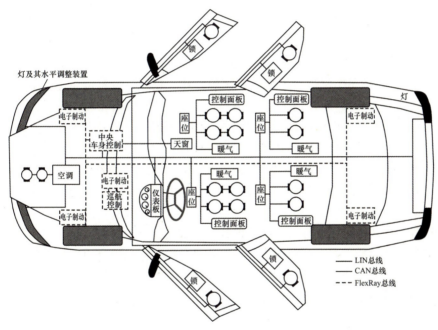

图 4.4 车载网络在汽车上的应用

4.2.1 CAN 总线网络

1. CAN 总线网络的定义

CAN总线网络

CAN 总线网络是 20 世纪 80 年代博世公司为了解决汽车上众多测试仪器与控制单元之间的数据传输而开发的一种支持分布式控制的串行数据通信网络。国际标准化组织在 1993 年提出了 CAN 总线的国际标准——ISO 11898,使 CAN 总线网络的应用标准化、规范化。CAN 总线网络是国际上应用较广泛的网络总线,它的最大数据信息传输速率为 1Mbit/s,属于中速网络,最大通信距离(无须中继)为 10km。

福特汽车CAN网络

2. CAN总线网络的特点

CAN总线网络采用双绞线作为传输介质，媒体访问方式为位仲裁，它是一种多主总线。CAN总线网络是事件触发的实时通信网络，其总线仲裁方式采用基于优先级的CSMA/CD（carrier sense multiple access with collision detection，带冲突检测的载波监听多路该问）法。CAN总线网络具有以下特点。

（1）多主控制。多主控制是指在总线空闲时，所有单元都发送消息；最先访问总线的单元可获得发送权，即采用CSMA/CA（carrier sense multiple access with collision avoidance，带冲突避免的载波感应多路访问）方式；多个单元同时发送时，发送高优先级ID（标识符）消息的单元可获得发送权。

（2）消息的发送。在CAN协议中，所有消息都以固定的格式发送。总线空闲时，所有与总线相连的单元都可以发送新消息。多个单元同时发送消息时，根据ID决定优先级。ID不是表示发送的目的地址，而是表示访问总线的消息的优先级。多个单元同时发送消息时，对各消息ID的每个位进行逐个仲裁比较。仲裁获胜（被判定为优先级最高）的单元可继续发送消息，仲裁失利的单元则立刻停止发送工作而进行接收工作。

（3）系统的柔软性。由于与总线相连的单元没有类似于"地址"的信息，因此，在总线上增加单元时，连接在总线上的其他单元的软硬件及应用层都无须改变。

（4）高速度和长距离。当通信距离小于40m时，CAN总线的传输速率可以达到1Mbit/s。通信速度与通信距离成反比，当通信距离达到10km时，其传输速率可以达到约5kbit/s。

（5）远程数据请求。可通过发送"遥控帧"请求其他单元发送数据。

（6）错误检测功能、错误通知功能、错误恢复功能。错误检测功能是指所有单元都可以检测错误；错误通知功能是指一旦正在发送消息的单元检测出错误，就会强制结束发送，并立即通知其他单元；错误恢复功能是指强制结束发送的单元会反复地重新发送此消息，直到成功发送为止。

（7）故障封闭。CAN总线可以判断错误的类型，即判断是暂时的数据错误（如外部噪声等）还是持续的数据错误（如单元内部故障、驱动器故障、断线等）。当CAN总线上产生持续的数据错误时，可从总线上隔离引起此故障的单元。

（8）连接。CAN总线可以同时连接多个单元，可连接的单元总数理论上是没有限制的，但实际上受CAN总线时延及电气负载的限制。降低传输速率，可连接的单元增加；提高传输速率，可连接的单元减少。

总之，CAN总线具有实时性强、可靠性高、传输速率高、结构简单、互操作性好、错误处理机制完善、灵活性高和价格低廉等特点，在车载网络上得到了广泛应用。

3. CAN总线网络的分层结构

CAN协议包含国际标准化组织规定的OSI（open system interconnection，开放系统互连）七层参考模型中的物理层、数据链路层和传输层。图4.5所示CAN总线网络分层结构表明CAN协议与OSI七层参考模型的比较及对应三层的总线功能。

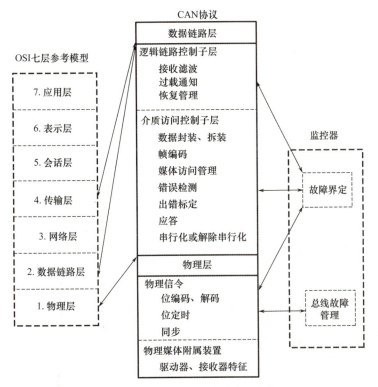

图 4.5　CAN 总线网络的分层结构

OSI 七层参考模型是用于计算机或通信系统间互联的标准体系，它是一个七层的抽象模型，不仅包括一系列抽象的术语或概念，还包括具体的协议。

（1）物理层。物理层的主要功能是利用传输介质为数据链路层提供物理连接，实现相邻节点之间比特流的透明传输，尽可能屏蔽具体传输介质和物理设备的差异，使其上面的数据链路层不必考虑网络的具体传输介质。

（2）数据链路层。数据链路层负责建立和管理节点之间的链路，其主要功能是通过各种控制协议，将有差错的物理信道变为无差错的、可靠传输数据帧的数据链路。数据链路层又分为逻辑链路控制（logic link control，LLC）和介质访问控制（medium access control，MAC）两个子层。逻辑链路控制子层的主要任务是建立和维护网络连接，执行差错校验、流量控制和链路控制。介质访问控制子层的主要任务是解决共享型网络中多用户竞争信道的问题，完成网络介质的访问控制。介质访问控制子层受一个名为"故障界定"的管理实体监管，将此故障界定为自检测机制，以便区别永久故障和短时扰动。数据链路层的具体工作是接收来自物理层的位流形式的数据并封装成帧，并传送到网络层；将网络层的数据帧拆装为位流形式的数据并转发到物理层；处理接收端发回的确认帧信息，以便提供可靠的数据传输。

（3）网络层。网络层是 OSI 七层参考模型中最复杂的一层，也是通信子网的最高层。它在下两层的基础上，向资源子网提供服务。其主要任务是通过路由选择算法，为报文或分组通过通信子网选择最合适的路径。该层控制数据链路层与传输层之间的信息转发，建立、维持和终止网络的连接。具体地说，数据链路层的数据在网络层被转换为数据包，然后通过路径选择、分段组合、顺序、进/出路由等控制，将信息从一个网络设备传送到另一个网络设备。一般数据链路层解决同一网络内节点之间的通信，而网络层主要解决不同子网间的通信。例如，在广域网之间通信时，必然会遇到路由（两节点间可能有多条路径）选择问题。

（4）传输层。在OSI七层参考模型中，下三层的主要任务是数据通信，上三层的主要任务是数据处理。传输层是通信子网和资源子网的接口及桥梁，起到承上启下的作用。传输层的主要功能是传输连接管理、处理传输差错和监控服务质量。传输连接管理是指提供建立、维护和拆除传输连接的功能，传输层在网络层的基础上为高层提供"面向连接"和"面向无接连"服务。处理传输差错是指提供可靠的"面向连接"和不太可靠的"面向无连接"的数据传输服务、差错控制及流量控制。在提供"面向连接"服务时，通过传输层传输的数据将由目标设备确认，如果在指定时间内未收到确认信息，则重发数据。监控服务质量是指监控传输的质量及服务的可用性，可用一些参数（如传输连接建立延迟、传输失败率等）描述。

（5）会话层。会话层是用户应用程序和网络之间的接口，其具体功能是会话管理、会话流量控制、寻址、出错控制。会话管理是指允许用户在两个实体设备之间建立、维持和终止会话，并支持数据交换，如提供单向会话或双向同时会话并管理会话中的发送顺序、会话时间；会话流量控制是指提供会话流量控制和交叉会话功能；寻址是指使用远程地址建立会话连接；出错控制是指负责纠正错误。

（6）表示层。表示层用于解释应用层的命令和数据，赋予语法相应的含义，并按照一定的格式传送给会话层。其主要功能是处理用户信息的表示问题，如编码、数据格式转换、加密、解密等。

（7）应用层。应用层是计算机用户及应用程序与网络之间的接口，其功能是直接向用户提供服务，完成用户希望在网络上完成的工作。它负责完成网络中应用程序与网络操作系统之间的联系、建立与结束用户之间的联系，并完成网络用户提出的网络服务及应用所需的监督、管理和服务等协议。此外，应用层还负责协调各应用程序的工作。

由于OSI七层参考模型是一个理想的模型，因此一般网络系统只涉及其中几层，很少拥有七层并完全遵循它的规定。

4. CAN总线网络的帧类型

CAN总线网络传输的帧主要包括数据帧、远程帧、错误帧和过载帧。

（1）数据帧。数据帧用于传输数据，主要由帧起始、仲裁域、控制域、数据域、CRC（cyclic redundancy check，循环冗余校验）、应答域和帧结束构成，如图4.6所示。

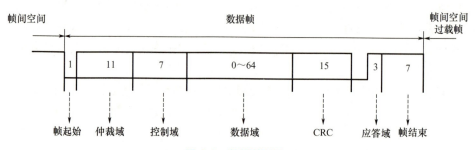

图4.6 数据帧结构

（2）远程帧。远程帧主要用于接收节点向发送节点请求主动发送数据，其包含数据帧中除数据域外的部分，其实质是没有数据域的数据帧，如图4.7所示。

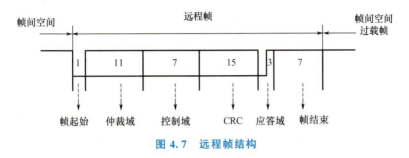

图 4.7　远程帧结构

（3）错误帧。错误帧用于在接收和发送消息时检测错误并向网络节点通知错误发出。错误帧主要包含错误标志和错误界定符，其结构如图4.8所示。

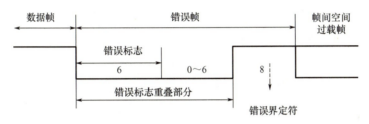

图 4.8　错误帧结构

（4）过载帧。当CAN总线数据传输量过大，接收节点无法及时处理接收的数据时，在相邻两个数据帧之间穿插发送过载帧，以告知发送节点延迟发送下一帧消息。过载帧由过载标志和过载界定符组成，其结构如图4.9所示。

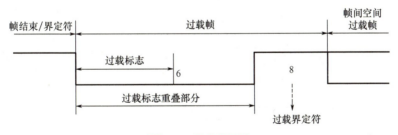

图 4.9　过载帧结构

5. CAN总线网络在汽车上的应用

CAN总线网络的最大传输速率为1Mbit/s。汽车上的网络连接需采用两条CAN总线：一条为用于驱动系统的高速CAN总线网络，传输速率达到500kbit/s；另一条为用于车身系统的低速CAN总线网络，传输速率为100kbit/s。高速CAN总线网络主要连接发动机、自动变速器、防抱装置、车身稳定控制系统等对通信实时性有较高要求的系统。低速CAN总线网络主要连接灯光、电动车窗、自动空调及信息显示系统等，多为低速电动机和开关量器件，对实时性要求低且数量大。不同速度的CAN总线网络之间通过网关连接。采集汽车CAN总线网络上的信号时，需要确定所采集的信号处于哪个CAN总线网络，以便设置合适的 CAN 通道波特率。

长安逸动 PLUS 汽车的 CAN 总线网络拓扑结构如图 4.10 所示。图 4.10 中的符号意义见表 4-1。

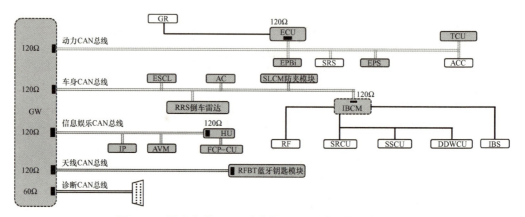

图 4.10　长安逸动 PLUS 汽车的 CAN 总线网络拓扑结构

表 4-1　图 4.10 中的符号意义

符号	意义	符号	意义
GW	网关控制器	GR	智能发电机
ECU	电子控制单元	EPBi	电子驻车制动器总成
SRS	安全气囊控制系统	EPS	电动助力转向系统
TCU	变速器控制单元	ACC	自适应巡航控制系统
ESCL	电子转向柱锁	AC	空调控制器
iBCM	智能车身控制模块	RF	射频接收器
SRCU	天窗控制单元	SSCU	电动遮阳帘控制单元
DDWCU	驾驶人侧车窗防夹控制器	IBS	智能电池传感器
IP	仪表控制器	AVM	全景影像控制模块
HU	车机＋中控屏＋座舱域控制器	FCP-CU	集中控制面板

4.2.2　LIN 总线网络

1. LIN 总线网络的定义

LIN总线网络

LIN 总线网络是专门为汽车开发的一种低成本串行通信网络，属于低速网络，用于实现汽车中的分布式电子系统控制。LIN 总线的数据传输速率为 20kbit/s，媒体访问方式为单主机多从机。它是一种辅助总线，辅助 CAN 总线网络工作。在不需要 CAN 总线网络的带宽和多功能的场合，使用 LIN 总线网络可大大降低成本。

2. LIN 总线网络的通信方法

LIN 总线网络的通信方法主要有主—从通信模式和从—从通信模式，两种通信模式都由主节点控制，各有优劣势。

（1）主—从通信模式。主节点传输信息 ID，进而发送数据传输命令。网上所有 LIN 节点都对该信息进行转换，然后进行相应的操作。采用主—从通信模式，主节点内部一个从节点正在运行。它对正确的 ID 进行响应，然后按规定的速率传输到 LIN 总线网络。所有 LIN 节点在网络中都拥有完整的 LIN 帧，同时按照各自应用提供主节点数据和流程。例如，主节点可能希望所有门锁都打开，这样每个门锁节点都被设定为对单个信息响应，从而完成开锁；主节点可能传输四条不同信息，从而选择性地打开门锁。

主—从通信模式的一个优势是将大部分调度操作转移到主节点上，从而简化其他节点的操作，因此从节点硬件大幅度减少，甚至可能减少为单个状态设备；另一个优势是由于主节点同时与所有从节点通信，因此已知信息和要求的 ID 减少。主节点将所有数据通信发送到全部节点，然后在所有数据传输到其他设备之前从节点上接收该数据，以检查传输数据的有效性。该操作允许主节点监测所有通信，减少并消除潜在的错误。

但是，主—从通信模式的数据传输速率低，LIN 节点很难及时接收和处理数据，并选择性地将其传输给其他节点。

（2）从—从通信模式。与主—从通信模式相比，从—从通信模式的数据传输速率更高。各信息帧上的节点共用信息，从而极大地提高响应速度。例如，单个信息可以打开两扇车窗、关闭一个车门、打开三个车门或移动车窗，从而明显减少数据流量。

但是，从—从通信模式有很大的局限性，各从节点的时钟源未知，当从节点将数据传输到网络（根据主节点请求）时，数据可能发生漂移。主节点有一个精确度很高的时钟，数据漂移有较大的误差范围，但接收数据的 LIN 从节点没有，从而导致数据误译。在这种情况下，主节点不显示，从—从通信失效。

3. LIN 总线网络的特点

LIN 总线网络具有以下特点。

（1）LIN 总线网络的通信基于 SCI 数据格式，媒体访问采用单主节点多从节点的方式，数据优先级由主节点决定，灵活性好。

（2）一条 LIN 总线网络最多可以连接 16 个节点，共有 64 个标识符。

（3）LIN 总线网络采用低成本的单线连接，最高传输速率为 20kbit/s。

（4）不需要进行仲裁，同时在从节点中无需石英振荡器或陶瓷振荡器，只要采用片内振荡器就可以实现自同步，从而降低了硬件成本。

（5）大多微控制单元（microcontroller unit，MCU）均具备 LIN 总线网络所需的硬件，并且实现费用较低。

（6）网络通信具有可预期性，可预先计算信号传播时间。

（7）通过主机节点将 LIN 总线网络与上层网络（CAN 总线网络）连接，实现 LIN 的子总线辅助通信功能，从而优化网络结构，提高网络的效率和可靠性。

（8）总线通信距离不超过 40m。

在 LIN 总线网络规范中，除定义了基本协议和物理层外，还定义了开发工具和应用软件接口。因此，从硬件、软件及电磁兼容性方面来看，LIN 总线网络保证了网络节点的互换性，从而极大地提高了开发速度，并保证了网络的可靠性。

4. LIN 总线网络的结构

LIN 总线网络采用单主机多从机模式，一个 LIN 总线网络包括一个主节点和若干从节点。由于过多网络节点将导致网络阻抗过低，因此网络节点不宜超过 16 个。如图 4.11 所示，所有网络节点都包含一个从任务，提供通过 LIN 总线传输的数据，主节点包含一个从任务和一个主任务，负责启动网络中的通信。

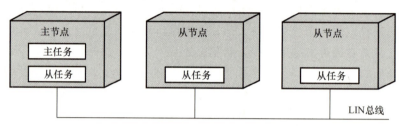

图 4.11 LIN 总线网络结构

5. LIN 总线的报文帧

LIN 总线上传输的数据有确定的格式，称为报文帧。报文帧由报头、响应和帧内响应空间组成，如图 4.12 所示。其中，报头由主任务提供，响应由主任务或从任务提供。可以看出，报头由同步间隔场、同步场和标识符场组成；响应由数据场及校验和场组成；报头和响应被帧内响应空间分隔。

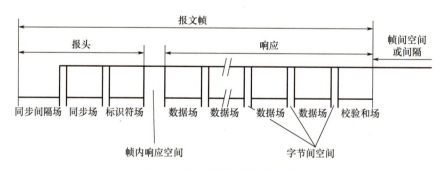

图 4.12 LIN 总线的报文帧结构

同步间隔表示 LIN 总线报文帧的开始，它是由主任务产生的，告诉从任务为即将传送的帧做好同步准备；同步场包含时钟的同步信息，在 8 个位定时中有 5 个下降沿和 5 个上升沿，使从任务与主时钟同步；标识符场描述报文的内容和长度；数据场由 8 位数据的字节场组成；校验和场是帧的最后部分，它是以 256 为模的所有数据字节算术和的反码。

6. LIN 总线网络在汽车上的应用

由于一个 LIN 总线网络通常由一个主节点、一个或多个从节点组成，因此 LIN 总线网络为主从式控制结构。LIN 主节点是车身 CAN 总线上的节点，通过 CAN 总线连接为低速车身 CAN 总线网络,并兼具 CAN/LIN 网关的作用。引入带 CAN/LIN 网关的混合网络,可有效降低主干网的总线负载率。LIN 总线网络主要应用于车门、转向盘、座椅、空调系统、防盗系统等。LIN 总线网络用数字信号代替模拟信号,以实现对汽车低速网络的需求,结构简单、维修方便。

图 4.13 所示为 LIN 总线网络在车灯控制系统中的应用。该网络结构由一个主节点和四个从节点(分别为左侧前灯、右侧前灯、左侧后灯和右侧后灯)构成。主节点接收来自传感器和 CAN 总线的信号,经过一定处理后发送不同报文帧头,以实现白天、夜间、会车、左转弯和右转弯等模式或组合模式下,各从节点车灯的状态控制。从节点 1 和从节点 2 包括远光灯、近光灯和侧向灯,从节点 3 和从节点 4 包括尾灯和驻车灯。此外,如果从节点对主节点发出的报文帧没有响应,则主节点上的报错指示灯亮,并显示发生故障的从节点。

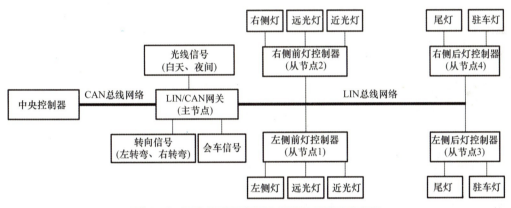

图 4.13　LIN 总线网络在车灯控制系统中的应用

4.2.3　FlexRay 总线网络

1. FlexRay 总线网络的定义

FlexRay 总线网络是一种用于汽车的具有高速可确定性、具备故障容错的总线系统。汽车中控制器、传感器和执行器之间的数据交换主要是通过 CAN 总线网络进行的。然而 X‐by‐Wire 系统设计思想的出现使得汽车系统对信息传输速率尤其是故障容错与时间确定性的需求不断提高,**FlexRay 总线网络通过在确定的时间槽中传输信息以及在两条通道传输故障容错和冗余信息而满足以上需求。**

2. FlexRay 总线网络的特点

FlexRay 总线网络具有以下特点。

(1) 数据传输速率高。FlexRay 总线网络的最大传输速率可达到 10Mbit/s,双通道数据传输速率可达到 20Mbit/s。因此,将 FlexRay 总线网络应用在车载网络上的带宽可以是 CAN 总线网络的 20 倍。

(2) 可靠性高。FlexRay 总线网络能够提供很多 CAN 总线网络所不具有的可靠性特点,尤其是FlexRay总线网络具有冗余通信能力,使用两条相互独立的通道时,每条通道都由一组双线导线组成。一条通道失灵时,该通道应传输的信息可在另一条没有发生故障的通道上传输。此外,总线监护器的存在进一步提高了通信可靠性。

(3) 具有确定性。FlexRay总线网络是一种时间触发式总线系统,它也可以通过事件触发方式传输部分数据。在时间控制区域内,每个时隙都被分配特定的信息。一个时隙是指一个规定的时间段,其对特定信息开放。对时间要求不高的其他信息在事件控制区域内传输。确定性数据传输用于确保时间触发区域内的每条信息都能实时传输,即每条信息都能在规定时间内传输。

(4) 具有灵活性。具有灵活性是FlexRay总线网络的突出特点,其反映在以下方面:①支持多种网络拓扑结构,点对点连接、串级连接、主动星形连接、混合型连接等;②信息长度可配置,可根据实际控制需求,为其设定相应的数据载荷长度;③双通道拓扑既可用于增加带宽,又可用于传输冗余的信息;④周期内静态信息、动态信息传输部分的时间都可随具体应用变化。

为了满足不同的通信需求,FlexRay总线网络在每个通信周期内都提供静态通信段和动态通信段。静态通信段可以提供有界延迟,而动态通信段有助于满足在系统运行时间内出现的不同带宽需求。FlexRay总线帧的固定长度静态段采用固定时间触发的方法传输信息,而动态段采用灵活时间触发的方法传输信息。

3. FlexRay总线网络的拓扑结构

FlexRay总线网络的拓扑结构分为FlexRay总线型拓扑结构、FlexRay星形拓扑结构和FlexRay混合型拓扑结构。

(1) FlexRay总线型拓扑结构。FlexRay总线型拓扑结构(双通道)如图4.14所示。节点通过总线驱动器直接连接到总线的两条通道上。节点可以同时连接两条通道,进行双通道冗余或非冗余配置;也可以连接一条通道。总线上任意节点都可以接收总线数据,并且任意节点发出的信息都可以被总线上的多个节点接收。

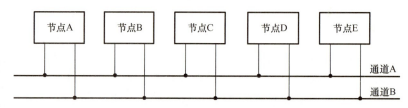

图4.14 FlexRay总线型拓扑结构(双通道)

(2) FlexRay星形拓扑结构。FlexRay星形拓扑结构(有源)如图4.15所示。连接控制单元的有源星形设备具有将一个分支的数据位流传输到其他分支的功能。有两个分支的有源星形设备可以被看成继电器或集线器,以增大总线长度。

(3) FlexRay混合型拓扑结构。FlexRay混合型拓扑结构如图4.16所示。它由FlexRay总线型拓扑结构和FlexRay星形拓扑结构组成。FlexRay混合型拓扑结构适用于较复杂的车载网络,其兼具FlexRay总线型拓扑结构和FlexRay星形拓扑结构的特点,在保证网络传输距离的同时,可以提高传输性能。

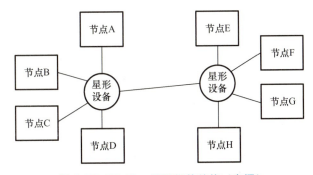

图 4.15　FlexRay 星形拓扑结构（有源）

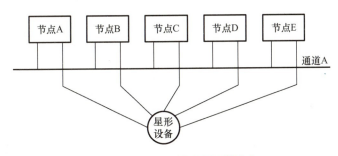

图 4.16　FlexRay 混合型拓扑结构

4. FlexRay 总线网络的数据帧格式

FlexRay 总线网络的数据帧格式如图 4.17 所示，包括头部段、负载段和尾部段。

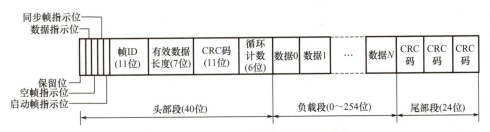

图 4.17　FlexRay 总线网络的数据帧格式

（1）头部段。头部段包括 1 位保留位、1 位数据指示位（表示静态消息帧是否包含 NMVector 或动态消息帧是否包含信息 ID）、1 位空帧指示位（表示负载段的数据是否为空）、1 位同步帧指示位（表示是否为同步帧）、1 位启动帧指示位（表示是否为起始帧）、11 位帧 ID、7 位有效数据长度、11 位 CRC 码和 6 位循环计数。

（2）负载段。负载段包含 0～254 位数据。

（3）尾部段。尾部段主要是 CRC 码。

FlexRay 总线网络上的通信节点在发送一个报文帧时，首先发送头部段，然后发送负载段，最后发送尾部段。

5. FlexRay 总线网络在汽车上的应用

FlexRay 总线网络具有数据传输速率和效率高、容错性强等特点，适用于汽车动力系统和底盘系统的数据传输。

（1）替代 CAN 总线网络。当数据传输速率的要求超过 CAN 总线网络的应用时，采用多条 CAN 总线网络。FlexRay 总线网络将是替代这种多总线网络解决方案的理想选择。

（2）用作"数据主干网"。FlexRay 总线网络具有很高的数据传输速率并支持多种拓扑结构，适用于汽车主干网络，可连接多个独立网络。

（3）用于分布式测控系统。当分布式测控系统用户想知道消息到达的确切时间，并且要求消息周期偏差非常小时，首选 FlexRay 总线网络。

（4）用于高安全性要求的系统。FlexRay 总线网络本身不能确保系统安全，但它具备大量功能以支持面向安全的系统设计。

图 4.18 所示为凯迪拉克 CT6 汽车装配的 FlexRay 总线网络拓扑结构。它主要用于自适应巡航控制系统，为混合型拓扑结构，主动安全模块 1 和主动安全模块 2 都是中心节点模块，前视摄像头模块和长距离雷达模块同时连接在通道 A 及通道 B 上，即使用双通道通信。

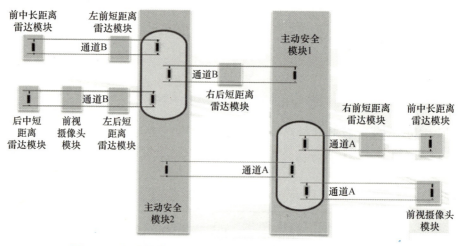

图 4.18　凯迪拉克 CT6 汽车装配的 FlexRay 总线网络拓扑结构

4.2.4　MOST 总线网络

1. MOST 总线网络的定义

MOST 总线网络是以光纤或双绞线为传输介质的环形总线系统，可以同时传输音频/视频流数据、异步数据和控制数据，数据传输速率高达 150Mbit/s。

MOST 总线网络标准已经发展到第三代。第一代 MOST 总线网络标准 MOST 25 支持 24.6Mbit/s 的传输速率，以塑料光纤为传输介质；第二代 MOST 总线网络标准 MOST 50 的传输速率是 MOST 25 的两倍，除采用塑料光纤作为传输介质外，还可采用非屏蔽双绞线作为传输介质；第三代 MOST 总线网络标准 MOST 150 不仅支持 147.5Mbit/s 的传输速率，而且解决了与以太网连接等问题。

2. MOST 总线网络的特点

MOST 总线网络具有以下特点。

(1) 在保证低成本的条件下,最高数据传输速率可以达到 147.5Mbit/s。
(2) 无论是否有主控计算机都可以工作。
(3) 支持声音和压缩图像的实时处理。
(4) 支持数据的同步传输和异步传输。
(5) 发送器/接收器嵌有虚拟网络管理系统。
(6) 支持多种网络连接方式,提供 MOST 设备标准及方便、简洁的应用系统界面。
(7) 采用 MOST 总线网络不仅可以减轻连接各部件的线束的质量、降低噪声,而且可以减轻系统开发技术人员的负担,最终在用户处实现各种设备的集中控制。
(8) 光纤网络不会受到电磁辐射干扰与搭铁环的影响。

3. MOST 总线网络的拓扑结构

MOST 总线网络有不同的拓扑结构,最常见的是环形拓扑结构,如图 4.19 所示。

MOST 总线网络支持一条物理数据线上同时传送音频和视频等同步数据及数据包形式的异步数据。在 MOST 总线网络的环形拓扑结构中,各组件通过一根塑料光纤连接,每个组件都称为网络的一个节点。MOST 总线网络是一个从一点到多点的数据传输网络,最多支持 64 个节点。

图 4.19 MOST 总线网络的环形拓扑结构

4. MOST 总线网络的分层结构

MOST 总线网络包含国际标准化组织规定的 OSI 七层参考模型的七层结构。OSI 分层、MOST 总线网络分层和硬件分层的对应关系如图 4.20 所示。

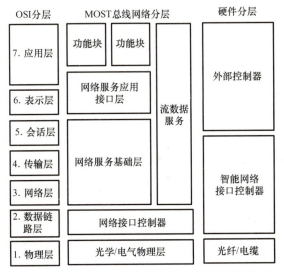

图 4.20 OSI 分层、MOST 总线网络分层和硬件分层的对应关系

物理层对应光学/电气物理层；数据链路层对应网络接口控制器；网络层、传输层、会话层对应网络服务基础层；表示层和应用层对应网络服务应用接口层和功能块。与之对应的硬件分别是光纤/电缆、智能网络接口控制器和外部控制器。

应用层主要是功能块及相应的动态特性。功能块定义了由"属性"和"方法"构成的应用层协议接口，其中"属性"用于描述功能块的相关属性，"方法"用于执行相应的操作。利用"属性"和"方法"，可以对整个MOST总线网络进行控制。

网络服务层可分为网络服务基础层和网络服务应用接口层。网络服务基础层主要提供管理网络状态、信息发送/接收驱动和流信道分配等底层服务；网络服务应用接口层提供与功能块的接口，包括命令解释等。

5. MOST 总线网络的数据帧格式

MOST总线网络数据帧的基本格式如图 4.21 所示，包括传播流媒体数据的同步数据区、传播数据包的异步数据区和专门传输控制数据的控制信道。

图 4.21 MOST 总线网络数据帧的基本格式

MOST 25 的数据帧长度为 512 位，共 64 字节；MOST 50 的数据帧长度为 1024 位，共 128 字节。在 MOST 25 中，每个帧都有 2 字节用于控制消息的传输，16 帧构成一个控制信息块。MOST 25 的数据帧格式如图 4.22 所示。

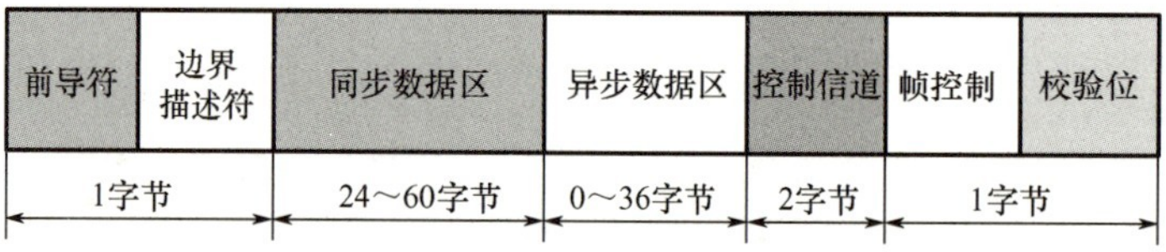

图 4.22 MOST 25 的数据帧格式

前导符占 4 位，每个节点都是利用前导符与网络同步的；边界描述符占 4 位，它由时间主节点确定，取值范围为 6～15，表明后面数据段同步数据区与异步数据区的带宽；同步数据区占 24～60 字节，异步数据区占 0～36 字节，两个区共占用 60 字节，它们的分界靠边界描述符限定，以每 4 字节为单位进行调节；控制信道占 2 字节，控制数据可以用控制信道传递；帧控制和校验位占 1 字节。

6. MOST 总线网络在汽车上的应用

MOST 总线网络可以实时传输声音和视频，以满足高端汽车娱乐装置的需求，主要用于车载电视、车载电话、车载 CD、车载网络、车载导航等系统的控制，也可用于车载摄像头等行车系统。

图 4.23 所示为 MOST 总线网络在奥迪 Q7 汽车上的应用。在 MOST 总线网络环中顺序连接了 5 个控制单元：信息电子系统控制单元 1（J794）、组合仪表控制单元 J285、

DVD 转换盒 R161、数字式音响套件控制单元 J525 和电视调谐器 R78。信息电子系统控制单元 1（J794）除了充当 MOST 总线网络的系统管理器，还具有诊断管理器的功能。

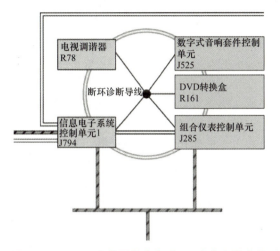

图 4.23　MOST 总线网络在奥迪 Q7 汽车上的应用

四种常用总线网络数据传输速率与成本的比较如图 4.24 所示。

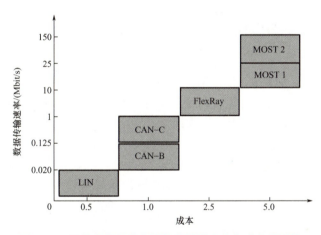

图 4.24　四种常用总线网络数据传输速率与成本的比较

4.2.5　以太网

1. 以太网的定义

以太网是由 Xerox 公司创建并由 Xerox、Intel 和 DEC 公司联合开发的基带局域网规范，它是现有局域网采用的最通用的通信协议标准。以太网包括标准以太网（10Mbit/s）、快速以太网（100Mbit/s）、千兆以太网（1000Mbit/s）和万兆以太网（10Gbit/s）。

以太网

2. 以太网的特点

以太网具有以下特点。

(1) 数据传输速率高。以太网的最大数据传输速率能达到 10Gbit/s，并且还在提高，比任何一种现场总线网络的数据传输速率都高。

(2) 应用广泛。基于 TCP/IP（transmission control protocol/internet protocol，传输控制协议/互联网协议）的以太网是一种标准的开放式网络，易使不同厂商的设备互联。这种特性非常适合解决不同厂商设备的兼容性和互操作问题。以太网是应用广泛的局域网，遵循国际标准规范 IEEE 802.3，受到广泛的技术支持。大多数编程语言支持以太网的应用开发，如 Java、C++、VB 等。

(3) 易与信息网络集成，利于资源共享。由于具有相同的通信协议，因此以太网能实现与互联网的无缝连接，方便车载网络与地面网络的通信。车载网络与互联网的接入极大地解除了为获取车辆信息而带来的地理位置上的束缚。

(4) 支持多种传输介质和拓扑结构。以太网支持多种传输介质，包括同轴电缆、双绞线、光缆、无线等，用户可根据带宽、距离、价格等因素选择。以太网支持总线型拓扑结构和星形拓扑结构等，可扩展性强；同时可采用多种冗余连接方式，提高网络的性能。

(5) 软硬件资源丰富。由于以太网应用多年，人们对以太网的设计、应用等方面有很多的经验，也十分熟悉其技术。大量软件资源和设计经验可以显著降低系统的开发成本，从而降低系统的整体成本，并大大提高系统的开发和推广速度。

(6) 可持续发展潜力大。以太网的广泛应用使其发展一直受到广泛的重视和大量的技术投入。车载网络采用以太网，可以避免其发展游离于计算机网络技术的发展主流之外，从而使车载网络与信息网络技术互相促进、共同发展。

3. 以太网协议的分层结构

对应于 OSI 七层参考模型，以太网协议在物理层和数据链路层均遵循 IEEE 802.3 规范，在网络层和传输层采用被称为以太网"事实上标准"的 TCP/IP 协议族，它们构成了以太网协议的低层。在高层协议上，以太网通常省略会话层、表示层，而在应用层广泛地使用 SMTP（simple mail transfer protocol，简单邮件传送协议）、DNS（domain name service，域名服务）协议、FTP（file transfer protocol，文件传输协议）、HTTP（hyper text transfer protocol，超文本传输协议）。以太网协议层次结构如图 4.25 所示。

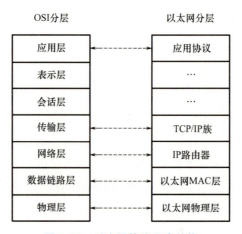

图 4.25 以太网协议层次结构

物理层是 OSI 的最底层，为设备之间的数据通信提供传输媒介及互联设备，为数据传输提供可靠的环境。物理层的主要功能是为数据设备提供数据通路、传输数据，并完成物理层的一些管理工作。以太网物理层有各种粗细同轴电缆、双绞线、多模/单模光纤、光电发送器/接收器、中继器、接头和插头等。

数据链路是通信期间收发两端通过建立通信联络和拆除通信联络等过程而建立的数据收发关系。数据链路层的主要功能是建立、拆除和分离链路，实现帧或分组的定界、同步与收发顺序控制，进行差错检测与恢复，并负责链路标识和流量控制等。在以太网中，数据链路层分为 LLC 层和 MAC 层。在 LLC 层不变的条件下，只需改变 MAC 层即可适应不同的媒体和访问方法。

网络层主要负责复用、路由、中继、网络管理、流量控制，以及更高层次的差错检测与恢复、排序等。网络层设备主要有网关和路由器。在以太网中，网络层的寻址、排序、流量控制和差错控制等功能均由数据链路层承担，因此，既可以选择三层技术又可以选择二层技术。

TCP/IP 族是指包括 TCP、UDP（user datagram protocol，用户数据报协议）、IP、HTTP 等在内的一组协议。TCP/IP 分为四层，每层负责完成不同的功能。

（1）网络接口层或链路层，通常包括操作系统中的设备驱动程序和嵌入式设备中对应的网络接口卡，它们共同处理通信电缆的物理接口细节。

（2）网络层，处理报文分组在网络中的活动，如报文分组的路径选择。在 TCP/IP 族中，网络层协议包括 ARP（address resolution protocol，地址解析协议）、IP、ICMP（internet control message protocol，因特网控制消息协议）及 IGMP（internet group management protocol，互联网组管理协议）。

（3）传输层，主要为两台主机上的应用程序提供端到端的通信。在 TCP/IP 族中有两个协议，即 TCP 和 UDP。

（4）应用层，负责处理特定的应用程序细节。应用层的协议包括 DNS 协议、FTP、SNMP、HTTP 等。

4. 以太网的数据帧格式

以太网发送数据时，MAC 层把 LLC 层递交的数据按某种格式加上一定的控制信息，然后经物理层发送出去。MAC 层递交给物理层的数据格式称为 MAC 帧格式。IEEE 802.3 规范规定的 MAC 帧格式如图 4.26 所示，包括前导域及帧起始定界符、目的地址域、源地址域、长度/类型域、数据域和 FCS（frame check sequence，帧检验序列）域。

前导域	帧起始定界符	目的地址域	源地址域	长度/类型域	数据域	FCS域
8字节		6字节	6字节	2字节	46～1500字节	4字节

图 4.26　IEEE 802.3 规范规定的 MAC 帧格式

（1）前导域及帧起始定界符。前导域及帧起始定界符的前 7 字节都是 10101010，最后 1 字节是 10101011。其用于同步发送方与接收方的时钟，由于以太网类型不同，且发送速率、接收速率不会按完全精确的帧速率传输,因此需要在传输之前进行时钟同步。

(2) 目的地址(destination address,DA)域。目的地址标识了目的(接收)节点的地址,由6字节组成。目的地址可以是单播地址、多播地址或广播地址。

(3) 源地址(source address,SA)域。源地址标识了最后一个转发此帧的设备的物理地址,也由6字节组成。源地址只能是单播地址。

(4) 长度/类型域。长度/类型域由2字节组成,同时支持长度域和类型域;允许以太网多路复用网络层协议,可以支持除IP协议外的其他网络层协议或者承载在以太网帧中的协议(如ARP协议)。接收方根据此字段进行多路分解,从而达到解析以太网帧的目的,将数据字段交给对应的上层网络层协议,完成以太网作为数据链路层协议的工作。

(5) 数据域。数据域是上层递交的要求发送的实际数据,该域的长度限制在46~1500字节。如果超过1500字节,就要启用IP协议的分片策略进行传输;如果少于46字节,就要填充到46字节。

(6) FCS域。FCS域是4字节的检验域,由前面的目的地址域、源地址域、长度/类型域及数据域经过CRC算法计算得到。接收节点对依次收到的目的地址域、源地址域、长度/类型域及数据域进行相同的计算,如计算结果与收到的FCS域不一致,则表明传输错误。

5. 以太网的拓扑结构

以太网的拓扑结构有总线型拓扑结构、环形拓扑结构和星形拓扑结构。

(1) 总线型拓扑结构。总线型拓扑结构具有简单、易实现和扩展、可靠性高、总线不封闭等特点,便于增加或减少节点。多个节点共享一条总线,以广播通信方式,即总线上任一个节点发送的信息都能被其他节点接收,信道利用率和通信速率高。但由于同一时刻只允许一个设备发送,总线型拓扑结构的节点之间竞争总线控制权而降低数据传输效率,需要用软件控制,以消除这种对总线的竞争。节点本身的故障对整个系统的影响较小,但对通信总线的要求较高,因为如果通信总线发生故障,所有节点的通信都会中断,总线网络结构通常采用冗余总线技术来确保通信总线可靠地工作。另外,总线型拓扑结构的故障诊断、隔离较困难,接入节点数有限,通信的实时性较差。

(2) 环形拓扑结构。环形拓扑结构由节点和连接节点的链路组成一个闭合环。所有节点共享一条环形传输总线,以广播方式在一个方向上把信息从源节点传输到目的节点,节点之间也有竞争使用环形传输总线的问题,需用软件协调控制。这种结构的优点是结构简单、信道利用率高、电缆长度小、控制方式比较简单,每个节点都只是以接力的方式把数据传输到下一个节点,信息传输误码率低,数据传输效率高。其缺点是当某个节点或某段环线发生故障时会导致整个网络瘫痪,可靠性较差,诊断和排除故障困难。为了提高结构可靠性,可采用双环或多环等冗余措施。

(3) 星形拓扑结构。星形拓扑结构管理方便、容易扩展,需要专用的网络设备作为网络的核心节点以及更多网线,对核心设备的可靠性要求高。此外,星形拓扑结构可以通过级联方式方便地扩大网络规模,因此得到了广泛应用,被绝大部分以太网采用。

6. 以太网在汽车上的应用

以太网凭借其优越的性能得到汽车界的重视，有望成为重要的车载网络。

图4.27所示为基于CAN总线网络的汽车诊断拓扑图。可以看出，利用CAN总线网络进行汽车诊断，经网关到控制单元的最高数据传输速率为1Mbit/s。因此，FlexRay总线网络的传输速率（10Mbit/s）不适用于诊断或软件升级。

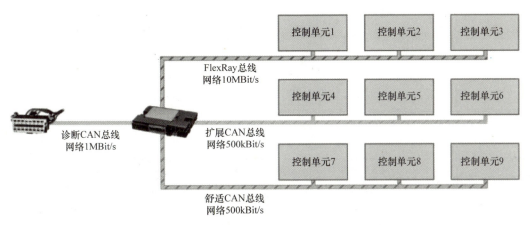

图4.27 基于CAN总线网络的汽车诊断拓扑图

如果再加上以太网连接，就可以完全利用FlexRay总线网络的带宽，对发动机控制单元和变速器控制单元配置参数尤其有意义。基于CAN总线网络和以太网的汽车诊断拓扑图如图4.28所示。

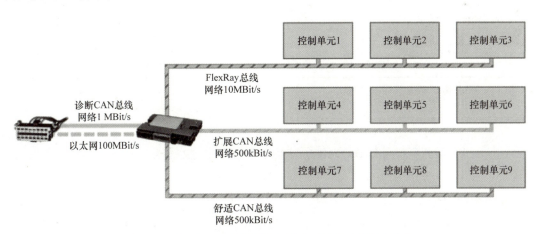

图4.28 基于CAN总线网络和以太网的汽车诊断拓扑图

目前还没有一种通信网络可以满足汽车的所有成本要求和性能要求，将继续结合多种协议实现汽车上的网络信息传输，保证汽车安全行驶。随着智能网联汽车自动驾驶级别的提高，未来车载网络可能以高速以太网为骨干，将动力总成、底盘控制、车身控制、娱乐和先进驾驶辅助系统（ADAS）五个核心域控制器连接在一起，各域控制器在实现专用的控制功能的同时提供强大的网关功能，如图4.29所示。

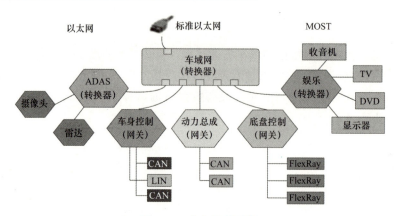

图 4.29 未来车载网络

五种车载网络的比较见表 4-2。

表 4-2 五种车载网络的比较

类型	CAN 总线网络	LIN 总线网络	FlexRay 总线网络	MOST 总线网络	车载以太网
最大传输速率/(Mbit·s^{-1})	1	0.02	20	150	各链路 100
最大网络长度/m	40	40	24	1280	15
最大节点数	30	16	22	64	仅受交换机端口限制
主要拓扑结构	总线型	总线型	总线型、星形、混合型	环形	星形、树形
错误检测功能	强	强	强	强	强
电缆	UTP	单线	UTP	光纤、UTP	UTP
主要应用	普通总线	门窗	安全系统	信息娱乐	安全系统

注：UTP 为非屏蔽双绞线。

4.3 车载自组织网络技术

自组织网络技术是一种不同于传统无线通信网络的技术，由一组具有无线通信能力移动终端节点组成，它是具有任意性和临时性网络拓扑的动态自组织网络系统，其中每个终端节点既可作为主机又可作为路由器使用。作为主机，终端具有运行各种面向用户的应用程序的能力；作为路由器，终端可以运行相应的路由协议，根据路由策略和路由表完成数据的分组转发和路由维护工作。

4.3.1 车载自组织网络的定义

车载自组织网络是指在交通环境中，以汽车、路侧单元及行人为节点构成的开放式移动自组织网络，可以进行 V2V、V2I、V2P 信息传输，以实现事故预警、辅助驾驶、道路交通信息查询、车间通信和互联网接入服务等。它是智能交通系统未来发展的通信基础，也是智能网联汽车安全行驶的保障。

4.3.2 车载自组织网络的类型

车载自组织网络主要有 V2V 通信、V2I 通信、V2P 通信三种类型，如图 4.30 所示。V2V 通信是指通过 GPS 定位辅助建立无线多跳连接，从而进行暂时的数据通信，提供行车信息、行车安全等服务；V2I 通信能够通过接入互联网获得更丰富的信息与服务；V2P 通信主要通过智能手机中的特种芯片提供行人和交通的状况，以后会有更多的通信方式。

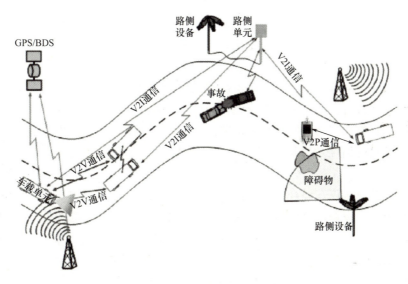

图 4.30 车载自组织网络的类型

根据节点间的通信是否需要借助路侧单元，车载自组织网络的通信模式分为车间自组织型通信，无线局域网、蜂窝网络型通信，混合型通信。

（1）车间自组织型通信。汽车之间形成自组织网络，无须借助路侧单元，这种通信模式也称 V2V 通信模式，它是传统移动自组织网络的通信模式。

（2）无线局域网、蜂窝网络型通信。在这种通信模式下，汽车节点间不能直接通信，必须通过接入路侧单元进行通信，也称 V2I 通信模式。与车间自组织型通信相比，无线局域网、蜂窝网络型通信的路侧单元建设成本较高。

（3）混合型通信。混合型通信是前两种通信模式的组合，可以根据实际情况选择不同的通信方式。

4.3.3 车载自组织网络的路由协议类型

车载自组织网络的路由协议根据接收数据包的节点数量分为单播路由协议、广播路由协议、多播路由协议。单播路由是指数据包源节点向网络中的一个节点转发数据；广播路由是指数据包源节点向网络中的所有其他节点转发数据；多播路由是指数据包源节点向网络中的多个节点转发数据。

车载自组织网络的路由协议还可以分为基于拓扑的路由协议、基于地理位置的路由协

议、基于移动预测的路由协议、基于路侧单元的路由协议和基于概率的路由协议。

1. 基于拓扑的路由协议

初期移动自组织网络的路由协议基本基于拓扑的路由协议，网络中的节点通过周期性地广播路由信息得到其他节点的位置信息，从而选择下一跳进行数据包转发。基于拓扑的路由协议可以分为先应式路由协议、反应式路由协议和混合式路由协议。

（1）先应式路由协议。先应式路由协议进行路由选择时，主要采用标准的距离矢量路由策略或链路状态路由策略。典型的先应式路由协议有目的节点序列距离矢量路由协议和优化的链路状态路由协议。在先应式路由协议中，无论每个节点当前是否要求进行通信、网络负载、带宽限制、网络规模，都周期性地维护和更新包含所有节点的路由表。这种路由协议的最大缺点是当网络结构频繁变化时维护未使用路径将占用大部分带宽，降低工作效率。

（2）反应式路由协议。与先应式路由协议相比，反应式路由协议根据源节点是否需要获得目的节点路由进行洪泛广播请求分组，降低了路由开销。典型的反应式路由协议有动态源路由协议和自组织网络按需距离矢量路由协议。在这些路由协议中，节点根据需求维护和更新正在使用的路径，当网络只使用部分路径，运用反应式路由协议可以减小网络负担。

（3）混合式路由协议。混合式路由协议是指将先应式路由协议和反应式路由协议的特点结合的路由协议。在局部范围内采用先应式路由协议，而对局部范围外节点的路由查找采用反应式路由协议，进而降低全网广播带来的路由开销。

2. 基于地理位置的路由协议

基于地理位置的路由协议通过位置服务方式实时、准确地获取自身汽车和目的汽车的位置信息，同时通过路由广播方式获得广播范围内邻居节点的位置信息，根据分组转发策略择优选择下一跳进行数据包转发。这种路由协议对于拓扑随着汽车高速移动而动态快速变化的无线、多跳、无中心的车载自组织网络有更好的可扩展性和适应性。基于地理位置的路由协议主要有贪婪的周边无状态路由协议、地理源路由协议、贪婪边界协调路由协议等。

3. 基于移动预测的路由协议

在车载自组织网络中，汽车每个节点都具有移动性，并且汽车节点移动速度高，节点的高速移动导致网络拓扑结构频繁变化，网络链路的稳定性差；而传统自组织网络节点移动速度较低，导致传统自组织网络路由协议不适合车载自组织网络。基于移动预测的路由协议主要有 PBR、Taleb、Wedde、Abedi 等路由协议。基于移动预测路由协议的主要思想是节点具有移动性，通过节点速度、加速度、距离和时间等参数预测通信链路的生命周期，从而预测该路由路径的有效期。根据汽车的移动特点发掘链路的潜在信息，如节点的移动速度和移动方向等数据，预测链路的生命周期，有效避开即将失效的链路，并建立可靠的链接。基于移动预测的路由协议的特点是可靠性高、延迟低；但当汽车较多时，建立的可靠路径需要该汽车节点具有快速实时计算能力，信息开销较大。

4. 基于路侧单元的路由协议

借助道路的路侧单元可以解决汽车在稀疏情况下节点链路中断的问题。路侧单元是路边可靠的固定节点，具有高带宽、低误码率和低延迟传输的特点；作为主干链路，当汽车节点出现链路中断时，路侧单元采用存储转发策略发送数据包。因此，基于路侧单元的路由协议在实际运用中最可靠、丢包率最低；但其部署费用高，并且如果发生自然灾害（如台风、地震），就会导致路侧单元损耗，甚至网络可能瘫痪，维护成本较高。

5. 基于概率的路由协议

由于汽车运行具有一定的规律性，相关学者根据概率统计理论提出了基于概率的路由协议。其核心理论是用概率描述汽车节点在某段时间内，该链路还未断开或断开的可能性。在该路由协议中，需要在基于某些网络特性的前提下建立相关模型，以统计相关变量的分布信息。基于概率的路由协议的主要优点是在某特殊环境下比较有效、可靠性较高。其缺点是适用于某特定条件下的交通，如果不满足该条件，就导致该路由协议性能直线下降，甚至出现数据包大量丢失的情况；另外，由于该路由协议的判断标准是基于某时间的发生概率，与真实情况存在一定的误差，因此选择汽车节点之间的路径时，该路径可能不是最佳路径。

4.3.4 车载自组织网络的特征

车载自组织网络的主要特征包括节点速度、运动模式、节点密度、节点异构性和可预测的运动性等。

1. 节点速度

移动的车载自组织网络的重要特征是节点速度。汽车和道路两侧的路侧单元都可能成为节点，节点的可能速度为0～200km/h。对于静态的路侧单元或汽车处于拥堵路段时，其车速为0km/h。在高速公路上，汽车的最高速度可能会达到200km/h。这两种极端情况对车载自组织网络中的通信系统构成了特殊的挑战。当节点速度非常高时，由于几百米的通信半径较小，因此共同的无线通信窗口非常短暂。例如，如果两辆汽车以90km/h的速度朝相反的方向行驶，假定理论上无线通信范围为300m，则通信只能持续12s。但同方向行驶的汽车，如果相对速度较小或中等，则这些汽车间的拓扑变化较小。如果同向行驶汽车的相对速度很大，那么接收发机需要考虑多普勒效应等物理现象。链路层难以预测连接的中断，容易导致频繁的链路故障。对于路由或多跳信息传播，汽车间短暂的相遇及一般的汽车运动会导致拓扑高度不稳定，使基于拓扑的路由在实际中毫无用处。节点速度很大时对应用程序的影响也很大。例如，由于速度太高，导致即时环境变化太快，因此对环境感知的应用变得困难。在极端情况下，节点几乎不移动，网络拓扑相对稳定。然而，汽车的缓慢移动意味着汽车密度很大，出现高干扰、介质接入等问题。

2. 运动模式

汽车是在预定义的道路上行驶的，一般情况下有两个行驶方向。只有在十字路口时，汽车的行驶方向才具有不确定性。道路可分为高密度城市道路、高速公路和乡村道路三种。

(1) 高密度城市道路。在城市中，道路密度较高，有大街也有小巷，许多十字路口将道路分割成段，道路两边的建筑物也会影响无线通信，汽车的运动速度较低。

(2) 高速公路。高速公路一般是多车道的，路段很长，并且存在出口和匝道。汽车的运动速度较高，行驶方向能够较长时间保持不变。

(3) 乡村道路。乡村道路通常很长，十字路口比城市环境少得多。在这种环境下，由于路面汽车少，因此很难形成连通的网络。道路的方向变化频率明显高于高速公路。

3. 节点密度

除节点速度和运动模式外，节点密度是车载自组织网络节点移动性的第三个关键属性。在有效的无线通信范围内，可能存在零到几十甚至上百辆汽车。假设在某四车道的高速公路上遇到交通阻塞，并且每20m存在一辆装备汽车，通信半径为300m，则理论上通信范围内有120辆汽车。当节点密度非常小时，几乎不可能完成瞬时消息转发。在这种情况下，需要更复杂的消息传播机制，可以存储信息并在汽车相遇时转发，这样可能导致一些信息被同一辆汽车重复多次。当节点密度很大时，消息只可能被选定的节点重复，否则会导致重载信道。节点密度也与时间相关。在白天，高速公路和城市道路节点密度较大，足以实现瞬时转发，有足够的时间使路由处理分段网络。但在夜间，无论在哪种道路上汽车都很少。

4. 节点异构性

在车载自组织网络中有许多种节点。首先是汽车和路侧单元的区别。汽车可以进一步分为城市公交、私家车、出租车、救护车、道路建设和维修车辆等，并不是每辆汽车都要安装所有应用。例如，救护车需要安装能够在其行驶路线上发出警告的应用。对于路侧单元也类似，基于自身的能力，路侧单元节点可以简单地向网络发送数据或者拥有自组织网络的完整功能。此外，路侧单元节点可以访问背景网络，如向交通管理中心报告道路状况。路侧单元与汽车节点不同，其性能较强，对于各种应用，它们不像汽车节点那样拥有相同的传感器，也不处理传递给驾驶人的消息或者对汽车采取措施。路侧单元节点是静态的，与个人或公司无关，无须太多的信息保护。

5. 可预测的运动性

尽管汽车节点的运行规律比较复杂，但汽车的运动趋势在一定程度上是可以预测的。在高速公路场景中，根据汽车车道、实时道路状况及汽车自身的速度和方向可以推测汽车在随后短时间内的运动趋势。在城市道路，不同类型的汽车具有不同的运动趋势。城市公交的平均行驶速度低且具有间隔性静止状态，可以根据公交节点的速度和道路特点可以推测出短时间内的运动趋势。

4.3.5　车载自组织网络的应用场景

1. 碰撞预警

如图4.31所示，汽车0与汽车4相撞，汽车0发送一个协作转发碰撞预警信息。汽车 1 通过直接连接接收碰撞预警信息，从而及时制动，避免碰撞。但是，如果没有间接连接，即不能多跳转发信息，当汽车 2、汽车 3 与其前面汽车的距离小于安全距离时，汽车 2、汽车 3 与其前面的汽车不可避免地要发生碰撞。如果有间接连接，汽车 2 和汽车 3 接收碰撞预警信息，就可以避免碰撞。

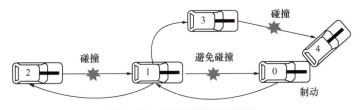

图 4.31　碰撞预警应用场景

2. 避免交通拥堵

如图 4.32 所示，汽车 1 接收并存储汽车 0 发送节点发送的前方交通拥堵信息，直到汽车 2 至汽车 5 与汽车 1 通信时，汽车 1 将信息转发给汽车 2 至汽车 5。汽车 2 至汽车 5 也知道了前方拥堵的情况，可以选择辅助道路行驶，从而避免交通拥堵。

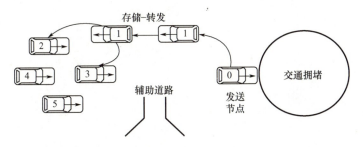

图 4.32　避免交通拥堵应用场景

3. 紧急制动警告

如图 4.33 所示，当前方汽车紧急制动时，紧急制动警告将会提醒驾驶人。当制动汽车被其他汽车遮挡而不能被本车察觉时，紧急制动警告非常有用。通过系统开启汽车的后制动灯，紧急制动警告利用车载自组织网络系统的非视距特点来防止追尾事故的发生。

图 4.33　紧急制动警告应用场景

4. 并线警告

如图 4.34 所示，当汽车变道可能存在危险时，并线警告提醒有意变道的驾驶人。并线警告使用 V2V 通信和周边汽车的路径预测，利用链路的通信范围来预测驾驶人完成变道可能产生的碰撞。路径预测用于确定 3～5s 内，驾驶人要到达的车道区域是否被占用，如果被占用，则并线警告提醒驾驶人潜在的危险。

5. 交叉路口违规警告

如图 4.35 所示，当驾驶人即将闯红灯时，交叉路口违规警告系统对其发出警告。交叉路口违规警告系统使用 V2I 通信对汽车进行预测，其通信链路的主要优势是获取动态信息，如交通信号灯阶段和交通信号灯时间。部署交通信号灯控制器的路侧单元会广播交通信号灯信息，包括位置、交通信号灯阶段、交通信号灯时间、交叉路口几何形状等。靠近交叉路口的汽车将预期路径与交通信号灯信息进行比较，以确定是否会发生交通信号灯违规。如果汽车将要发生违规行为，则交叉路口违规警告系统提醒驾驶人，同时汽车发送信息至交通信号灯和周围汽车，以表明发出警告。

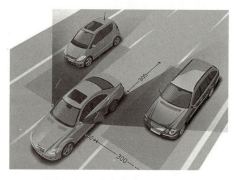

图 4.34　并线警告应用场景

图 4.35　交叉路口违规警告应用场景

随着车载自组织网络技术的发展，其应用范围越来越广泛，主要涉及安全、驾驶、公共服务、商用、娱乐等。

4.4　车载移动互联网技术

4.4.1　移动互联网的定义

移动互联网是以移动网络为接入网络的互联网及服务，包括三个要素，即移动终端、接入网络和应用服务。该定义将移动互联网涉及的内容主要分为三个层面，分别是移动终端（包括手机、专用移动互联网终端和数据卡方式的便携式计算机）、移动通信网络接入（包括 4G 或 5G 等）、公众互联网服务（包括 Web、WAP 方式）。移动终端是移动互联网的前提，移动通信网络接入是移动互联网的基础，应用服务是移动互联网的核心。

移动互联网包含两方面含义：一方面，移动互联网是移动通信网络与互联网的融合，用户以移动终端接入无线移动通信网络（4G、5G、WLAN、WiMax 等）的方式访问互联网；另一方面，移动互联网产生了大量新型应用，这些应用与终端的可移动、可定位和随身携带等特性结合，为用户提供个性化的、位置相关的服务。

4.4.2 移动互联网的特点

移动互联网具有以下特点。

（1）终端移动性。移动互联网业务使用户在移动状态下接入和使用互联网服务，移动终端便于用户随身携带和随时使用。

（2）业务及时性。用户使用移动互联网能够随时随地获取自身或其他终端的信息，及时获取所需服务和数据。

（3）服务便利性。受移动终端的限制，移动互联网服务要求操作简便、响应时间短。

（4）业务/终端/网络的强关联性。实现移动互联网服务需要同时具备移动终端、接入网络和运营商提供的业务三个基本条件。

（5）网络和终端的局限性。移动互联网业务在便携的同时，还受到来自网络能力和终端能力的限制。在网络能力方面，移动互联网受到无线网络传输环境、技术能力等的限制；在终端能力方面，移动互联网受到终端大小、处理能力、电池容量等的限制。

4.4.3 移动互联网的体系架构

移动互联网的体系架构如图 4.36 所示，包括业务应用模块、移动终端模块、网络与业务模块。

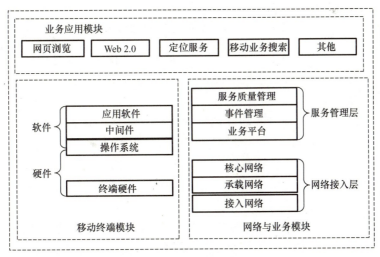

图 4.36　移动互联网的体系架构

（1）业务应用模块：提供给移动终端的互联网应用，包括典型的互联网应用（如网页浏览、在线视频、内容共享与下载、电子邮件等）和基于移动网络特有的应用（如定位服务、移动业务搜索及移动通信业务等）。

（2）移动终端模块：从上至下包括软件和硬件。软件包括应用软件（如 App、用户 UI）、中间件和操作系统的支持软件；硬件包括终端中实现各种功能的部件。

(3) 网络与业务模块：从上至下包括服务管理层和网络接入层。服务管理层包括业务平台、事件管理、服务质量管理等；网络接入层包括接入网络、承载网络和核心网络等。

从移动互联网端到端的应用角度出发，可以绘制图 4.37 所示业务模型。它主要由移动终端、移动网络、网络接入网关、业务接入网关、移动网络应用组成。

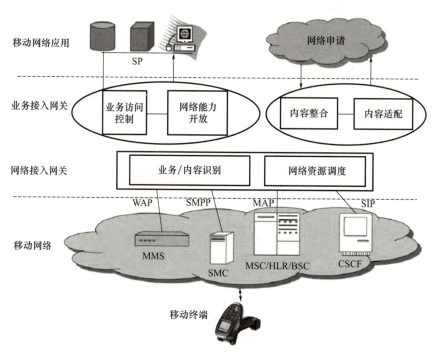

图 4.37　移动互联网端到端的业务模型

(1) 移动终端：支持实现用户 UI、接入互联网、实现业务互操作。移动终端具有智能化和较强的处理能力，可以在应用平台上进行更多业务逻辑处理，尽量减小空中接口的数据信息传递压力。

(2) 移动网络：包括各种将移动终端接入无线核心网的设施，如无线路由器、交换机、移动业务交换中心等。

(3) 网络接入网关：提供移动网络中的业务执行环境，识别上下行的业务信息、QoS 要求等，并可基于这些信息提供按业务、内容区分的资源控制和计费策略。网络接入网关根据业务的签约信息，动态调度网络资源，最大程度地满足业务的 QoS 要求。

(4) 业务接入网关：向第三方开放移动网络应用程序接口和业务环境，提供具有移动网络特点的应用；同时，实现对业务接入移动网络的认证，以及对互联网内容的整合和适配，使内容更适合移动终端对其的识别和展示。

(5) 移动网络应用：提供各类移动通信、互联网及移动互联网特有的服务。

4.4.4　移动互联网的接入方式

移动互联网的接入方式主要有卫星通信网络、无线城域网（wireless metropolitan area network，WMAN）、无线局域网（wireless local area network，WLAN）、无线个域网

(wireless personal area network, WPAN) 和蜂窝网络 (4G/5G) 等。

(1) 卫星通信网络。卫星通信网络的优点是通信区域大、距离大、频段宽、容量大、可靠性高、质量好、噪声小、可移动性强、不容易受自然灾害影响；缺点是存在传输时延长、回声大、费用高等。

(2) 无线城域网。无线城域网以微波等无线传输为介质，提供同城数据高速传输、多媒体通信业务和互联网接入服务等。其优点是传输距离大、覆盖面积大、接入速度高、高效、灵活、经济、具有较完备的服务质量机制等；缺点是暂不支持用户在移动过程中实现无缝切换，性能与4G的主流标准存在差距。

(3) 无线局域网。无线局域网是指以无线或无线与有线结合的方式构成的局域网，如Wi-Fi。无线局域网的优点是布网便捷、可操作性强、网络易扩展等；缺点是性能、数据传输速率和安全性存在不足。

(4) 无线个域网。无线个域网是采用红外线、蓝牙等技术构成的覆盖范围更小的局域网。无线个域网主要采用蓝牙、ZigBee、IrDA、RFID、NFC等技术。其优点是功耗低、成本低、体积小等；缺点是覆盖范围小。

(5) 蜂窝网络。蜂窝移动通信系统由移动站、基站子系统、网络子系统组成，采用蜂窝网络 (4G/5G) 作为无线组网方式，通过无线信道将移动终端和网络设备连接。其中，宏蜂窝、微蜂窝是蜂窝移动通信系统应用较多的蜂窝技术。蜂窝网络的优点是有限的频率资源可以在一定范围内重复使用，当容量不够时，可以减小蜂窝的范围，划分出更多蜂窝，进一步提高频率的利用率；缺点是成本高、带宽低。

网络技术的发展为用户提供多种无线接入方式，包括以太网、GPRS (general packet radio service, 通用分组无线业务) 网络、4G/5G、Wi-Fi及无线个域网等。异构网络的多接口接入，需要消除多种网络接入方式带来的潜在冲突，降低多接口带来的操作复杂性。

4.4.5 车载移动互联网的组成及应用

车载移动互联网是以车为移动终端，通过长距离无线通信技术构建的车与互联网之间的网络，实现汽车与服务信息在车载移动互联网上的传输。

车载移动互联网的组成如图4.38所示，通过短距离通信技术在车内建立无线个域网

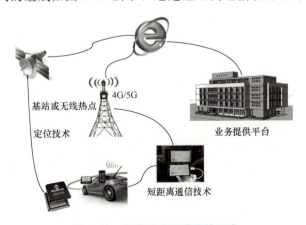

图4.38 车载移动互联网的组成

或无线局域网，再通过 4G/5G 与互联网连接。

智能网联汽车可以通过车载移动互联网实现导航及位置服务、实时交通信息服务、网络信息服务、汽车使用服务、汽车出行服务、商务办公等。汽车与互联网互联，赋予汽车连接真实世界的能力。

1. 智能网联汽车由哪几种网络构成？
2. 车载网络有哪几种类型？有何特点？
3. 什么是 CAN 总线网络？其在智能网联汽车上有何应用？
4. 什么是 LIN 总线网络？其在智能网联汽车上有何应用？
5. 什么是 FlexRay 总线网络？其在智能网联汽车上有何应用？
6. 什么是 MOST 总线网络？其在智能网联汽车上有何应用？
7. 什么是以太网？其在智能网联汽车上有何应用？
8. 什么是车载自组织网络？其在智能网联汽车上有何应用？
9. 什么是车载移动互联网？其在智能网联汽车上有何应用？

第 5 章 智能网联汽车定位技术

通过对本章的学习，读者能够了解全球定位系统、北斗卫星导航系统、惯性导航系统与航位推算技术、通信基站定位技术、即时定位与地图构建技术；掌握高精度地图。

知识要点	能力要求	相关知识
全球定位系统	了解全球定位系统的组成、定位原理及特点，以及差分全球定位系统	全球定位系统，差分全球定位系统
北斗卫星导航系统	了解北斗卫星导航系统的组成、定位原理、特点及功能	北斗卫星导航系统
惯性导航系统与航位推算技术	掌握惯性导航系统的定义、作用和特点；了解航位推算技术	惯性导航系统与航位推算技术
通信基站定位技术	初步掌握通信基站定位技术中的 AOA 定位技术、TOA 定位技术、TDOA 定位技术及混合定位技术；了解通信基站定位技术的典型应用	通信基站定位技术
即时定位与地图构建技术	了解即时定位与地图构建技术的定义和作用，视觉即时定位与地图构建技术、激光即时定位与地图构建技术以及二者的比较	视觉即时定位与地图构建技术、激光即时定位与地图构建技术
高精度地图	掌握高精度地图的定义、定位原理和用途	高精度地图

导入案例

图 5.1 所示为无人驾驶汽车。在无人驾驶汽车中，乘员可以聊天、办公、购物等，无须监管汽车。无人驾驶汽车不仅是交通工具，还是人们生活、办公的场所，它将改变人类的生活方式。

图 5.1 无人驾驶汽车

智能网联汽车和无人驾驶汽车如何在行驶过程中定位？高精度地图有哪些作用？通过对本章的学习，读者可以得到答案。

5.1 全球定位系统

全球定位系统（global positioning system，GPS）是由美国开发的基于卫星的无线电定位导航系统。它能连续为世界各地的陆、海、空用户提供精确的位置、速度和时间信息。其优势有覆盖全球、全天候工作，可以为高动态、高精度平台服务，已得到广泛应用。

5.1.1 GPS 的组成与定位原理

1. GPS 的组成

GPS 是由导航卫星、地面监控设备和 GPS 用户组成的，如图 5.2 所示。

（1）导航卫星。导航卫星（图 5.3）是由分布在地球六个椭圆轨道平面上的 21 颗工作卫星和 3 颗在轨备用卫星组成的，相邻轨道之间的卫星成 30°，每个轨道面上都有 4 颗卫星，在距离地球 17700km 的高空进行监测。这些卫星每 12h 环绕地球一周，在地球上的任何地方、任何时间都可以观测到至少 4 颗 GPS 卫星，保持定位精度，具有连续的全球导航能力。导航卫星的任务是接收和存储地面监控设备发送的导航定位控制指令，微处理器处理数据，以原子钟产生基准信号和精确的时间为基准，向用户连续发送导航定位信息。卫星信

GPS

号的编码方式为码分多址（code division multiple access，CDMA），根据调制码区分不同的卫星。

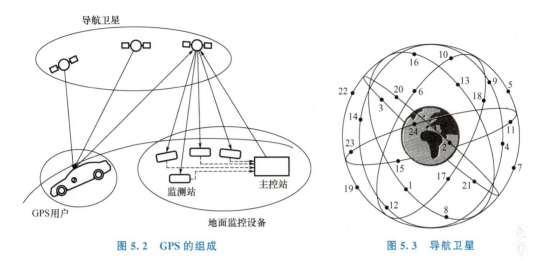

图 5.2　GPS 的组成　　　　　　　图 5.3　导航卫星

（2）地面监控设备。地面监控设备由 1 个主控站、4 个注入站和 6 个监测站组成，它们的任务是控制导航卫星。监测站跟踪所有可见的 GPS 卫星，从卫星广播中搜集测距信息等并发送至主控站。主控站拥有许多以计算机为主体的设备，用于搜集、计算、传输和诊断数据等。其主要任务是编制导航定位指令并发送到注入站，调整卫星运行姿态，纠正卫星轨道偏差，计算卫星轨道和时钟修正数，协助、指挥、管理空间卫星和地面监控设备，监控卫星向用户发送指令。注入站的任务是将主控站送来的导航、定位控制指令通过 S 波段发送至飞过头顶的卫星。

（3）GPS 用户。GPS 用户主要由 GPS 接收机和 GPS 数据处理软件组成。GPS 接收机的主要功能是接收、追踪、放大卫星发射的信号，获取定位的观测值，提取导航电文中的广播星历及卫星时钟改正参数等。GPS 数据处理软件的主要功能是对 GPS 接收机获取的卫星数据进行预处理，并对处理结果进行平差计算、坐标旋转和分析处理，计算出用户所在位置的三维坐标、速度、方向和精确时刻等。

GPS 可以提供两种服务——军用服务和民用服务，即精密定位服务和标准定位服务。精密定位服务只能由美国授权的军方用户和选定的政府机构用户使用；所有用户均可使用标准定位服务。

2. GPS 的定位原理

GPS 定位是根据三角测量定位实现的，并且利用相关技术获取观测值。 在接收信号的过程中，卫星时钟用来控制卫星发射的伪随机信号，本地时钟用来控制用户接收机的伪随机信号，两者之间有比较大的时差。GPS 用户终端可以同时跟踪 4 颗 GPS 卫星，并捕获其信号。将两时钟之间的时差作为未知量，使其和观测点坐标共同组成一个四元方程组，求得的解就是观测点的经纬度坐标和时差，这种方法的定位精度较高。这个观测值通常称为伪距观测量，原因有两个：第一，它是以地表和卫星之间的距离为变量的函数；第二，受大气效应和时钟误差的影响，它与实际距离存在偏差。

设地面点 P 到卫星 i 的距离矢量为 $\boldsymbol{S}_i$，地心原点 O 到卫星 i 的距离矢量为 $\boldsymbol{S}_0$，地心原点 O 到地面点 P 的距离矢量为 $\boldsymbol{S}_P$，如图 5.4 所示。如果卫星时钟和本地时钟不存在时差，则说明伪距观测量代表 P 点与卫星 i 之间的真实距离 S_i，其值为

$$S_i = c(t_i - t_j) - c\tau \tag{5-1}$$

式中，c 为光的传播速度；t_i 为地面接收机同步的观测时刻；t_j 为卫星同步的发射时刻；τ 为传播途径中的附加时延。

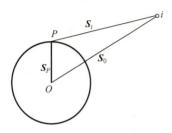

图 5.4 地面点与卫星的几何关系

实际上，卫星时钟和本地时钟的完全同步只存在理论上的可能性，通常存在一定的时差，所以实际测量值并非真实距离，而是伪距，即

$$\rho_{Pi} = c(t_{Pi} - t_{Pj}) \tag{5-2}$$

式中，ρ_{Pi} 为地面点 P 到卫星 i 的伪距；t_{Pi} 为含有时差的地面站接收时刻；t_{Pj} 为含有时差的卫星发射时刻。

实际上，接收信号时，地面站接收机的接收时刻要与 GPS 时间同步。时差为两个微小量 Δt_i 和 Δt_j，即

$$t_{Pi} = t_i + \Delta t_i$$
$$t_{Pj} = t_j + \Delta t_j$$
$$\rho_{Pi} = c(t_i - t_j) + c(\Delta t_i - \Delta t_j) = S_i + c\tau + c(\Delta t_i - \Delta t_j) \tag{5-3}$$

接收机跟踪锁定卫星信号后，可以从接收信号中提取信息，从而得到导航电文和伪距观测量。导航电文一般分为三部分：电离层修正数、卫星时钟修正数和卫星星历参数。对卫星星历参数进行进一步的统计计算，可求出发射时刻卫星在地心坐标系中的三维坐标值 X_i、Y_i 和 Z_i。可以利用卫星时钟修正数，依据式（5-4）对卫星时差进行适当的调整。

$$\Delta t_j = a_0 + a_1(t - t_0) + a_2(t - t_0)^2$$
$$t = t_{Pj} - \Delta t_j \tag{5-4}$$

式中，t 为观测时间；t_0 为卫星时钟基准时间；a_0、a_1、a_2 为待定系数。

设 P 点的地心坐标为 X_P、Y_P、Z_P，则 P 点至卫星 i 的实际距离

$$S_i = \sqrt{(X_i - X_P)^2 + (Y_i - Y_P)^2 + (Z_i - Z_P)^2} \tag{5-5}$$

将式（5-5）代入式（5-3），得

$$\rho_{Pi} = \sqrt{(X_i - X_P)^2 + (Y_i - Y_P)^2 + (Z_i - Z_P)^2} + c\tau + c(\Delta t_i - \Delta t_j) \tag{5-6}$$

式中，τ 为传播途径中的附加时延。此时式（5-6）中只有 4 个未知量——X_P、Y_P、Z_P、$\Delta t_i - \Delta t_j$。只有同时观测 4 颗卫星，才可以得到式（5-6）的 4 个方程，这些非线性方程可以通过线性化方法或卡尔曼滤波技术求解，从而得到 P 点的坐标 X_P、Y_P、Z_P。

以上即 GPS 的定位原理分析，通常还需对得到的定位数据进行进一步的差分运算以减小误差，从而得到更准确的定位信息。

3. GPS 的特点

GPS 具有以下优点。

（1）能够覆盖全球、全天候工作。因为 GPS 卫星较多且分布均匀，所以可保证地球上任何地方、任何时间至少可以同时观测 4 颗 GPS 卫星，确保实现覆盖全球、全天候、连续的导航定位服务。

（2）覆盖范围广。GPS 能够覆盖全球 98% 的范围，可满足全球各地或近地空间的军事用户连续精确地确定三维位置、三维运动状态和时间的需求。

（3）定位精度高。GPS 相对定位精度在 50km 以内为 6～10m，在 100～500km 为 7～10m，在 1000km 为 9～10m。

（4）观测时间短。20km 以内的相对静态定位仅需 15～20min；采用快速静态相对定位模式时，当每个流动站与基准站相距 15km 以内时，流动站观测时间仅需 1～2min；采用实时动态定位模式时，每个流动站观测仅需几秒。

（5）提供全球统一的三维地心坐标，可同时精确测定观测站平面位置和大地高程。

（6）只要求观测站上空开阔，而不要求观测站之间通视，既可大大减少测量费用和时间，又可使选点工作更灵活，省去经典测量中的测量传算点、过渡点等工作。

GPS 具有以下缺点。

（1）GPS 开放的民用服务的定位精度不能满足无人驾驶汽车的定位要求，通常仅为 10m。

（2）更新频率较低，通常只有 10Hz，当汽车高速行驶时，不能提供实时的准确位置信息。

（3）受建筑物、树木的遮挡（如在天桥、隧道、地下车库等场景）时，GPS 定位精度严重降低，甚至无法提供定位信息。

为解决 GPS 存在的问题，在实际应用中，常采用以下方案提高定位精度。

（1）采用差分全球定位系统，利用基站的准确定位信息校正 GPS 的误差，其定位精度可提高到厘米级。

（2）结合惯性测量单元、里程计及航位推算等技术，提高定位更新频率和定位精度。即使 GPS 信号受建筑物遮挡，也能在短时间内提供相对准确的定位信息。

（3）在地下车库等无法接收 GPS 信号的场景下，利用视觉 SLAM、激光 SLAM 等提供相对准确的定位信息。

5.1.2　差分全球定位系统

为了提高 GPS 的定位精度，可以采用差分全球定位系统（differential global positioning system，DGPS）对车辆进行定位。DGPS 是在 GPS 的基础上，利用差分技术使用户从 GPS 中获得更高的精度。DGPS 由基准站、移动站和用户组成，如图 5.5 所示。

DGPS 实际上是把一台 GPS 接收机放在精确测定位置的点上而组成的基准站。基准站接收机接收 GPS 卫星信号，将测得的位置与该固定位置的真实位置的差值作为公共误差校正量，通过无线数据传输设备将该校正量传送给移动站接收机。移动站接收机使用该校正量对本地位置进行校正，得到厘米级定位精度，附近 DGPS 用户接收校正后的高精度定位信息，从而大大提高其定位精度。

根据基准站发送信息的方式，DGPS 定位分为三类，即位置差分、伪距差分和载波相位差分。这三类差分方式的工作原理相同，都是基准站发送修正数，移动站接收并校正测量结果，以获得精确的定位结果。只是这三类差分方式发送修正数的具体内容不同，差分定位精度也不同。

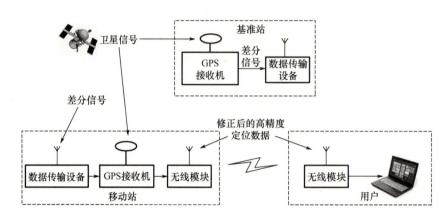

图 5.5 DGPS 系统的组成

1. 位置差分

位置差分是最简单的差分方法，适合所有 GPS 接收机。位置差分要求基准站和移动站观测同一组卫星。基准站上的 GPS 接收机观测 4 颗卫星后进行三维定位，解算出基准站的观测坐标。由于存在轨道误差、时钟误差、大气影响、多径效应及其他误差等，因此解算出的观测坐标与基准站的已知坐标不同，存在误差。将已知坐标与观测坐标之差作为位置修正数，并通过基准站的数据传输设备发送出去，移动站接收数据并对其解算的移动站坐标进行修正，最后得到的移动坐标不存在基准站和移动站的公共误差（如卫星轨道误差、大气影响等），定位精度提高。位置差分适用于用户与基准站间的距离小于 100km 的情况。

2. 伪距差分

伪距差分是用途最广的一种差分方法，大多数商用 DGPS 接收机都采用这种方法。利用基准站已知坐标和卫星星历计算出基准站与卫星的计算距离，将计算距离与观测距离之差作为修正数并发送给移动站，移动站利用此修正数修正测量的伪距。最后，用户利用修正后的伪距解算出位置，消除公共误差，提高定位精度。

与位置差分相似，伪距差分能消除公共误差，但会随着用户与基准站距离的增大而出现系统误差，用任何差分法都无法消除系统误差。用户与基准站的距离对定位精度有决定性影响。

3. 载波相位差分

载波相位差分是建立在实时处理两个观测站的载波相位基础上的，它能实时提供观测点的三维坐标，并达到厘米级定位精度。

载波相位差分原理与伪距差分原理相同，基准站通过数据传输设备实时将载波观测量及观测点坐标信息传送给移动站。移动站接收 GPS 卫星的载波相位与基准站的载波相位，并将其组成相位差分观测值进行处理，实时给出厘米级定位精度。

载波相位差分的定位方法有修正法和差分法。前者与伪距差分相同，基准站将载波相位修正量发送给移动站，以修正载波相位，然后求解坐标；后者将基准站采集的载波相位发送给移动站进行求差，从而解算坐标。前者为准载波相位差分技术，后者为真正的载波相位差分技术。

5.2 北斗卫星导航系统

北斗卫星导航系统（beidou navigation satellite system，BDS）在汽车领域还没有大面积推广应用，但在我国制订的智能网联汽车发展规划中明确提出要大力推广北斗卫星导航系统在智能网联汽车和无人驾驶汽车中的应用。

5.2.1 北斗卫星导航系统的组成

北斗卫星导航系统如图 5.6 所示，它由空间段、地面段和用户段三部分组成。

北斗卫星导航系统

图 5.6 北斗卫星导航系统

（1）空间段。在空间段，若干地球静止轨道卫星、倾斜地球同步轨道卫星和中圆地球轨道卫星三种轨道卫星组成混合导航星座。

（2）地面段。地面段包括主控站、时间同步/注入站和监测站等若干地面站。

（3）用户段。用户段包括北斗兼容其他卫星导航系统的芯片、模块、天线等基础产品，以及终端产品、应用系统与应用服务等。

BDS 与 GPS 有以下差别。

（1）BDS 是一个有源系统，用户在定位过程中只有发射信号，才能使 BDS 具备通信能力，这是它与 GPS 的最大不同。BDS 具有低速通信功能，可以在中心站与任意用户机之间或任意两个用户机之间一次发送包含 36 个汉字字符的信息，经过授权的用户一次可以发送包含 120 个汉字字符的信息，而 GPS 不具备这个功能。

（2）BDS 定位作业都是由用户机发出请求，经过中心站解算出坐标，然后发送给用户机。这种工作方式使得 BDS 存在用户容量限制，未经授权的用户无法利用 BDS 进行定位作业，因而具备极好的保密性。

（3）BDS 一次定位需要测距信号经中心站—卫星—用户机往返两次，耗费时间比较长，从用户机发出定位请求到收到定位数据大约需要 1s，因此它不适合定位飞机、导弹等高速运动目标，而更适合定位船舰、汽车、行人等相对低速运动目标。

5.2.2 北斗卫星导航系统的定位原理

BDS 的定位原理是通过对卫星站点之间的传播时间进行推算,确立相应的卫星站点距离,从而对接收机进行准确定位。一般采用载波相位差分法进行定位,其原理大致如下:用 a 表示卫星发射的载波信号相位数值,用 b 表示地面基站接收的载波信号相位数值,卫星站点之间的距离 $X=n(a+b)$,其中 n 是载波信号的波长。在实际操作中,无法推算 a 值,往往采用接收机产生的基准信号代替。由于该基准信号的频率与卫星发射的载波信号相位一致,因此不会影响后续的定位精度。

采用载波相位差分法进行定位时,在整个定位过程中会受到多种误差的影响,进而降低定位精度。由于在相同时间点,不同观测站观测同一卫星时,接收信号受到的误差影响具有较强的关联性,因此采用不同方式对同步观测量进行差值计算能够最大化地减小误差。

5.2.3 北斗卫星导航系统的特点

BDS 具有以下特点。

(1) 空间段采用三种轨道卫星组成的混合星座,与其他卫星导航系统相比,高轨卫星更多、抗遮挡能力更强,尤其在低纬度地区性能优势更为明显。

(2) 提供多个频点的导航信号,采用多频信号组合使用等方式提高定位精度。

(3) 创新融合导航与通信功能,具备定位导航授时、星基增强、地基增强、精密单点定位、全球短报文通信和国际搜救等功能。

5.2.4 北斗卫星导航系统的功能

BDS 具备导航定位和通信数据传输两大功能,提供以下七种服务:定位导航授时、全球短报文通信、国际搜救、星基增强、地基增强、精密单点定位、区域短报文通信。

自动驾驶的发展推动高精度定位技术在汽车领域的应用,L3 级自动驾驶需要达到分米级定位精度,L4 级及以上自动驾驶需要达到厘米级定位精度。除依靠车辆自身传感器进行精准定位外,车外的高精度定位系统也不可或缺。地面道路正形成以 5G+BDS/GPS 卫星+地基增强系统为主的高精度定位系统,停车场可能形成以 V2X/UWB 为主的高精度定位支持系统。

北斗地基增强系统是按照"统一规划、统一标准、共建共享"的原则建设的国家级地基增强系统。北斗地基增强系统主要包括基准站、通信网络系统、国家数据综合处理系统、行业数据处理系统、数据播发系统、应用终端六个子系统。该系统具备在全国陆地范围内提供实时米级、分米级、厘米级定位精度,后处理毫米级定位精度功能。

(1) 北斗高精度位置服务平台。着眼于把北斗高精度定位功能转化为公共服务产品,致力于打造物联网时代的新时空基础设施,基于国家北斗地基增强系统,采用市场化运作,建设北斗高精度位置服务平台,构建北斗高精度位置服务生态圈。

北斗高精度位置服务平台是 BDS/GNSS 与互联网的重要桥梁。该平台是以"互联网+位置(BDS)"为基础,基于云计算和大数据技术构建的空天一体高精度北斗位置开放服务系统,以满足国家、行业、大众市场对精准位置服务的需求,并致力于将 BDS/GNSS

高精度服务推向全球。该平台突破新一代网络 RTK 高精度多模组合定位算法、星基增强关键技术、多模多频卫星导航组合定位算法、多传感器融合定位算法、"BDS/GNSS＋人工智能"融合定位技术、AGNSS 加速定位技术等，并相继攻克情景感知智能化判别、海量数据接入和存储、大规模分布式计算、高并发实时处理、安全服务策略及机制等核心技术。

北斗高精度位置服务平台开展北斗高精度增值服务商业运营，面向全国提供千寻跬步（米级）、知寸（厘米级）、见微（毫米级）、云踪、优航、A-北斗等高精度位置服务产品，在危房监测、铁路应用、精准农业、共享单车、自动驾驶、智能手机、物流监控等领域得到应用，推动了北斗高精度定位功能向公共服务产品的转化，促进形成北斗产业自主创新生态圈。

依托北斗地基增强系统及北斗高精度位置服务平台，我国自主研发了"A-北斗"快速辅助定位系统，大幅度提高了北斗卫星导航首次定位时间和定位精度。

（2）北斗地基增强系统高精度应用。北斗地基增强系统可用于交通行业和智能驾驶等。在交通行业，我国开发了交通行业应用软件和服务测试评估子系统，采集和制作了 30km 公路高精度车道级导航数据，车道线特征点坐标精度小于 20cm，具有监视非法连续并线违章等行为的能力。对车载终端进行改造升级，利用北斗地基增强系统提供的高精度定位服务，支持车道级导航应用。在智能驾驶方面，基于"北斗星地融合一张网"的智能汽车高精度位置感知方案，向车载 ECU 发送数据，为自动驾驶汽车客户提供覆盖全国的实时高精度位置解算服务。同时，北斗地基增强系统方案可进一步实现双链路数据的发送，满足未来自动驾驶的冗余度要求。

5.3 惯性导航系统与航位推算技术

5.3.1 惯性导航系统

1. 惯性导航系统的定义

GPS 可以为车辆提供米级定位精度，差分 GPS 或 RTK GPS 可以为车辆提供厘米级定位精度，然而并非任何路段在任何时间都可以得到良好的 GPS 信号。因此，在自动驾驶领域，RTK GPS 的输出一般要与惯性测量单元（inertial measurement unit，IMU）、汽车自身的传感器（如轮速计、转向盘转角传感器等）融合。

惯性导航系统（inertial navigation system，INS）是一种利用惯性传感器测量载体的角速度信息，并结合给定的初始条件实时推算速度、位置、姿态等参数的自主式导航系统。具体来说，惯性导航系统是一种推算导航方式，即从一个已知点的位置根据连续测得的运动载体航向角和速度推算出下一个点的位置，从而连续测出运动体的当前位置。

惯性导航系统主要采用加速度传感器和陀螺仪测量载体参数，其原理如图 5.7 所示。

加速度传感器和陀螺仪结合为惯性测量单元，一个测量速度，另一个测量方向。惯性测量单元的一个重要特征是高频率（1000Hz）更新，可以提供接近实时的位置信息。

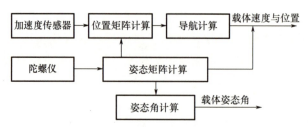

图 5.7　惯性导航系统的原理

惯性导航系统可以看成惯性测量单元与软件的结合。图 5.8 所示为惯性测量单元产品,其通过内置微处理器以最高 200Hz 的频率输出实时的高精度三维位置、速度、姿态信息。

图 5.8　惯性测量单元产品

GPS/BDS 和惯性传感器融合是无人驾驶汽车的重要定位技术。

2. 惯性导航系统的作用

惯性导航系统主要有两个作用,一个是在 GPS 信号丢失或信号很弱的情况下暂时替代 GPS,用惯性测量单元定位;另一个是配合激光雷达进行精准定位,如图 5.9 所示。

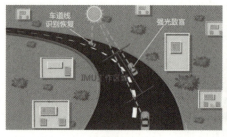
(a) 替代GPS

(b) 与激光雷达配合定位

图 5.9　惯性导航系统的作用

3. 惯性导航系统的特点

惯性导航系统具有以下优点。

（1）由于惯性导航系统是不依赖任何外部信息,也不向外部辐射能量的自主式导航系统,因此其隐蔽性好且不受外界电磁干扰的影响。

（2）可全天候在全球任何地点工作。

（3）提供位置、速度、航向和姿态角数据,产生的导航信息连续性好且噪声低。

（4）数据更新频率高，短期定位精度和稳定性好。

惯性导航系统具有以下缺点。

（1）导航信息经过积分产生，定位误差随时间增大，长期定位精度差。

（2）每次使用之前都需要较长的初始对准时间。

（3）不能给出时间信息。

5.3.2 航位推算技术

航位推算（dead reckoning，DR）技术是一种常用的自主式车辆定位技术。与 GPS 相比，DR 技术不用发射接收信号、不受电磁波影响、机动灵活，只要是车辆能达到的地方就能定位。但是由于其误差随时间增大，因此只能在短时间内获得较高的精度，不宜长时间单独使用。

DR 技术实际上是利用载体上某时刻的位置，根据航向和速度信息推算当前时刻的位置，即根据实测的车辆行驶距离、航向计算位置和行驶轨迹。它一般不受外界环境影响，但由于其本身误差是随时间积累的，因此单独使用时不能长时间保持高精度。

DR 技术利用 DR 传感器测量位移矢量，从而推算车辆的位置。DR 技术的原理如图 5.10 所示。其中，(x_i, y_i)（$i=0, 1, 2, \cdots$）是车辆在 t_i 时刻的初始位置，航向角 θ_i 和行驶距离 S_i 分别是车辆从 t_i 时刻到 t_{i+1} 时刻的绝对航向和位移矢量长度。

由图 5.10 可推得

$$x_k = x_0 + \sum_{i=0}^{k-1} S_i \sin\theta_i \tag{5-7}$$

$$y_k = y_0 + \sum_{i=0}^{k-1} S_i \cos\theta_i \tag{5-8}$$

根据式（5-7）和式（5-8），(x_k, y_k)（$k=1, 2, \cdots$）是车辆在 t_k 时刻的位置。

由此可见，进行航位推算时，必须通过其他手段提供车辆的初始位置和初始航向角，要对位移和航向角的变化量实时采样，而且采样频率要足够高，从而近似认为在采样周期内车辆加速度为零。航位推算的误差随距离和时间积累，不能长期单独使用，可以借助 GPS 对定位误差进行补偿。

GPS/DR 组合导航定位系统由 GPS、电子罗盘、里程计和导航计算机等组成，如图 5.11 所示。

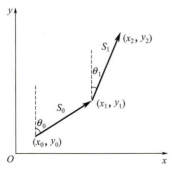

图 5.10　DR 技术的原理

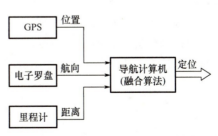

图 5.11　GPS/DR 组合导航定位系统的组成

GPS 独立给出车辆所在位置的绝对经度、纬度和海拔高度；电子罗盘作为航向传感器测量车辆的航向；里程计测量车辆单位时间内的续驶里程；导航计算机采集各传感器数据，并做航位推算、GPS 坐标变换及相关数据预处理，采用融合算法估计车辆的动态位置。GPS/DR 组合导航定位系统是一种低成本的导航系统，在其上进行 GPS/DR 数据融合可以实现较高精度的导航定位。

实现 GPS/DR 组合定位的关键在于数据融合，以达到最佳定位效果。GPS/DR 组合定位的数据融合方法很多，常采用卡尔曼滤波法。将卡尔曼滤波法应用于 GPS/DR 组合导航定位系统，就是将 GPS 和 DR 技术的定位信息综合用于定位求解，通过卡尔曼滤波补偿修正 DR 技术的状态，同时滤波后的输出能够为 DR 技术提供较准确的初始位置和初始航向角，从而获得比单独使用一种定位方法高的定位精度和稳定性。基于卡尔曼滤波法的 GPS/DR 组合导航定位系统如图 5.12 所示。

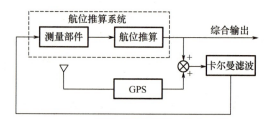

图 5.12 基于卡尔曼滤波法的 GPS/DR 组合导航定位系统

5.4 通信基站定位技术

作为移动通信网络不可缺少的网元，基站是移动终端与移动网络之间交互的重要组成部分。随着移动通信网络的迅速发展，越来越多的移动终端接入移动通信网络，也建立了越来越多的基站，为终端用户提供通信服务。因此，移动通信网络的基本定位技术就是通信基站定位技术。

常用的通信基站定位技术有到达角（angle of arrival，AOA）定位技术、到达时间（time of arrival，TOA）定位技术、到达时间差（time difference of arrival，TDOA）定位技术等。

5.4.1 到达角定位技术

到达角定位技术也称方位测量定位技术，其原理是多个基站接收移动台的角度信息，并依此计算移动台的位置，如图 5.13 所示。

假设有两个基站 BS_1 和 BS_2，α_1 和 α_2 分别是移动台 MS 到两个基站 BS_1 和 BS_2 的达到角度，则

$$\tan\alpha_i = \frac{x - x_i}{y - y_i} \tag{5-9}$$

求解式 (5-9)，可估算出移动台的坐标 (x, y)。

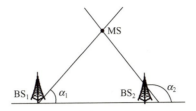

图 5.13 到达角定位技术的原理

5.4.2 到达时间定位技术

到达时间定位技术是基于时间的定位技术,也称圆周定位技术。它是通过测量两点间的电波传播时间来计算移动台的位置的。如果能够获取三个以上基站到移动台的传播时间,那么可在以 (x_i,y_i) 为圆心、以 $c\times t_i$ 为半径的圆上得到移动台的位置,如图 5.14 所示。

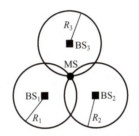

图 5.14 到达时间定位技术的原理

假设有三个基站 BS_1、BS_2、BS_3,R_i 表示基站 i 与移动台 MS 的直线距离,则移动台应该位于半径为 R_i、圆心在基站 i 所在位置的圆周上。记移动台坐标为 (x_0,y_0),基站坐标为 (x_i,y_i),则两者满足

$$(x_i-x_0)^2+(y_i-y_0)^2=R_i^2 \tag{5-10}$$

在实际无线电定位中,已知电磁波在空中的传播速度为 c,如果能够测得电磁波从移动台到达基站 i 的时间 t_i,则可求出基站与目标移动台的距离 $R_i=c\times t_i(i=1,2,3)$,联立式(5-10)构成三个方程组,可以求得移动台的位置坐标 (x_0,y_0)。

5.4.3 到达时间差定位技术

到达时间差定位技术也称双曲线定位技术,其原理如图 5.15 所示,利用移动台到达不同基站的时间不同,获取到达各基站的时间差,建立方程组,求解移动台坐标。这种定位技术要求各基站的时间同步。移动台位于以两个基站为交点的双曲线上,建立多个双曲线方程,求解双曲线交点,从而得到移动台坐标。

基站与移动台的距离差通过测量信号从两个基站同时出发到达移动台或从移动台出发到达两个基站的时间差 t_{21} 和 t_{31} 确定,即 $R_{21}=R_2-R_1=c\times t_{21}$,$R_{31}=R_3-R_1=c\times t_{31}$。移动台坐标 (x_0,y_0) 和基站坐标 $(x_i,y_i)(i=1,2,3)$ 之间的关系为

$$(\sqrt{(x_0-x_2)^2+(y_0-y_2)^2}-\sqrt{(x_0-x_1)^2+(y_0-y_1)^2})^2=R_{21}^2 \tag{5-11}$$

$$(\sqrt{(x_0-x_3)^2+(y_0-y_3)^2}-\sqrt{(x_0-x_1)^2+(y_0-y_1)^2})^2=R_{31}^2 \tag{5-12}$$

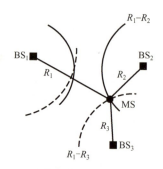

图 5.15 到达时间差定位技术的原理

求解式（5-11）和式（5-12）得到移动台坐标，然后根据先验信息消除坐标的模糊性，求得移动台的真实位置。到达时间差定位技术是蜂窝网络主要采用的定位技术。

5.4.4 混合定位技术

混合定位技术是融合不同的测量信息和特征值，对移动台进行定位的技术。常见的混合定位技术有到达时间差定位技术/到达角定位技术、到达时间差定位技术/到达时间定位技术、到达时间定位技术/到达角定位技术、到达时间差定位技术/场强定位等。

场强定位技术的基本原理与到达时间定位技术的原理相似，移动台利用接收的场强值求解移动台坐标。场强定位技术容易受到外界环境的影响，定位精度不高。

5.4.5 通信基站定位技术的典型应用

1. 车联网应用

提到汽车定位，通常会想到车载 GPS 或 BDS，然而这种源于汽车导航和物体跟踪的应用无法适应对定位精度、响应时间、数据回传等物联网应用的需求。通信基站定位系统是车联网平台中连接用户、网络及终端的重要组成部分，连接车载网关、遥信设备与外部移动通信网络的数据，并提供高效、便捷的遥信、遥控、遥测等服务。

例如，车载视频监控通过前端车载设备采集图像信息，通过移动通信网络将数据实时回传至监控中心，分析数据后获取汽车位置，使监控中心实时掌握汽车的情况。特别是在长途客车、长途货车等的交通运输监控方面，车载定位及信息无线回传显得尤为重要。通常，基于位置服务的车联网应用包括为用户提供车联网地图、车联网导航、汽车信息控制、汽车自动驾驶等。

2. 紧急救援应用

与卫星定位相比，通信基站定位由用户主动或被动发送手机信号来建立双向链路，更便捷、更有效。在紧急搜救中，用户发出求救信号或拨打求救电话，在移动通信基站与用户移动终端之间建立通信链路，在移动通信基站位置已知及相关测量时间可获取的情况下，采用到达时间定位技术、到达角定位技术等获取用户位置，为紧急救援带来便利并提高了救援效率，从而赢得更多时间，减少人员伤亡和财产损失。

5.5 即时定位与地图构建技术

1. 即时定位与地图构建技术的定义

即时定位与地图构建（simultaneous localization and mapping，SLAM）技术是指搭载特定传感器的主体在没有环境先验信息的情况下，在运动过程中建立环境模型，同时估计自己运动的技术。如果传感器为相机，则为视觉 SLAM；如果传感器为激光雷达，则为激光 SLAM。

SLAM 包含感知、定位、建图三个过程。

（1）感知。感知是指无人驾驶汽车通过传感器获取周围环境信息。

（2）定位。定位是指通过传感器获取当前信息和历史信息，并推测出自身位置和姿态。

（3）建图。建图是指根据自身位姿以及传感器获取的信息，描绘出所处环境的样貌。

感知是 SLAM 的必要条件，只有感知到周围环境信息，才能可靠地定位和建图；定位和建图是一个相互依赖的过程：定位依赖已知地图信息，建图依赖可靠定位。定位和建图的数据包含感知到的自身相对位移及对位移的修正。

SLAM 问题基本上可以分为前端和后端两个部分。前端主要处理传感器获取的数据，并将其转化为相对位姿或其他交通参与者可以理解的形式；后端主要处理最优后验估计的问题，即位姿、地图等的最优估计。

2. 即时定位与地图构建技术的作用

无人驾驶汽车在行驶过程中需要实时对自身定位与跟踪，只有知道了自身位置以及周围环境信息才能规划与控制行驶路线。虽然在定位方面有很多成熟的技术，但它们或多或少都有一定的局限性。GPS 定位精度比较低，并且在室内或者严重遮挡的室外环境下无法定位；利用无线信号定位需要事先在使用场景内做好相应布置，普及性比较差；视觉 SLAM 技术主要有单目视觉 SLAM 技术和双目视觉 SLAM 技术，单目视觉 SLAM 技术得到的主要是二维地图信息，双目视觉 SLAM 技术可以利用两个位置的单目信息建立三维地图。但无论是双目视觉 SLAM 技术还是单目视觉 SLAM 技术都以摄像头为传感器，采集的图像信息容易受到光线等环境因素的干扰；而激光 SLAM 技术能够在光线较差的环境下工作，生成便于导航的环境地图等。

对于无人驾驶汽车，要想实现自主导航，必须解决三个问题，即"我在哪儿""我要去哪儿""我该如何去那里"。这三个问题分别对应自动驾驶技术中的自定位、路径规划和控制策略。无人驾驶汽车首先利用传感器感知周围环境，并对周围环境进行重建；然后通过观测数据计算当前位姿，并融合里程计、加速度计等传感器推算得到的位姿变化进行精准定位。与此同时，通过无人驾驶汽车的定位信息以及外部传感器在当前时刻的观测信息，对地图进行增量式更新，将建好的地图作为先验信息并进行下一步定位与建图，周而复始。在这个过程中，无人驾驶汽车在得到环境地图的同时，对自身位置作出准确判断，为后续路径规划与控制奠定了基础。

通俗来讲，SLAM 技术回答两个问题，即"我在哪儿""我周围是什么"，就如同人到了陌生环境，SLAM 技术试图解决的是恢复观察者自身和周围环境的相对空间关系，"我在哪儿"对应的是定位问题，"我周围是什么"对应的是地图构建问题，从而给出对周围环境的描述。回答完这两个问题，其实就完成了对自身和周围环境的空间认知，可以进行路径规划，最终到达目的地。在此过程中，还需要及时检测和躲避障碍物，保证行驶安全。

3. 视觉即时定位与地图构建技术

视觉 SLAM 技术如图 5.16 所示，包括视觉传感器数据、视觉里程计、后端非线性优化、回环检测和地图构建。

图 5.16 视觉 SLAM 技术

（1）视觉传感器数据。视觉 SLAM 技术主要读取和预处理相机图像信息。如果在机器人中，则还可能读取和同步码盘、惯性传感器等信息。

（2）视觉里程计。视觉里程计的任务是估算相邻图像间相机的运动以及局部地图，最简单的是两幅图像之间的运动关系。计算机是如何通过图像确定相机运动的呢？在图像上，只能看到一个个像素，知道它们是某些空间点在相机的成像平面投影的结果。所以，必须了解相机与空间点的几何关系。

视觉里程计又称前端，用于通过相邻帧间的图像估计相机运动，并恢复场景的空间结构。在相邻时刻运动轨迹串联，就构成了无人驾驶汽车的运动轨迹，从而解决了定位问题。另外，根据每个时刻的相机位置计算各像素对应的空间点的位置即可得到地图。

（3）后端非线性优化。后端非线性优化主要处理 SLAM 技术中的噪声问题。任何传感器都有噪声，除了要处理"通过图像估计相机运动"，还要关心这个估计带的噪声。

视觉里程计为后端提供待优化的数据及其初始值；后端负责整体优化过程，得到全局一致的轨迹和地图。后端往往面对的只有数据，不关心数据的来源。在视觉 SLAM 技术中，视觉里程计与计算机视觉研究领域更相关，比如图像的特征提取与匹配等。

（4）回环检测。回环检测也称闭环检测，表明无人驾驶汽车识别曾到达场景的能力。如果检测到回环，则把信息提供给后端处理。回环检测实际上是一种检测观测数据相似性的算法。对于视觉 SLAM 技术，多数系统采用较成熟的词袋模型。词袋模型把图像中的视觉特征聚类，然后建立词典，进而寻找每幅图像中的"单词"。也有研究者使用传统模式识别方法把回环检测建构成一个分类问题，通过训练分类器分类。

（5）地图构建。地图构建的原理是根据估计的轨迹，建立与任务要求对应的地图。地图是对环境的描述，但描述不是固定的，取决于视觉 SLAM 技术的应用。地图的表示方法主要有 2D 栅格地图、2D 拓扑地图、3D 点云地图和 3D 网格地图，如图 5.17 所示。

 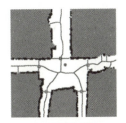

(a) 2D栅格地图　　　　　　　(b) 2D拓扑地图

(c) 3D点云地图　　　　　　　(d) 3D网络地图

图 5.17　地图的表示方法

① 2D 栅格地图。2D 栅格地图的基本原理是将环境划分为一系列栅格，并为每个栅格定义一个属性，如可以通行的区域、不可以通行的区域、有障碍物的区域、未知区域等。这种方法常用于以激光雷达为传感器的小范围场景，但描述大环境信息时，随着地图规模的扩大，栅格迅速增加，难以实时在线维护地图。

② 2D 拓扑地图。2D 拓扑地图的基本原理是将环境简化为一张由节点构成的拓扑图，拓扑图中的不同节点表示不同时刻无人驾驶汽车的位姿，两个节点间的连线表示不同时刻无人驾驶汽车位姿的约束关系。这种方法具有很强的抽象性，适合无须描述环境细节的大环境。构建拓扑地图后，可以采用发展成熟的高效算法进行路径规划。但是，由于拓扑地图的构建是基于准确识别拓扑节点的，因此，如果环境中存在多个相似的节点，就需要考虑区分它们的方法。

③ 3D 点云地图。3D 点云地图在视觉 SLAM 技术中应用较多，主要应用于真实场景的视觉重建，重建的地图非常直观。但是 3D 点云地图通常规模很大，比如一张 VGA 分辨率（640×480）的点云图像会产生 30 万个空间点，从而占据非常大的存储空间且存在很多冗余信息。

④ 3D 网格地图。3D 网格地图近似为真实的 3D 地图，可以清楚地看到周围环境，主要应用于激光 SLAM 技术。

4. 激光即时定位与地图构建技术

激光 SLAM 技术如图 5.18 所示。

（1）激光点云数据。激光雷达通过发射激光束来测量周围环境中障碍物的角度和距离，再通过一定的算法转换为以激光雷达为坐标系的三维坐标点，构成激光点云数据。

（2）前端匹配。前端匹配就是寻找前后两帧点云的对应关系，在给定无人驾驶汽车移动前后的两组激光点云数据的条件下提取有用信息，并通过迭代运算求得激光雷达的旋转平移参数，尽可能使前后两帧数据对准。

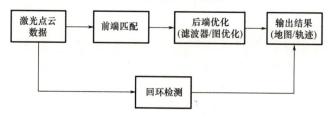

图 5.18 激光 SLAM 技术

(3) 后端优化。由于数据会受到噪声的影响，因此前端匹配一定会存在一定的误差，在这些噪声的影响下，希望通过带噪声的数据推断位姿和地图，从而构成一个状态估计问题。过去主要使用滤波器，尤其是扩展卡尔曼滤波器求解。卡尔曼滤波器关心当前时刻的状态估计，而不多考虑之前的状态。近年来，普遍使用非线性优化方法，对所有时刻采集的数据进行状态估计，并被认为优于滤波器。

(4) 回环检测。虽然后端能够估计最大后验误差，但在只有相邻关键帧数据的情况下，无法消除累积误差。回环检测模块能够给出除相邻帧外的一些更加久远的约束。当察觉激光雷达经过同一个地方时采集相似的数据，而回环检测的关键就是有效检测出激光雷达经过同一个地方。如果检测成功，就可以为后端的位姿优化提供更多有效数据，得到更好的估计结果。

(5) 输出结果。在上述过程中得到了每帧点云数据及其对应的位姿，可以将其拼接到全局地图中，更新地图，输出六自由度位姿和所需格式的地图。

激光 SLAM 技术的基本原理就是点云拼接。

5. 视觉即时定位与地图构建技术和激光即时定位与地图构建技术的比较

下面从成本、应用场景、地图精度、易用性角度比较视觉 SLAM 技术与激光 SLAM 技术。

(1) 成本。激光 SLAM 技术普遍价格较高，但国内也有低成本的激光 SLAM 技术解决方案。视觉 SLAM 技术主要通过摄像头采集数据信息，与激光雷达相比，摄像头成本低很多。但激光雷达能更高精度地测出障碍点的角度和距离，方便定位导航。

(2) 应用场景。视觉 SLAM 技术的应用场景更丰富。视觉 SLAM 技术在室内外环境下均能开展工作，但是对光的依赖程度高，在暗处或者一些无纹理区域无法工作。而激光 SLAM 技术主要用于在室内进行地图构建和定位导航。

(3) 地图精度。采用激光 SLAM 技术构建地图时，地图精度可达到 2cm；采用视觉 SLAM 技术时，若深度摄像机的测距范围为 3~12m，则构建的地图精度约为 3cm。可见，采用激光 SLAM 技术构建地图的精度比视觉 SLAM 技术高，并且能直接用于定位导航。

(4) 易用性。激光 SLAM 技术和基于深度相机的视觉 SLAM 技术均根据直接从环境中获取的点云数据测算障碍物位置以及与障碍物的距离。但是基于单目视觉 SLAM 技术、双目视觉 SLAM 技术和鱼眼摄像机的视觉 SLAM 技术不能直接获得环境中的点云数据，而是形成灰度图或彩色图像，需要不断改变自身位置并提取和匹配特征点，利用三角测距的方法测算出与障碍物的距离。

总体来说，激光 SLAM 技术更成熟，也是较可靠的定位导航方案；视觉 SLAM 技术是未来研究的主流方向，两者融合是必然趋势。

5.6 高精度地图

高精度地图的发展与无人驾驶汽车紧密相关,自从无人驾驶汽车上路公开测试,高精度地图产业应运而生并飞速发展。与以往的导航地图相比,高精度地图是专为自动驾驶而生的,其服务对象并非人类驾驶人,而是无人驾驶汽车。对于无人驾驶汽车而言,高精度地图是必备选项。一方面,高精度地图是为无人驾驶汽车规划路径的重要基础,能够为汽车提供定位、决策、交通动态信息等依据;另一方面,当无人驾驶汽车传感器出现故障或者周围环境较恶劣时,高精度地图能保证行驶安全。

高精度地图作为汽车自动驾驶系统的重要组成部分,比传统的导航电子地图更专注于自动驾驶场景,让无人驾驶汽车"人性化"地理解不断变化的道路现实环境,通过云端实时更新的高精度动态地图数据,在无人驾驶汽车感知、定位、决策、规划等环节起到重要作用。高精度地图是自动驾驶解决方案不可或缺的一环。

1. 高精度地图的定义

高精度地图就是精度更高、数据维度更多的电子地图。精度更高体现在精确到厘米级,数据维度更多体现在包括除道路信息外的与交通相关的周围静态信息。

高精度地图将大量行车辅助信息存储为结构化数据,这些信息可以分为以下两类。

(1) 道路数据,如车道线的位置、类型、宽度、坡度和曲率等车道信息。

(2) 车道周边的固定对象信息,如交通标志、交通信号灯等信息,车道限高、下水道口、障碍物及其他道路细节,高架物体、防护栏、道路边缘类型、路边地标等基础设施信息。

图 5.19 所示为高精度地图。

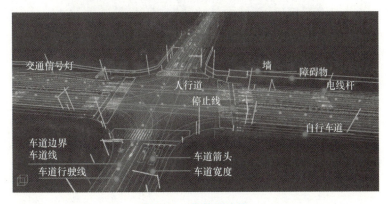

图 5.19 高精度地图

高精度地图分为高精度拓扑地图和高精度点云地图。

(1) 高精度拓扑地图。高精度拓扑地图如图 5.20 所示,它主要包含厘米级车道边线和中心线几何信息;车道线类型(白虚线/白实线/黄虚线/黄实线);车道线类(高速/城市道路/自行车道);车道连接信息(前续和后续车道);车道邻接信息(左车道/右车道/分叉车道/并道车道)；交通信息（交通信号灯/限速）。

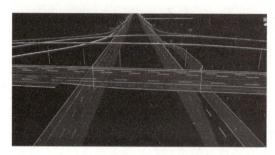

图 5.20　高精度拓扑地图

（2）高精度点云地图。高精度点云地图的原理是使用大量包含道路信息的点组成稠密的点云模拟道路环境，如图 5.21 所示。

图 5.21　高精度点云地图

对于一些特殊的道路标识（如交通信号灯、交通标志等），会为对应的点打上特殊的标签。带有标签的高精度点云地图如图 5.22 所示。

图 5.22　带有标签的高精度点云地图

2. 高精度地图的定位原理

高精度地图的定位原理如图 5.23 所示。对于离线地图，将其转变为瓦片地图，提取车辆所在位置的周围地图信息并进行体素化，转变为离散化的体素地图数据；对于车辆行驶过程中搜集的在线点云数据，提取其特征后进行离散化。最后，匹配体系地图数据和在线点云数据，生成定位结果。高精度地图定位不依赖卫星信号，精度较高，但是具有依赖高精度地图质量和车辆周围环境等的局限。

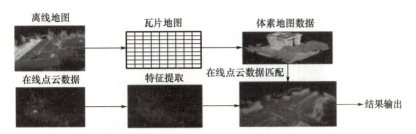

图 5.23 高精度地图的定位原理

总之,高精度地图可以解决环境感知中传感器在雨、雪、大雾天气中不适用的问题,在规划和决策中修正地理数据,提高准确度,并且大量减少车载传感器,降低整车成本,加快无人驾驶汽车的商用化。

高精度定位是无人驾驶汽车的核心技术,任何一种单一定位方式都不能实现高精度定位,必须采用组合定位方式。

3. 高精度地图的用途

在自动驾驶过程中,高精度地图是环境感知、轨迹预测、路径规划和高精度定位等模块的基础,好的高精度地图能让这些模块更加智能。

(1)环境感知。交通信号灯识别、车道线识别和障碍物识别是环境感知模块的三个基本任务,如图 5.24 所示。在交通信号灯识别任务中,有了高精度地图,环境感知模块只在当前车道前方有交通信号灯时才采用深度学习方法识别,一方面可以减少资源占用,另一方面减少了交通信号灯的误报、漏报;在车道线识别任务中,高精度地图能够提供车道数、车道宽度等信息;在障碍物识别任务中,高精度地图可以辅助更加精确地识别当前车道前方障碍(比如前方车辆),对车辆自适应巡航控制有很大帮助。

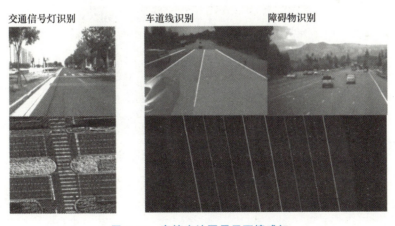

图 5.24 高精度地图用于环境感知

(2)轨迹预测。高精度地图可以辅助对道路上其他车辆的轨迹预测。例如,如果前方车辆在实线车道内行驶,就可以预测该车辆的变道可能性很小;如果前方车辆在最右侧车道行驶且前方有高速出口,就可以预测车辆可能驶出高速等,如图 5.25 所示。

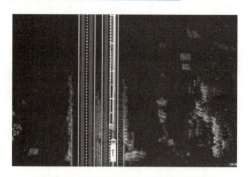

图 5.25　高精度地图用于轨迹预测

（3）路径规划。通过高精度地图反馈的车道线信息、限速信息、车辆当前位置、前方信息、坡度信息等，可以实现对车辆行驶速度、变道轨迹等的规划，如图 5.26 所示。

图 5.26　高精度地图用于路径规划

（4）高精度定位。高精度定位模块主要用于高精度点云地图，如图 5.27 所示。其中，白色部分为离线生成的点云地图，蓝色部分为实时采集的车辆行驶位置数据，通过将二者相匹配实现对车辆更加精准的定位。

图 5.27　高精度地图用于高精度定位

1. GPS 由哪几部分组成？其定位原理是什么？
2. BDS 由哪几部分组成？其定位原理是什么？
3. 车载导航定位系统由哪几部分组成？其在智能网联汽车上有什么应用？
4. 通信基站定位技术有哪些？分别有什么应用？

第 6 章

智能网联汽车决策规划与控制执行技术

教学目标

通过对本章的学习，读者能够掌握智能网联汽车的路径规划、行为决策、运动控制技术和线控技术。

教学要求

知识要点	能力要求	相关知识
智能网联汽车的路径规划	掌握路径规划的类型；了解环境模型建立方法和路径规划算法	路径规划
智能网联汽车的行为决策	了解行为决策流程；掌握行为决策方法	行为决策
智能网联汽车的运动控制技术	了解智能网联汽车运动控制的基本结构和类型；掌握智能网联汽车运动控制的方法；掌握智能网联汽车运动学模型和动力学模型	古典控制与现代控制、智能控制
智能网联汽车的线控技术	掌握汽车线控转向技术、汽车线控制动技术、汽车线控油门技术的定义、特点、组成与工作原理	线控技术

> **导入案例**
>
> 智能网联汽车的控制与执行是实现自动驾驶的保障。它是指把行为决策转化成具体的车辆控制指令,包括转向控制、制动控制等,以实现车辆的自主安全行驶。
>
> 图6.1所示为无人快递配送车。无人快递配送车要准确地把物品送到指定地点,就要实现路径规划、行为决策、运动控制,从而自动循迹、合理避障。
>
>
>
> 图6.1 无人快递配送车
>
>
>
> 路径跟踪仿真
>
> 智能网联汽车路径规划、行为决策和运动控制有哪些方法?什么是汽车线控转向技术、汽车线控制动技术和汽车线控油门技术?通过本章的学习,读者可以得到答案。

6.1 智能网联汽车的路径规划

6.1.1 路径规划的类型

智能网联汽车的决策与规划是指在一定环境模型的基础上,给定汽车起始点和目标点后,按照性能指标规划出一条无碰撞、能安全到达目标点的有效路径,如图6.2所示。

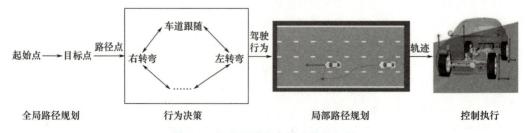

图6.2 智能网联汽车的决策与规划

在一套完整的自动驾驶系统中,如果将感知模块比作人的眼睛和耳朵,那么决策与规划模块就是自动驾驶的大脑。大脑接收传感器的感知信息后,对当前环境进行分析,然后对底层控制模块下达指令，这一过程就是决策与规划模块的主要任务。同时，决策与规划模块可以处理复杂的场景，这也是衡量和评价自动驾驶能力的核心指标。

典型的决策与规划模块可以分为三个层次：全局路径规划、行为决策和局部路径规划。

（1）全局路径规划。全局路径规划是指在接收一个给定的目标点后，结合地图信息，生成一条全局路径并作为后续具体局部路径规划的参考。

（2）行为决策。行为决策是指接收全局路径规划后，结合从感知模块得到的环境信息（包括其他车辆与行人、障碍以及道路上的交通规则信息等），作出具体的行为决策（如变道超车、跟随行驶等）。

（3）局部路径规划。局部路径规划是指根据具体的行为决策，规划一条满足特定约束条件（如车辆本身的动力学约束、避免碰撞、乘坐舒适性等）的轨迹并作为控制模块的输入，决定车辆的最终行驶路径。

全局路径规划算法属于静态规划算法。其原理是智能网联汽车以地图信息为基础进行路径规划，寻找一条从起始点到目标点的最优路径。通常全局路径规划的实现可以采用 Dijikstra 算法、A*算法、RRT 算法等经典算法，也可以采用蚁群算法、遗传算法等智能算法。

局部路径规划属于动态规划算法。其原理是智能网联汽车根据自身传感器感知周围环境，规划出一条安全行驶路线，常应用于超车、避障等情景。通常，可以采用动态窗口算法、人工势场算法、贝塞尔曲线算法等实现局部路径规划，也可以采用神经网络等智能算法。

全局路径规划需要掌握所有环境信息，并以此进行路径规划；局部路径规划只需由传感器实时采集环境信息，了解环境地图信息，然后确定所在位置及其局部障碍物分布情况，从而选出从当前节点到某子目标节点的最优路径。

路径规划直接关系到车辆行驶路径选择和行驶流畅度，而路径规划的性能在很大程度上取决于规划算法。迅速、准确地规划一条高效路径并具备应对场景动态变化的能力是路径规划算法应当解决的问题。

路径规划的主要步骤包括环境建模、路径搜索和路径平滑。

（1）环境建模。环境建模是路径规划的重要环节，用于建立一个便于计算机进行路径规划的环境模型，即把实际物理空间抽象成算法能够处理的抽象空间，以实现相互映射。

（2）路径搜索。路径搜索的原理是在环境模型的基础上应用相应算法寻找一条行驶路径，使预定的性能函数获得最优值。

（3）路径平滑。采用相应算法搜索的路径不一定是一条可行路径，需要进行进一步处理与平滑，使其成为一条实际可行的路径。

对于离散域范围内的路径规划问题或者在环境建模或路径搜索前已经分析路径可行性的问题，可以省略路径平滑。

6.1.2　环境模型建立方法

环境模型建立方法主要有可视图法、栅格法、自由空间法和拓扑法等。

1. 可视图法

在 C 空间（configuration space，位姿空间）中，运动物体缩小为一点，障碍物边界相应地向外扩展为 C 空间障碍。在二维情况下，扩展的障碍物边界可由多个多边形表示，用直线将物体运动的起始点 S 和所有 C 空间障碍物的顶点及目标点 G 连接，并保证这些直线不与 C 空间障碍物相交，形成一张图，称为可视图，如图 6.3 所示。由于任意两线段的顶点都是可见的，因此，从起始点 S 沿着这些直线到达目标点的所有路径均是运动物体的无碰路径。对图搜索可以找到最短无碰安全运动路径，搜索最优路径的问题就转化为从起始点到目标点经过这些可视线段的最短距离问题。

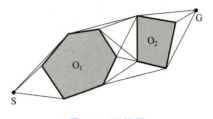

图 6.3　可视图

利用可视图法规划避障路径的关键是构建可视图，而构建可视图的关键是判断障碍物各顶点之间的可见性。判断主要分为两种情况：同一障碍物各顶点之间可见性的判断以及不同障碍物之间顶点可见性的判断。

可视图法的优点是概念直观、实现简单；缺点是灵活性不强，一旦车辆的起始点和目标点改变，就要重新构建可视图，而且算法的复杂性与障碍物的数量成正比，且不是任何时候都可以获得最优路径的。

2. 栅格法

栅格法的原理是用栅格单元表示整个工作环境，将主车的连续工作环境离散化，分解成一系列网格单元，如图 6.4 所示。一般情况下，栅格尺寸与主车尺寸相同，尽量把主车的工作环境划分为尺寸相同的栅格，但是也有尺寸不同的情况，主要根据实际情况确定。划分后的栅格分为两种，即自由栅格和障碍栅格。自由栅格指的是某栅格范围内不含任何障碍物；障碍栅格指的是某栅格范围内存在障碍物的栅格，有时可能整个栅格内布满障碍物，有时可能只有部分栅格有障碍物，但是只要有障碍物就称为障碍栅格。

栅格的标识方法有两种：直角坐标法和序号法。直角坐标法以栅格左上角第一个栅格为坐标原点，水平向右为 x 轴正方向，竖直向下为 y 轴正方向，每个栅格区间对应坐标轴上的一个单位长度。序号法的原理是从栅格阵左上角第一个栅格开始，按照从左至右、从

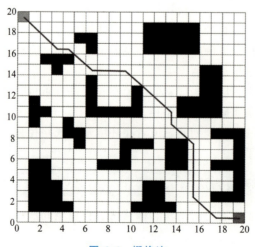

图 6.4　栅格法

上至下的顺序为每个栅格编号。

在均匀分解法中，栅格尺寸均匀分布，用数值表示占据栅格数。均匀分解法能够快速、直观地融合传感器信息；但是它采用相同尺寸的栅格，导致存储空间巨大，在大规模环境下路径规划计算复杂度增大。

为了克服均匀分解法存储空间巨大的问题，递阶分解法把环境空间分解为尺寸不同的矩形区域，从而减小环境模型所占空间。递阶分解法的典型代表为四叉树分解法和八叉树分解法。八叉树分解法是2D四叉树结构在3D空间的扩展，用层次式3D空间子区域划分代替尺寸相同、规则排列的3D栅格，能够较好地表示三维空间。

栅格法对环境空间的划分和操作都比较简单，有一致的规则，较容易实现。但由于连续的工作空间被划分为离散的栅格空间，没有考虑环境本身的固有特点，因此栅格属性代表的信息具有片面性，并且栅格法对栅格尺寸的划分有很强的依赖性，当栅格划分较小且环境很复杂时，搜索空间急剧增大，算法效率较低。

3. 自由空间法

自由空间法的原理是采用预先定义的广义锥形、凸多边形等基本形状构建自由空间，并将自由空间表示为连通图，然后通过搜索连通图进行路径规划，如图6.5所示。

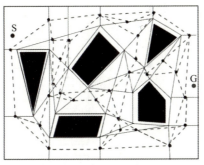

S—起始点；G—目标点。

图6.5　自由空间法

自由空间法比较灵活，起始点和目标点的改变不会造成连通图重构，但算法复杂度与障碍物数量成正比，且不是在任何情况下都能获得最优路径的。

4. 拓扑法

拓扑法的原理是根据拓扑结构上的一些特征将工作环境分成许多小空间，再由小空间之间的连通关系建立一个有拓扑结构关系的网络，如图6.6所示。

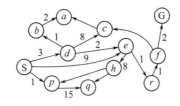

图6.6　拓扑法

拓扑法的基本思想是降维，即把在高维几何空间中求路径的问题转化为在低维拓扑空间中判别连通性的问题。将规划空间分割成具有一致拓扑特征的子空间，根据彼此的连通性建立拓扑网络，在网络中寻找起始点到目标点的拓扑路径，然后由拓扑路径求出几何路径。

在拓扑法中，用图形表示主车所处的环境，用点表示不同的地点，用弧表示不同点的相邻可达性。拓扑法的优点是无论环境多么复杂，都能找到无碰路径；缺点是建立拓扑网络的过程复杂，计算量庞大。当障碍物增加或障碍物位置改变时，修改原来的拓扑网络是很棘手的问题。

总之，环境模型建立方法很多，可以根据具体情况选择，也可以综合采用多种方法。

6.1.3 路径规划算法

路径规划算法主要分为传统规划算法、智能规划算法和基于采样的规划算法，如图6.7所示。

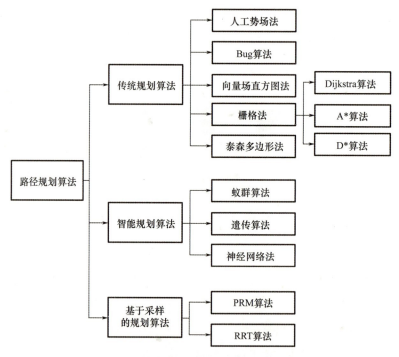

图6.7　路径规划算法

传统规划算法需要在结构化的环境中对障碍物进行准确的建模描述，其依赖环境的显示表达；智能规划算法具备一定的学习能力，对环境的适应能力强，能够在规划中不断获取新的信息用于优化路径；基于采样的规划算法通过碰撞检测判断候选路径采样点的可行性，从而避免对环境约束的显示表达（无须对环境建模）。

路径规划算法的比较见表6-1。

表 6-1　路径规划算法的比较

算法		实现机制与原理	优势	局限性
传统规划算法	人工势场法	借助力的合成规则，改变移动物体的运动方向	在二维空间中规划速度高	容易陷入局部极小值，产生振荡问题
	Bug 算法	向目标点移动，遇到障碍物时绕行	规划速度高，适用于实时路径规划	仅适用于二维空间，存在局部极小值问题
	向量场直方图法	向障碍物密度低的方向移动	可靠性高，计算效率高，鲁棒性强	不适用于狭窄区域，存在局部极小值问题
	栅格法 Dijkstra 算法	求解有权图顶点之间的距离	计算速度高，鲁棒性强	有权图中节点过多时，规划效率低
	栅格法 A*算法	寻找当前节点到目标点的最小估计代价	计算方式简单，规划路径短	计算量大，路径中的拐点较多
	栅格法 D*算法	寻找当前节点到目标点的最小综合代价	计算速度高，规划路径短	路径更贴近障碍物边缘，路径中的拐点多
	泰森多边形法	连接与障碍物有一定距离的边界而形成路径	距离障碍物较远，安全性高	不适用于高维空间，路径代价大
智能规划算法	蚁群算法	蚂蚁向信息素浓度高的地方移动	鲁棒性强	容易陷入局部最优
	遗传算法	种群通过交叉和变异产生新物种	渐进优化性强，克服局部最优	计算速度低，占用内存大
	神经网络法	根据人脑工作机理，构建神经网络模型	具有较强的学习能力和容错能力	需要事先训练模型，耗时较长
基于采样的规划算法	PRM 算法	在工作空间采用随机采样的方式构建路径网络图	适用于高维空间	计算量大，不适用于在线规划
	RRT 算法	随机树不断生长，向四周扩散	适用于高维空间，算法相对简单，扩展快，适用于微分约束	随机性强；路径代价高；随着环境复杂程度的提高，计算效率降低

6.2 智能网联汽车的行为决策

6.2.1 行为决策流程

因为车辆自动驾驶不是单一变量问题，车辆在行驶过程中遇到的行为既包含车辆本身的行为，又包含道路上其他行人、车辆的行为，所以行为决策主要包含两个方面，一个是对交通参与者的行为预测，另一个是车辆自身的行为决策。

（1）对交通参与者的行为预测。对交通参与者的行为预测可以通过多种算法实现，例如构建一套预测模型。但是有的人会问，道路上其他车辆加速转弯等行为存在很高的不确定性，如何在这种情况下构建预测模型呢？

比较常用的方法是采用高斯噪声代表交通参与者运动的不确定性，因为大部分交通参与者的行为都服从正态分布，所以整个模型构建可以看作一个高斯过程。对交通参与者的行为和意图的预测可以看作一个动态时序过程，采用深度学习的长短期记忆神经网络解决相应的问题。长短期记忆神经网络也称时间循环神经网络，如图 6.8 所示。

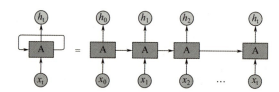

图 6.8　长短期记忆神经网络

（2）车辆自身的行为决策。车辆自身需要决策的指令集包含行驶、跟车、转弯、变道、停车等。需要在一个场景下判别车辆决策方法和具体决策。

智能网联汽车决策机制流程如图 6.9 所示。车载终端内部设定目的地且汽车上路行驶后，通过传感设备感知并采集交通场景信息（包括车辆运行状态和外界道路环境条件），然后将这些信息输入内置数据处理系统进行数据融合处理，以获取驾驶决策机制所需输入变量。依据这些输入变量，驾驶决策机制调用内部存储的后台决策知识经验库，匹配正确的驾驶决策，然后将该驾驶决策指令输送给控制系统，控制系统控制执行机构（转向系统、踏板和自动换挡）进行相应的操作。

图 6.9　智能网联汽车决策机制流程

在整个采集、转移和执行信息的过程中,驾驶决策机制扮演着关键角色,它是控制智能网联汽车的"中枢神经系统"。驾驶决策机制内部的后台决策知识库中存储采用机器学习算法进行离线学习而获取的驾驶人的决策经验规则,该规则是通过分析经验驾驶人决策行为及决策场景信息后提取的,每条规则都由条件属性和决策属性构成,其中条件属性是指影响驾驶人决策的车辆状态信息和道路条件信息,决策属性是指驾驶人经常采取的三种驾驶决策(包括自由行驶、车辆跟驶及变换车道)。

由于智能网联汽车驾驶决策的知识经验只是条件和决策匹配的规则,且无驾驶人参与,因此智能网联汽车驾驶决策仅受外界环境因素(车辆运行状态和道路环境条件)的影响。车辆运行状态是指本车与周围车辆的相对运行状态,包括车辆间距、相对车速等,大多将这些微观车辆因素作为驾驶决策参考指标,在正常道路环境条件下,这些因素的变化实时决定车辆下一时刻的驾驶决策。道路环境条件是指受天气、道路几何结构影响的道路环境因素,主要包括道路附着系数、曲率、道路坡度及能见度等。在相同的车辆运行状态条件下,恶劣的道路环境条件会影响车辆对外界环境的感知功能,降低车辆系统的灵敏度。

6.2.2 行为决策方法

无人驾驶汽车的行为决策方法有基于规则的行为决策方法和基于强化学习的行为决策方法。

1. 基于规则的行为决策方法

基于规则的行为决策方法较常用。其主要原理是对无人驾驶汽车的运动行为进行划分,根据当前任务路线、交通环境、交通法规以及驾驶规则知识库等建立行为规则库,对不同的环境状态进行行为决策逻辑推理,输出驾驶行为,同时接受运动规划层对当前行为执行情况进行实时动态调整,如图 6.10 所示。

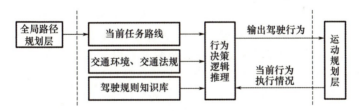

图 6.10 基于规则的行为决策方法

在基于规则的行为决策方法中,有限状态机法是具有代表性的方法,其具有实用性强、可靠性高和逻辑推理清晰等特点。有限状态机是一种离散的数学模型,用来研究有限个状态以及状态之间的转移,其主要包括有限状态集合、输入集合和状态转移规则集合三部分。状态、转移、事件和动作是有限状态机的四大要素。

基于规则的超车行为决策方法主要分为超车顶层状态机和超车子状态机,如图 6.11 所示。

在超车顶层状态机下设置超车子状态机,对超车过程中不同驾驶阶段的转换进行逻辑建模。超车行为决策与人类驾驶行为类似,在超车子状态机下包括左变道准备、左变道、

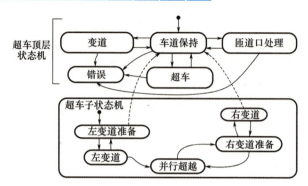

图 6.11　基于规则的超车行为决策方法

并行超越等。左变道准备为超车子状态机的默认初始状态,在左、右变道状态下,智能网联汽车开启相应的转向信号灯,产生一定的转向偏移,以提示后方车辆。同时,智能网联汽车根据左后或右后车辆的避让状态决定是否进行下一步超车计划。并行超越主要用于车辆超车阶段,指导车辆在超车过程中的速度变化、转向盘转角变化等,并指导车辆在超车完成后及时返回原来的车道,减少超车过程中的风险。

基于规则的行为决策方法具有易搭建和调整、实时性好、应用简单等优点;但是其难以适应所有情况而需要进行针对性调整,驾驶规则知识库易重叠而失效,有限状态机难以覆盖车辆可能遇到的所有工况而导致决策错误。

2. 基于强化学习的行为决策方法

随着人工智能技术的飞速发展,学习算法越来越多地应用于智能网联汽车的行为决策方面,极大地推动了无人驾驶汽车的发展。基于强化学习的行为决策方法的原理是利用学习算法进行决策,利用智能网联汽车的传感器感知周围环境信息并将其传递给强化学习决策系统,此时强化学习决策系统相当于人脑,对各类信息进行分析和处理,然后结合经验对无人驾驶汽车作出行为决策。

基于强化学习的行为决策方法主要有支持向量机决策方法、马尔科夫决策方法、强化学习方法等。这些行为决策方法通过大量数据更容易覆盖全部工况以及不同场景。如Waymo公司通过模拟驾驶及道路测试获取大量数据,以对基于强化学习的行为决策系统进行训练,使得该系统对物体的检测性能极大提高,还可以对障碍物进行语义理解等。

由于基于强化学习的行为决策方法具有强大的数据训练集,因此可以减小环境的不确定性因素带来的影响;但是它需要对大量数据进行预处理,计算量大,实时性差。

图 6.12 所示为强化学习决策过程。可以看到,智能体根据当前观测的状态 S_t 输出一

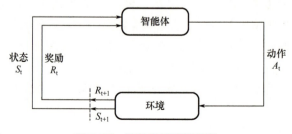

图 6.12　强化学习决策过程

个动作 A_t，每个时间步都与环境进行交互，以获得下一时刻的状态 S_t+1 和根据状态得到的相应奖励 R_t+1，由此循环往复，直到奖励函数达到一个收敛值或判断每个时刻的状态是否结束。

基于强化学习的驾驶行为决策过程如图 6.13 所示。

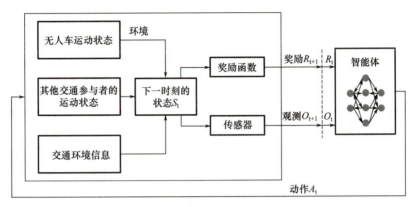

图 6.13　基于强化学习的驾驶行为决策过程

随着人工智能、强化学习、机器学习等的快速发展，结合上述两种方法的优势，顶层采用基于规则的行为决策方法，底层采用基于强化学习的行为决策方法，可以发挥学习算法的优势，增大场景的遍历深度，两种方法优势互补，必将成为智能网联汽车行为决策的发展方向。

6.3　智能网联汽车的运动控制技术

6.3.1　智能网联汽车运动控制的基本结构

智能网联汽车的运动控制主要是指车辆的纵向控制和横向控制，纵向控制是指车辆的驱动控制和制动控制，横向控制是指转向盘转角控制和轮胎作用力控制。

智能网联汽车纵向控制和横向控制的基本结构如图 6.14 所示。

1. 纵向控制

车辆纵向控制是指在行车速度方向上的控制，即车速以及自车与前后车或障碍物距离的控制。自适应巡航控制系统和自动紧急制动系统都是典型的自动驾驶纵向控制系统。这类控制问题可归结为对发动机或电动机、传动系统和制动系统的控制。针对轮胎作用力的滑移率控制是纵向控制的关键。

2. 横向控制

车辆横向控制是指垂直于运动方向的控制，对车辆来说就是转向控制。其目标是控制车辆自动保持期望的行驶轨迹，并在不同的车速、载荷、风阻、路况下具有很好的乘坐舒适性和驾驶稳定性。

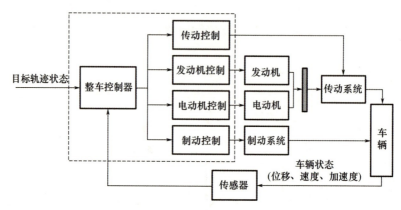

(a) 纵向控制的基本结构

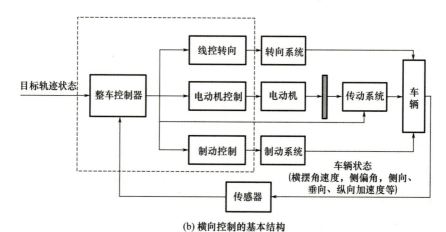

(b) 横向控制的基本结构

图 6.14　智能网联汽车纵向控制和横向控制的基本结构

纵向控制和横向控制耦合是实现自动驾驶的关键。

6.3.2　智能网联汽车运动控制的类型

智能网联汽车运动控制可以按汽车模型、控制理论及控制内容分类。

1. 按汽车模型分类

智能网联汽车自主循迹控制按汽车模型分为汽车转向几何学模型、汽车运动学模型和汽车动力学模型。

(1) 汽车转向几何学模型。汽车转向几何学模型是智能网联汽车自主循迹控制中使用广泛的汽车模型，其使用一个简单的公式表示智能网联汽车前轮转角与期望道路轨迹之间的几何关系。汽车转向几何学模型又分为非预瞄和基于预瞄两种方式。汽车转向几何学模型易理解、控制方法简单，在智能网联汽车横向控制方面有着广泛应用。

(2) 汽车运动学模型。汽车运动学模型揭示汽车在全局坐标系中的位移与汽车的车速、横摆角、前轮转角之间的关系。汽车运动学模型可以很好地解决智能网联汽车编队跟随控制问题。但由于其模型复杂，计算量较大，增加了工程应用中可能存在的错误，而且在运算过程中需要计算道路曲率的一阶导数、二阶导数，无形中要求道路连续且平顺，因此在独立的智能网联汽车运动控制中应用较少。

（3）汽车动力学模型。汽车动力学模型以牛顿力学定律为基本原理，揭示汽车受力与运动学变量之间的关系。汽车动力学模型易理解，应用时算法稍显复杂，其控制精度高于汽车转向几何学模型和汽车运动学模型。但由于普遍使用的线性二自由度汽车模型在建模中进行了一定的线性化假设，因此汽车动力学模型在非线性区的控制精度较低。

2. 按控制理论分类

智能网联汽车运动控制按控制理论分为经典控制理论、现代控制理论和智能控制理论。

（1）经典控制理论。经典控制理论提出的几种稳定性判据仍在智能网联汽车运动控制中使用，奈奎斯特判据和伯德图是判断智能汽车运动控制稳定性的重要方法。

（2）现代控制理论。现代控制理论是建立在状态空间法基础上的一种控制理论。系统辨识法、滑模变结构非线性法、最优控制等现代控制理论在智能汽车运动控制中得到了广泛应用。

（3）智能控制理论。智能控制理论在智能网联汽车运动控制领域取得了飞速发展。模糊控制不依赖对象的数学模型，而是通过输入信息、输出信息模仿人脑并利用先验知识进行模糊化推理，在智能网联汽车运动控制方面有着广阔的应用前景；模糊神经网络控制结合了模糊控制（知识表达容易）和神经网络控制（自主学习能力强）的优势，知识表达能力和自主学习能力提高，适用于智能网联汽车在非线性区的运动控制。

3. 按控制内容分类

智能网联汽车运动控制按控制内容分为横向控制和纵向控制。

（1）横向控制。横向控制分为补偿跟踪控制和预瞄跟踪控制。补偿跟踪控制的输入是当前时刻汽车行驶的状态信息和道路信息的偏差，控制器根据输入的偏差进行补偿校正，计算出相应的转向盘转角；预瞄跟踪控制是指根据模拟驾驶人驾驶汽车时的预瞄原理，以及未来某时刻汽车的期望位置和预计位置的差值进行控制。

（2）纵向控制。纵向控制常用于智能网联汽车的自适应巡航控制，其目的是使智能网联汽车在循迹时保持期望的既定车速，同时保持与前后车的安全距离。纵向控制归根结底是对汽车发动机（对于电动汽车是驱动电动机）和制动系统的控制。

6.3.3 智能网联汽车运动控制的方法

智能网联汽车运动控制的方法有传统控制方法和智能控制方法。

1. 传统控制方法

传统控制方法主要有 PID 控制、模糊控制、最优控制等。

（1）PID 控制。PID 控制是利用设置给定目标值与实际输出值构成的偏差，对被控对象进行的一种线性控制方法，控制系统通常由被控对象和 PID 控制器两部分组成。

PID 控制原理如图 6.15 所示，包括比例环节、积分环节和微分环节。图中，$u(t)$ 为给定目标值；$e(t)$ 为控制偏差，即 PID 控制器的输入；$r(t)$ 为控制量，即 PID 控制器的输出；$y(t)$ 为被控对象的实际输出值。

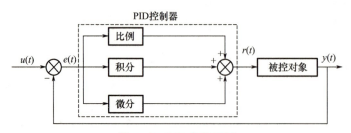

图 6.15　PID 控制原理

① 比例环节主要用于提高系统的动态响应速度和减小系统稳态偏差（提高系统的控制精度）。该环节成比例地反映控制系统的偏差信号，一旦产生偏差，控制器就立即发挥控制作用，以减小偏差，使实输出际值接近给定目标值。控制作用的程度主要取决于比例系数，比例系数过大，会使系统的动态特性变差，引起输出振荡，还可能导致闭环系统不稳定；比例系数过小，被控对象会产生较大静差，达不到预期控制效果，所以要选择合适的比例系数。

② 积分环节在一般 PID 控制中，当有较大扰动或大幅度改变给定目标值时，由于有较大的偏差，以及系统有惯性和滞后性，因此在积分项的作用下会产生较大的超调和长时间波动、振荡次数增加和调整时间延长，使系统的稳定性下降。通常用积分系数表示积分作用的程度，积分系数越大，积分作用越强，消除偏差的过程越快；但积分系数过大会导致系统不稳定。

③ 微分环节根据偏差信号的变化趋势进行修正，在偏差信号值过大之前，引入一个有效的修正信号，使系统动作加快，减少调节时间。

PID 控制方法简单、方便，只要适当地调整比例系数、积分系数和微分系数，就可以得到比较理想的控制效果。

（2）模糊控制。模糊控制属于智能控制。它的原理是模仿人的思维方式和人的控制经验，把人的经验形式转化并引入控制过程，再运用较严密的数学处理实现模糊推理，从而进行判断决策，以达到满意的效果。它首先将精确的数字量转换成模糊集合的隶属度函数；然后根据控制器制定模糊控制规则并进行模糊逻辑推理，得到隶属函数；最后找出一个具有代表性的精确值作为控制量，将其加到执行器上实现控制。

模糊控制器的基本结构如图 6.16 所示，包括变量定义（图中未标）、模糊化、规则库、模糊推理和解模糊五部分。

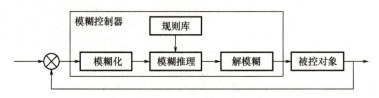

图 6.16　模糊控制器的基本结构

① 定义控制器输入和输出的语音变量，一般控制问题的输入变量有系统的误差 E 和误差变化率 EC，输出变量为执行器的控制量 U。

② 对输入变量、输出变量的精确量进行模糊化，并确定模糊子集。一般将模糊变量 E、EC、U 划分为七个模糊子集 {负大，负中，负小，零，正小，正中，正大} 或五个模糊子集 {负大，负小，零，正小，正大}，引入模糊子集的英文缩写，可以得到 {NB, NM, NS, ZO, PS, PM, PB} 或 {NB, NS, ZO, PS, PB}。利用模糊变量的隶属度函数为模糊变量赋值，得到精确数值的隶属度。

常见的隶属度函数有三角形隶属度函数、梯形隶属度函数、钟形隶属度函数、高斯曲线隶属度函数、两边型高斯隶属度函数、S 型隶属度函数、Z 型隶属度函数等。

③ 由若干条根据专家经验总结的规则组成，按照"if（E is PB）and（EC is NS）then（U is PB）"的形式表达。控制规则的产生方式：根据专家特定领域的经验知识，反复实验和修正形成；根据操作人员的成功操作模式形成；根据设定目标，应用自适应学习算法，增加或修改控制规则。

④ 根据模糊输入和规则库，采用模糊推理方法得到模糊输出。

⑤ 将得到的模糊输出转换成精确的控制信号，即将模糊量转化为精确量。在该转化过程中，常用的方法有最大隶属度法、取中位数法和重心法。最大隶属度法的原理是取模糊子集中隶属度最大的元素作为输出量，它完全排除了其他一切隶属度较小的元素的影响；取中位数法的原理是求出把隶属度函数曲线和横坐标之间包含面积平分为两部分之数，并作为输出量；重心法的原理是求出隶属度函数曲线和横坐标之间包含面积的重心位置，得出控制量的精确解。

模糊控制器具有以下优点。

① 设计时，无须建立被控对象的完整数学模型，降低了系统设计复杂性。

② 用语言式的模糊变量描述系统，便于使用自然语言进行人机对话。

③ 鲁棒性、适应性、容错性较好，尤其适用于非线性时变、滞后、模型不完全系统的控制。

模糊控制器具有以下缺点。

① 确立模糊化和清晰化时缺乏系统的方法，主要靠经验和试凑。

② 有时总结模糊控制规则比较困难。

③ 一旦确定控制规则，就不能在线调整，不能很好地适应情况变化。

④ 由于不具有积分环节，因此其稳态精度不高。

（3）最优控制。最优控制是现代控制理论的核心。它主要研究如下问题：在给定的数学模型和初始条件下，在满足一定约束条件下寻求最优控制策略，使给定系统从初始状态出发达到终止状态，性能指标取极大值或极小值。

最优控制的实现离不开最优化技术。最优化技术是研究和解决从一切可能的方案中寻找最优方案的技术。也就是说，最优化技术是研究和解决将最优化问题表示为数学模型以及根据数学模型尽快求出最优解这两大问题的。

用最优化技术解决实际工程问题可分以下三步进行。

① 根据最优化问题，建立最优化问题的数学模型，确定变量，列出约束条件和目标函数。

② 对所建立的数学模型进行具体分析和研究，选择合适的最优化方法。

③ 根据最优化方法的算法编写程序，求出最优解，并对算法的收敛性、通用性、简

便性、计算效率及偏差等作出评价。

设线性系统是可控的,其状态方程为

$$X = AX + BU + EW$$
$$Y = CX + DU \quad (6-1)$$

式中,X 为系统的状态向量;Y 为系统的输出向量;A 为系统矩阵;B 为控制矩阵;C 为输出矩阵;D 为传递矩阵;E 为扰动矩阵;U 为系统的控制向量;W 为系统的扰动向量。

评价控制系统性能的二次型性能指标为

$$J = \frac{1}{2}\int_{t_0}^{\infty}(X^{\mathrm{T}}QX + U^{\mathrm{T}}RU)\mathrm{d}t \quad (6-2)$$

式中,Q 为状态加权系数矩阵;R 为控制加权系数矩阵。

根据极小值原理,可求性能指标最小值的最优控制规律

$$U = -KX = -R^{-1}B^{\mathrm{T}}PX$$
$$K = R^{-1}B^{\mathrm{T}}P \quad (6-3)$$

式中,K 为最优反馈增益矩阵;P 由里卡蒂方程按一定的边界条件求得,即

$$-\dot{P} = PA + A^{\mathrm{T}}P - PBR^{-1}B^{\mathrm{T}}P + Q \quad (6-4)$$

对于定常系统,$t_f = \infty$,P 为常数,由里卡蒂方程求得

$$PA + A^{\mathrm{T}}P - PBR^{-1}B^{\mathrm{T}}P + Q = 0 \quad (6-5)$$

由式(6-5)可知,只要知道 A、B、R、Q,就可解得 P。

2. 智能控制方法

与传统控制方法相比,智能控制方法主要体现在对被控对象模型的运用和综合信息学习运用上,主要有模型预测控制、神经网络控制和深度学习等方法,并在智能网联汽车控制中得到了广泛应用。

(1)模型预测控制。模型预测控制是一种先进的控制方法,具有对模型要求低、能处理多变量和有约束控制等优点。模型预测控制更贴合实际应用情景,可改善控制系统在不确定性影响下保持良好状态的能力。

智能网联汽车的自适应巡航控制、车道保持辅助以及自动驾驶的路径跟踪等都可以利用模型预测控制技术。

模型预测控制系统由预测模型、参考轨迹、滚动优化和在线校正构成,如图6.17所

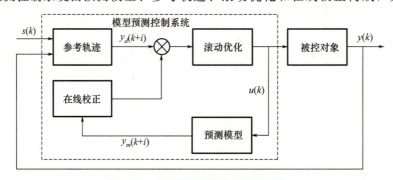

图 6.17 模型预测控制系统的组成

示。参考轨迹的输入分别为 $s(k)$ 和 $y(k)$,输出为 $y_d(k+i)$;预测模型的输入和输出分别为 $u(k)$ 和 $y_m(k+i)$;被控对象的输入和输出分别为 $u(k)$ 和 $y(k)$。参考轨迹是预期控制目标,它是一条平滑、缓和的期望曲线。预测模型是基于理论,依据历史信息,假设未来输入,建立用于预测未来状态的数学模型。滚动优化的原理是获得最优 $u(k)$,以滚动式有限时域进行优化,以某性能最优作为控制目标确定未来状态,反复在线运行。在线校正用于消除由模型失配或环境干扰导致的控制偏差,并对产生的偏差进行补偿,同时作为反馈,为下一个采样时刻的滚动优化提供数据,从而进行到新的优化。

滚动优化和在线校正可以克服系统的非线性和不确定性,提高系统的稳定性和鲁棒性。模型预测控制的基本思想是求解一个最优化问题,以获得最优控制序列控制未来的行为,如图 6.18 所示。曲线 1 为系统控制变量,曲线 2、曲线 4 分别为第 k 时刻、第 $k+1$ 时刻的参考曲线,对控制指标进行优化,获得对应时刻的最佳输出曲线 3、曲线 5,但是由于受到时变、迟滞等不确定性因素的影响,在 $k+1$ 时刻输出值与期望的优化值存在偏差 Δy,因此需要对第 k 时刻的预测曲线 7 进行误差补偿,得到第 $k+1$ 时刻的反馈曲线 6(校正后的优化曲线),然后进入下一时刻优化。

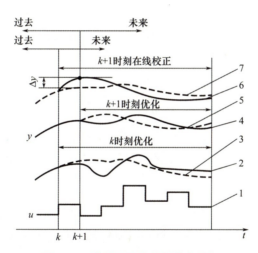

图 6.18 模型预测控制的基本思想

(2) 神经网络控制。一个简单的神经网络模型有输入层、隐藏层和输出层,如图 6.19 所示。输入层负责接收信号。隐藏层负责处理数据,处理结果被整合到输出层。每层中的一个圆代表一个神经元,也叫节点,若干神经元组成一个层,若干层又组成一个网络,即神经网络。神经元之间的连接为树突,负责数据输入;轴突负责数据输出。

(3) 深度学习。深度学习基于神经网络模型,深度体现在模型层数以及每层节点数。深度学习用于训练出一个成熟的模型,模型成熟的评判标准简单来说是输入值与目标值一致。

深度学习原理如图 6.20 所示。采用深度学习方法时,在神经网络的每一层找到权重值,在该层将输入值与目标值对应。由于最初的权重是随机赋值的,因此,输出值和目标值相差很大,通过损失函数计算的损失值也很大。对损失值进行反向传播,利用优化器不断调整权重,目标是让损失值降低。随着神经网络处理的输入越来越多,当循环足够多时，得到的权重值可以使损失函数最小，便完成了深度学习训练。

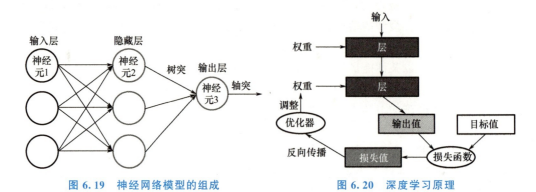

图 6.19 神经网络模型的组成　　　　图 6.20 深度学习原理

6.3.4　智能网联汽车运动学模型

智能网联汽车运动学模型揭示的是汽车在世界坐标系 XOY 中的位移与汽车车速、横摆角和前轮转角之间的关系，如图 6.21 所示。图中，x 和 y 为汽车后轮中心在世界坐标系中的坐标；x_f 和 y_f 为汽车前轮中心在世界坐标系中的坐标；L 为汽车轴距；θ 为汽车横摆角；δ 为汽车前轮转角。

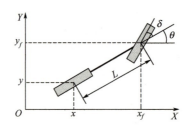

图 6.21　智能网联汽车运动学模型

汽车前后轮中心的坐标与汽车横摆角和前轮转角之间的关系为

$$\begin{cases} \dot{x}_f \sin(\theta+\delta) - \dot{y}_f \cos(\theta+\delta) = 0 \\ \dot{x} \sin\theta - \dot{y} \cos\theta = 0 \end{cases} \quad (6-6)$$

前轮坐标可以用后轮坐标和汽车轴距表示为

$$\begin{cases} x_f = x + L\cos\theta \\ y_f = y + L\sin\theta \end{cases} \quad (6-7)$$

消去 x_f 和 y_f 得

$$\dot{x}\sin(\theta+\delta) - \dot{y}\cos(\theta+\delta) - \dot{\theta}L\cos\delta = 0 \quad (6-8)$$

后轮的约束条件为

$$\begin{cases} \dot{x} = v_x \cos\theta \\ \dot{y} = v_x \sin\theta \end{cases} \quad (6-9)$$

可以求得

$$\dot{\theta} = \frac{v_x \tan\delta}{L} \quad (6-10)$$

汽车运动学模型为

$$\begin{bmatrix} \dot{x} \\ \dot{y} \\ \dot{\theta} \end{bmatrix} = \begin{bmatrix} \cos\theta \\ \sin\theta \\ \tan\delta/L \end{bmatrix} v_x \qquad (6-11)$$

在智能网联汽车的路径跟踪控制过程中,一般 $[x, y, \theta]$ 为状态量,$[v_x, \dot{\theta}]$ 为控制量,则汽车运动学模型可以转换为如下形式:

$$\begin{bmatrix} \dot{x} \\ \dot{y} \\ \dot{\theta} \end{bmatrix} = \begin{bmatrix} \cos\theta \\ \sin\theta \\ 0 \end{bmatrix} v_x + \begin{bmatrix} 0 \\ 0 \\ 1 \end{bmatrix} \dot{\theta} \qquad (6-12)$$

6.3.5 智能网联汽车动力学模型

将智能网联汽车简化为一个单轨二轮模型,引入以下假设。

(1) 忽略转向系统的作用,直接以前轮转角为输入。

(2) 忽略悬架的作用,认为汽车只做平行于地面的平面运动,即汽车沿 z 轴的位移、绕 y 轴的俯仰角和绕 x 轴的侧倾角均为零。

(3) 汽车沿 x 轴的纵向速度不变,只有沿 y 轴的侧向运动和绕 z 轴的横摆运动两个自由度。

(4) 轮胎侧偏特性处于线性范围。

(5) 前后轮的轮距相等,左右轮的转向角相等。

(6) 忽略空气动力的作用。

(7) 忽略由载荷变化引起的左右轮胎特性变化以及轮胎回正力矩的作用。

二自由度智能网联汽车行驶模型如图 6.22 所示。图中,v_x 为汽车质心前进速度;v_y 为汽车质心侧向速度;ω 为汽车横摆角速度;l_f 为汽车质心与前轴的距离;l_r 为汽车质心与后轴的距离;α_f 和 α_r 分别为前轮侧偏角和后轮侧偏角;δ 为前轮转向角;F_{yf} 和 F_{yr} 分别为前轮侧向力和后轮侧向力;F_{xf} 和 F_{xr} 分别为前轮纵向力和后轮纵向力。

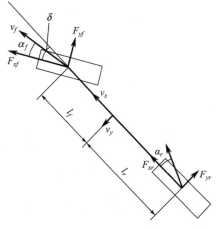

图 6.22 二自由度智能网联汽车行驶模型

前轮和后轮的侧偏角分别为

$$\alpha_f = \frac{v_y}{v_x} + \frac{l_f\omega}{v_x} - \delta$$

$$\alpha_r = \frac{v_y}{v_x} + \frac{l_x\omega}{v_x} \qquad (6-13)$$

假设轮胎侧向力在线性范围内,汽车前轮侧向力和后轮侧向力分别为

$$F_{yf} = K_{af}\alpha_f$$

$$F_{yr} = K_{ar}\alpha_r \qquad (6-14)$$

式中,K_{af} 和 K_{ar} 分别为前轮综合侧偏刚度和后轮综合侧偏刚度。

汽车质心处的侧向加速度为

$$a_y = \dot{v}_y + v_x\omega = \ddot{y} + \dot{x}\omega \qquad (6-15)$$

根据牛顿第二定律,列出二自由度智能网联汽车的微分方程

$$ma_y = F_{yf} + F_{yr}$$

$$I_z\dot{\omega} = l_f F_{yf} - l_r F_{yr} \qquad (6-16)$$

式中,m 为汽车质量;I_z 为汽车转动惯量。

汽车动力学方程为

$$m(\ddot{y} + \dot{x}\omega) = K_{af}\left(\frac{\dot{y}}{\dot{x}} + \frac{l_f\omega}{\dot{x}} - \delta\right) + K_{ar}\left(\frac{\dot{y}}{\dot{x}} - \frac{l_r\omega}{\dot{x}}\right)$$

$$I_z\dot{\omega} = l_f K_{af}\left(\frac{\dot{y}}{\dot{x}} + \frac{l_f\omega}{\dot{x}} - \delta\right) - l_r K_{ar}\left(\frac{\dot{y}}{\dot{x}} - \frac{l_r\omega}{\dot{x}}\right) \qquad (6-17)$$

其矩阵形式为

$$\begin{bmatrix}\ddot{y}\\\dot{\omega}\end{bmatrix} = \begin{bmatrix}\dfrac{K_{af}+K_{ar}}{m\dot{x}} & \dfrac{l_f K_{af}-l_r K_{ar}}{m\dot{x}}-\dot{x}\\\dfrac{l_f K_{af}-l_r K_{ar}}{I_z\dot{x}} & \dfrac{l_f^2 K_{af}+l_r^2 K_{ar}}{I_z\dot{x}}\end{bmatrix}\begin{bmatrix}\dot{y}\\\omega\end{bmatrix} + \begin{bmatrix}-\dfrac{K_{af}}{m}\\-\dfrac{l_f K_{af}}{I_z}\end{bmatrix}\delta \qquad (6-18)$$

如图 6.23 所示,建立世界坐标系 XOY 和汽车坐标系 xoy,设参考轨迹曲率为 ρ,汽车横摆角为 θ,参考轨迹对应参考横摆角为 θ_ρ。

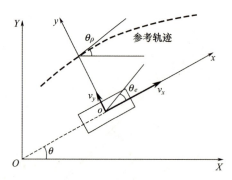

图 6.23 汽车运动关系

实际上,汽车在车道上平稳行驶时横摆角 θ 较小,考虑汽车坐标系与世界坐标系的转换关系,得到世界坐标系下汽车速度为

$$\begin{cases} \dot{Y} = \dot{x}\sin\theta + \dot{y}\cos\theta \approx \dot{x}\theta + \dot{y} \\ \dot{X} = \dot{x}\cos\theta - \dot{y}\sin\theta \approx \dot{x} + \dot{y}\theta \end{cases} \tag{6-19}$$

研究汽车横向控制时,参考轨迹纵向速度不变,选取状态变量 $x_n = [\dot{y}, \theta, \omega, Y]$,控制量 u_n 为前轮转角 δ,输出量 $y_n = [\theta, Y]$。

得到状态方程为

$$\begin{bmatrix} \ddot{y} \\ \dot{\theta} \\ \dot{\omega} \\ \dot{Y} \end{bmatrix} = \begin{bmatrix} \dfrac{K_{af} + K_{ar}}{m\dot{x}} & \dfrac{l_f K_{af} - l_r K_{ar}}{m\dot{x}} - \dot{x} & 0 & 0 \\ 0 & 0 & 1 & 0 \\ \dfrac{l_f K_{af} - l_r K_{ar}}{I_z \dot{x}} & \dfrac{l_r^2 K_{af} + l_f K_{af}}{I_z \dot{x}} & 0 & 0 \\ 1 & \dot{x} & 0 & 0 \end{bmatrix} \begin{bmatrix} \dot{y} \\ \theta \\ \omega \\ Y \end{bmatrix} + \begin{bmatrix} -\dfrac{K_{af}}{m} \\ 0 \\ \dfrac{l_f K_{af}}{I_z} \\ 0 \end{bmatrix} \delta \tag{6-20}$$

6.4 智能网联汽车的线控技术

6.4.1 汽车线控转向技术

1. 线控转向系统的定义

汽车线控转向技术就是将传统的汽车机械操纵系统转变成通过高速容错通信总线与高性能中央处理器相连的电气系统的技术。汽车线控转向技术包括线控换挡系统、线控制动系统、线控悬架系统、线控增压系统、线控油门系统及线控转向系统。在智能网联汽车上,智能感知单元通过线束将指令传递给转向系统或制动系统来实现车辆的操控,可见,线控转向系统和线控制动系统是关键技术。无论是哪类汽车线控转向技术,目标都很明确,都使汽车结构更简单、质量更轻、制造更方便、运行更高效。

线控转向系统可以根据驾驶人的指令,保持或者改变汽车的行驶方向,其转向特性是影响汽车操作稳定性的主要因素。随着科学技术的不断进步,传统转向系统由纯机械式转向系统、传统液压助力转向系统、电控液压助力转向系统发展到当下普遍应用的电动助力转向系统。传统转向系统受制于自身设计形式和机械连接,传动比固定或者可变范围很小,不能兼具不同转向盘转角和不同车速下的转向性能,增加了驾驶人的操作负担。随着汽车技术和电子控制技术的发展,线控转向技术开始应用在智能网联汽车上,线控转向系统应运而生。

线控转向系统就是把依靠转向管柱连接转向机构来实现转向的传统方式,转换为通过传感器检测转向盘角度信号,并通过计算机控制伺服电机来实现驱动转向的转向系统。驾驶人对转向盘的操作只是在驱动一个转角传感器,并由转向盘电动机提供转动阻尼和回馈,转向盘与前轴转向机构之间没有任何刚性连接,如图 6.24 所示。

线控转向系统取消了转向盘与转向执行机构之间的机械部分,采用电控技术完成驾驶人转向指令的传递和路感反馈。由于其不受机械连接的约束,因此理论上可以自由设计传

图 6.24 汽车线控转向系统

动比，使角传递特性和力传递特性随着转向盘转角和车速的变化而变化，保证转向灵敏度与车速呈线性关系，降低了驾驶人掌握汽车转向特性的难度，避免由不同车速下汽车转向特性的变化导致的驾驶人操作不当的问题。线控转向系统根据当前检测的汽车状态参数主动对前轮转角进行补偿和调整，实现主动转向控制，提高汽车的操作稳定性。同时，线控转向系统由路感电动机模拟产生路感，可以过滤掉干扰信号，优化驾驶人的驾驶体验。此外，由于线控转向系统中的机械结构减少，转向系统强度降低，因此在碰撞中容易发生变形，减少了转向盘和转向管柱在碰撞事故中对驾驶人的伤害，提高了汽车的被动安全性能。线控转向系统作为实现自动驾驶的关键技术，易与其他主动安全技术（如防抱装置、车身电子稳定系统等）结合，利于底盘一体化的设计。

2. 线控转向系统的特点

与传统转向系统相比，线控转向系统具有以下特点。

（1）线控转向系统采用电子控制单元实现对汽车转向的控制，理论上可以自由设计转向系的角传递特性和力传递特性。

（2）提高汽车操作稳定性。线控转向系统不受传统转向系统设计方式的限制，可以设计出符合人们期望的理想传动比。理想传动比可以随着汽车运动状态的变化而变化，根据车速和转向盘转角等参数，采用控制策略确定合适的传动比，从根本上解决了存在已久的"轻"与"灵"的矛盾，减轻了驾驶人的操作负担。同时，线控转向系统还可以实时监控前轮转角和汽车响应情况，并根据控制策略主动作出补偿操作，提高了汽车操作稳定性。

（3）优化驾驶路感。传统转向系统通过机械连接将车辆运动状态和路面信息反馈给驾驶人，不能主动过滤路面干扰因素。线控转向系统可以筛选路面颠簸等干扰因素，提取能够反映汽车实际行驶状态和路面信息的因素并作为路感模拟的依据，考虑驾驶人的习惯，由主控制器控制路感电动机产生良好的路感，优化驾驶人的驾驶体验。

（4）节省空间，提高被动安全性。取消了传统转向系统中的转向轴和转向管等机械部分，增大了驾驶人的活动空间，并方便了车内布置的设计；同时机械部件减少，降低了转向系统强度，使其在碰撞中更易变形，汽车发生事故时减少了转向系统对驾驶人的伤害。

（5）提高转向效率，降低能源消耗。线控转向系统不依赖机械传递，其总线信号的传递速度高，缩短了转向响应时间，转向效率提高；同时机械传动减少，传动效率提高，整车质量减轻，降低了燃油消耗，更加节能环保。

（6）无人驾驶汽车使用线控转向系统，其原理是通过中央计算机收集数据并传输至转向系统,再由转向系统将数据转换为机械转向功能,实现转向。

3. 线控转向系统的组成

汽车线控转向系统的组成如图 6.25 所示,包括转向盘模块、转向控制模块和转向执行模块。

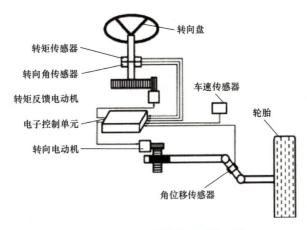

图 6.25　汽车线控转向系统的组成

(1) 转向盘模块。转向盘模块包括转向盘、转矩传感器、转向角传感器、转矩反馈电动机和机械传动装置。转向盘模块的主要作用是接收驾驶人输入的转向盘转角或者转矩信号,通过传感器将信号转换为电信号并传递给转向控制模块,转向控制模块根据控制策略产生相应的信号并传递给转向执行模块;同时,转矩反馈电动机根据转向控制模块发出的控制信号产生相应的回正转矩,为驾驶人提供不同工况下的路感信息。

(2) 转向控制模块。转向控制模块包括车速传感器和电子控制单元,也可以增加横摆角速度传感器、加速度传感器。转向控制模块是线控转向系统的控制中心和决策中心,也是线控转向系统的核心部分。它通过采集传感器信号,对驾驶人意图和当前汽车状态进行判断,根据提前设定的控制策略作出合理决策。转向控制模块一方面控制转向执行模块,保证汽车准确执行驾驶人输入的转向指令,并保证汽车的操作稳定性;另一方面控制转矩反馈电动机,保证为驾驶人提供舒适良好的路感。

(3) 转向执行模块。转向执行模块包括角位移传感器、转向电动机、齿轮齿条转向机构和其他机械转向装置等,其功能主要是接收转向控制模块发出的转向指令,并由转向电动机产生合适的转矩和转角,控制车轮转向;同时,前轮角位移传感器实时监测前轮转角及其变化,并接收路面信息,将其转换为电信号反馈给转向控制模块,作为路感模拟的输入信号。

除此之外,故障容错系统是线控转向系统不可或缺的重要部分,它时刻监测线控转向系统各部分的反馈状态和工作情况,针对不同的故障形式采取不同的处理措施,当部分硬件或软件出现故障时,保证汽车仍具有基本的转向能力。线控转向系统采用严密的故障检测和处理逻辑,以最大程度地提高汽车安全性能。

图 6.26 所示为汽车线控转向系统实物。

图 6.26 汽车线控转向系统实物

4. 线控转向系统的工作原理

线控转向系统的工作原理如图 6.27 所示。驾驶人进行转向操作时，通过转向盘输入转向的角度、转向角速度以及转矩，转向盘模块中的传感器采集一系列信号并传递到转向控制模块，转向控制模块处理这些信号并根据汽车速度以及其他信号计算传动比，给出所需前轮转角，然后控制转向执行模块的转向电动机带动前轮转到目标转角，实现转向意图。与此同时，转向控制模块根据汽车的前轮转角信号、一系列轮胎力信号以及驾驶人意图，通过路感模拟决策发出指令，控制转矩反馈电动机输出转矩以反馈路面情况。

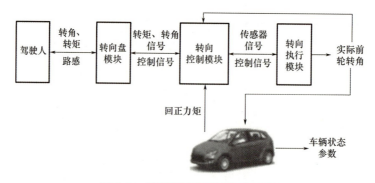

图 6.27 线控转向系统的工作原理

6.4.2 汽车线控制动技术

1. 线控制动系统的定义

如果制动踏板只连接一个制动踏板位置传感器，踏板与制动系统之间没有任何刚性连接或液压连接的，就可以视为线控制动。线控制动系统如图 6.28 所示。

自动驾驶时代的逼近推动了线控制动技术的进一步发展。线控制动是无人驾驶汽车"控制执行层"中最关键、难度最高的部分。受技术发展程度的限制，目前有两种线控制动系统：电子液压制动系统（electronics hydraulic brake，EHB）和电子机械制动系统（electronics mechanical brake，EMB），如图 6.29 所示。

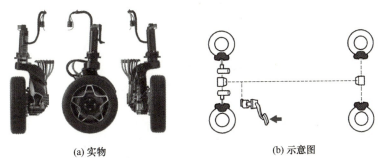

(a) 实物　　　　　　　　　　(b) 示意图

图 6.28　线控制动系统

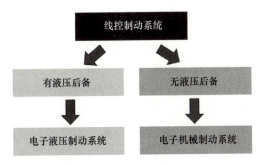

图 6.29　线控制动系统的类型

2. 线控制动系统有的特点

汽车线控制动系统具有以下特点。

(1) 线控制动系统的制动踏板与制动执行机构解耦，可以降低部件的复杂性，减少液压与机械控制装置，减少杠杆、轴承等金属连接件，减轻质量，降低油耗和制造成本。

(2) 线控制动系统具有精确的制动力调节能力，它是电动汽车摩擦与回馈耦合制动系统的理想选择。

(3) 采用线控制动系统不仅可以实现更高品质的制动防抱装置、电子稳定控制系统、电子驻车制动系统等高级安全功能控制，而且可以满足先进汽车智能系统对自适应巡航控制、自动紧急制动、智能泊车辅助、自动无人驾驶等的要求。

由于电子液压制动系统以液压为制动能量源，液压的产生和电控化较困难，不容易做到与其他电控系统整合，而且液压系统的质量对轻量化不利，因此未来可能成为主流的线控制动系统是电子机械制动系统，但电子机械制动系统技术在汽车上的应用并不成熟，短期内难以量产。

电子机械制动系统具有以下优点。

(1) 执行机构和制动踏板之间无机械或液压连接，缩短了制动器的作用时间（作用时间小于 100ms），有效减小制动距离。

(2) 无助力器，减少空间，布置灵活。

(3) 无液压系统，系统质量轻且环保。

(4) 在制动防抱死模式下无回弹振动，可以消除噪声。

(5) 便于集成电子驻车、防抱死、制动力分配等附加功能。

电子机械制动系统具有以下缺点。

(1) 无液压备用制动系统，对可靠性要求极高，包括稳定的电源系统、更高的总线通信容错能力和电子电路的抗干扰能力。

(2) 制动力不足。因轮毂处布置体积决定了制动电动机不可能太大，需开发配备较高电压（42V）系统以提高电动机功率。

(3) 工作环境恶劣，特别是在高温环境下。因部件振动大且制动温度达几百摄氏度，故制约了现有电子机械制动系统零部件的设计。

3. 线控制动系统的组成

电子液压制动系统由制动踏板传感器、电子控制单元、执行器机构（液压泵、备用阀和制动器）等组成，如图6.30所示。正常工作时，制动踏板与制动器之间的液压连接断开，备用阀处于关闭状态。制动踏板配有踏板感觉模拟器和电子传感器，电子控制单元可以通过传感器信号判断驾驶人的制动意图，并通过电动机驱动液压泵进行制动。电子系统发生故障时，备用阀打开，电子液压制动系统变为传统液压系统。

虽然电子液压制动系统实现了线控制动，但是没有完全移除液压系统。

在电子机械制动系统中，所有液压装置（包括主缸、液压管路、助力装置等）均被电子机械系统替代，液压盘和鼓式制动器的调节器也被电动机驱动装置取代，成为名副其实的线控制动系统。电子机械制动系统的组成如图6.31所示。电子机械制动系统的电子控制单元通过制动踏板传感器信号以及车速等车辆状态信号，驱动和控制执行机构的电动机来产生制动力。

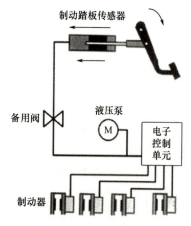

图6.30　电子液压制动系统的组成

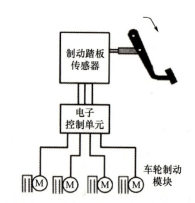

图6.31　电子机械制动系统的组成

4. 线控制动系统的工作原理

线控制动系统用一个模拟发生器替代原有制动踏板，以接收驾驶人的制动意图，向控制和执行机构传递制动信号，并根据一定的算法模拟反馈给驾驶人。线控制动系统的工作原理如图6.32所示。

电子液压制动系统和电子机械制动系统的传动路径不同，工作原理和特性也有差别。

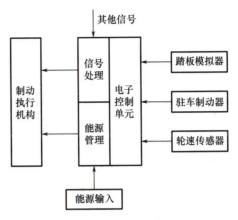

图 6.32 线控制动系统的工作原理

全新沃尔沃 S60 采用线控制动技术，它将传统的真空助力器单元替换成效率更高、质量更轻的电子单元，有效降低燃油消耗和排放量，提高燃油经济性。其配备了车道偏离预警系统、车道保持辅助系统、自适应巡航控制系统、驾驶人疲劳监测系统、轮胎压力监测系统、上坡辅助系统等。

6.4.3 汽车线控油门技术

1. 线控油门系统的定义

线控油门系统用线束（导线）代替拉索或者拉杆，在节气门处安装一只微型电动机驱动节气门开度。一般而言，增减速度的原理是指通过油门踏板改变发动机节气门开度，从而控制可燃混合气的流量，改变发动机的转速和功率，以适应汽车行驶的需要。线控油门的主要功能是把驾驶人踩下油门踏板的角度转换成与其成正比的电压信号，同时把油门踏板的特殊位置制成接触开关，把怠速、高负荷、加减速等发动机工况转变成电脉冲信号并输送给电控发动机的电子控制单元，以达到供油、喷油与变速等的优化自动控制。图 6.33 所示为线控油门系统，也称智能联网油门踏板。

图 6.33 线控油门系统

2. 线控油门系统的特点

线控油门系统具有以下优点。

(1) 舒适性和经济性好。线控油门可根据驾驶人踩下油门踏板的动作幅度判断驾驶人意图，综合车况，精确、合理地控制节气门开度，以实现不同负荷和工况下发动机的空燃比都接近最佳理论状态——14.7∶1，使燃油经济性和驾驶舒适性同时最佳。

(2) 稳定性高且不易熄火。线控油门系统接收到油门踏板信号后进行分析和判断，再向节气门执行单元发送合适的指令，以保证汽车行驶稳定性。

汽车线控油门具有以下缺点。

(1) 工作原理较复杂，成本提高。与机械油门相比，在硬件上，线控油门需要添加油门位置位移传感器、伺服电动机以及驱动器和执行机构，并且增加电子控制单元接线；在软件上，需要开发分析位置传感器信号并综合车况给出最优控制指令的算法，将其集成在车载电子控制单元上，增加了开发成本。

(2) 有延迟效果，没有机械油门反应快。在装有线控油门系统的汽车中，驾驶人不能直接控制节气门开度，从而无法直接控制发动机动力，而是经电子控制单元分析给出汽车舒适性较好、较省油的节气门控制指令。所以，与直接控制式的机械油门相比，线控油门有稍许延迟。

(3) 可靠性不如机械油门。汽车行驶中会遇到各种工况，并且汽车内部存在高频电磁干扰（如电动机和点火线圈会产生电磁干扰），电子器件可能会在这些工况下发生故障或松动；复杂的分析处理算法也可能导致程序跑飞等故障，而驾驶人无法直接控制发动机动力，从而产生不可预知的后果。

3. 线控油门系统的组成与工作原理

燃油汽车线控油门系统的组成如图 6.34 所示。

燃油汽车和混合动力汽车的线控油门系统都主要由油门踏板、踏板位移传感器、电子控制单元、数据总线、伺服电动机和节气门执行机构组成。踏板位移传感器安装在油门踏板内部，随时监测油门踏板的位置。当监测到油门踏板高度位置变化时，会瞬间将此信息送往电子控制单元，电子控制单元对该信息和其他系统传来的数据信息（车速、车距、节气门开度、发动机转速等）进行运算处理，计算出一个控制信号，并通过线路送到伺服电动机，伺服电动机驱动节气门执行机构，数据总线负责系统电子控制单元与其他电子控制单元之间的通信。节气门开度越大，电子控制单元计算的喷油量越大，发动机转速上升；反之亦然。

电动汽车没有发动机，只有电源系统作为动力系统，此时"油门"控制电动机的转矩，它和整车控制器、电机控制器等一同实现车辆加速，此时

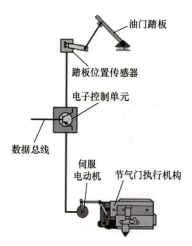

图 6.34 燃油汽车线控油门系统的组成

"油门踏板"称为"加速踏板"更贴切。

电动汽车上的线控油门还具有制动能量回收功能，当驾驶人减小踏板力时，系统认为驾驶人有减速需求，通过电子控制单元发送指令，在没有踩踏制动踏板的情况下，车辆实现制动能量回收，这个功能称为"单踏板"。

"单踏板"是一种集成加速功能和制动功能的踏板，以控制车辆的加速和减速。其工作原理如下：一旦松开加速踏板，再生制动系统就介入工作，通过回收动能降低车速。即它可以依靠单个踏板实现汽车的起步、加速、稳态、减速和停车全过程并在减速过程中实现能量回收，改变了传统的加、减速双踏板布置形式。

"单踏板驾驶模式"不是只有一个踏板，其踏板系统由一个"主踏板"和一个"辅助减速踏板"组成。其中"主踏板"可以实现加、减速功能，满足日常的大部分车辆操作；"辅助减速踏板"是在"主踏板"制动减速度不能满足驾驶人意图使用的紧急制动踏板。其中，"主踏板"有三个主要控制行程，即加速行程、减速行程和恒速行程。加速行程是驾驶人踩下踏板的过程，随着踏板深度的增大，输出驱动转矩增大；减速行程是驾驶人松开主踏板的过程，随着踏板深度的减小，输出转矩由正转矩向负转矩变化；恒速行程是驾驶人松开踏板到某开度区间内，电动机输出转矩为零或刚好与外界阻力平衡的过程。

"单踏板"的优点是可以降低驾驶人的劳动强度，避免在常规加、减速工况中频繁切换踏板，提高舒适性；提高操作效率和能量回收效率，使得驾驶越来越简单、智能。

"单踏板"的缺点是可能不会减少安全隐患，反而增加安全隐患。因为在当前模式下，无论是手动挡汽车还是自动挡汽车，无论是燃油汽车、混合动力汽车还是绝大多数纯电动汽车，其制动都是往下踩的，突然换成单踏板模式，遇到紧急情况时容易习惯性地往下踩，即使驾驶人意识到了，也可能一时反应不过来，反而增加了安全隐患。

电动汽车的"单踏板"如图 6.35 所示。

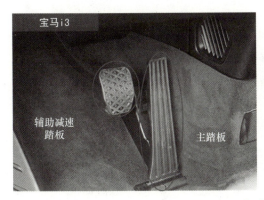

图 6.35　电动汽车的"单踏板"

汽车线控技术的核心是线控转向系统和线控制动系统，但还没有完全市场化，主要出现在少数汽车上。线控技术满足汽车"新四化"的需求，成为行业公认的智能网联汽车未来的主流配置。智能网联汽车底盘的发展趋势是采用线控底盘，如图 6.36 所示。

图 6.36 线控底盘

1. 路径规划有哪些类型？
2. 路径规划算法有哪些？
3. 行为决策方法有哪些？
4. 智能网联汽车的传统控制方法有哪些？
5. 智能网联汽车的智能控制方法有哪些？
6. 什么是线控转向系统？其具有什么特点？
7. 什么是线控制动系统？其具有什么特点？
8. 什么是线控油门系统？其具有什么特点？

第7章 智能网联汽车先进驾驶辅助技术

教学目标

通过本章的学习,读者能够掌握先进驾驶辅助系统的定义与类型、自主预警技术、自主控制技术和视野改善技术。

教学要求

知识要点	能力要求	相关知识
先进驾驶辅助系统的定义与类型	掌握先进驾驶辅助系统的定义与类型	先进驾驶辅助系统
自主预警技术	掌握前向碰撞预警技术、车道偏离预警技术、盲区监测技术、驾驶人疲劳监测技术	前向碰撞预警系统、车道偏离预警系统、盲区监测系统、驾驶人疲劳监测系统
自主控制技术	掌握车道保持辅助技术、自动紧急制动技术、自适应巡航控制技术、智能泊车辅助技术	车道保持辅助系统、自动紧急制动系统、自适应巡航控制系统、智能泊车辅助系统
视野改善技术	掌握自适应前照灯技术、夜视技术、抬头显示技术	自适应前照灯系统、夜视系统、抬头显示系统

智能网联汽车技术概论（第2版）

导入案例

随着汽车保有量的增加，需要迫切解决降低交通事故发生率和事故死亡率的问题。解决该问题的有效方法是配置先进驾驶辅助系统，提高汽车的行驶安全性，最大限度地降低事故发生率和事故死亡率。

图 7.1 所示为名爵 6 20T 自动 Trophy 超级运动互联网版汽车。该汽车搭载的先进驾驶辅助系统包括自适应巡航控制系统、自动紧急制动系统、前向碰撞预警系统、车道偏离预警系统等。

图 7.1　名爵 6 20T 自动 Trophy 超级运动互联网版汽车

智能网联汽车有哪些先进驾驶辅助技术？分别有什么作用？通过本章的学习，读者可以得到答案。

7.1　先进驾驶辅助系统的定义与类型

汽车先进驾驶辅助系统

7.1.1　先进驾驶辅助系统的定义

先进驾驶辅助系统是利用环境感知技术采集汽车、驾驶人和周围环境的动态数据并进行分析处理，通过提醒驾驶人或执行器介入汽车操纵实现驾驶安全性和乘坐舒适性的一系列技术的总称，如图 7.2 所示。

环境感知	安全控制	动作执行
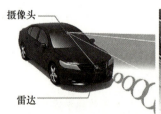		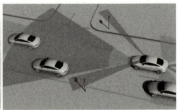
雷达、摄像头等	算法、控制单元	执行器
➢ 道路识别 ➢ 车辆识别 ➢ 行人识别等	➢ 自适应巡航控制 ➢ 车道保持辅助 ➢ 自动紧急制动等	➢ 语音提醒 ➢ 自动转向 ➢ 自动制动等

图 7.2　先进驾驶辅助系统

7.1.2 先进驾驶辅助系统的类型

先进驾驶辅助系统按照环境感知系统分为自主式先进驾驶辅助系统和网联式先进驾驶辅助系统。

1. 自主式先进驾驶辅助系统

自主式先进驾驶辅助系统基于车载传感器完成环境感知,依靠车载中央控制系统进行分析决策,技术比较成熟。

自主式先进驾驶辅助系统按照功能分为自主预警类先进驾驶辅助系统、自主控制类先进驾驶辅助系统和视野改善类先进驾驶辅助系统等。

(1) 自主预警类先进驾驶辅助系统。自主预警是指自动监测汽车可能发生的碰撞危险并提醒,从而防止发生危险或减轻事故伤害。自主预警类先进驾驶辅助系统主要有前向碰撞预警系统、车道偏离预警系统、盲区监测系统、驾驶人疲劳监测系统等,见表 7-1。

表 7-1 自主预警类先进驾驶辅助系统

系统名称	图示	功能介绍	使用车型
前向碰撞预警系统		识别潜在的危险情况并通过提醒帮助驾驶人避免或减少碰撞事故	日产楼兰、纳智捷大7
车道偏离预警系统	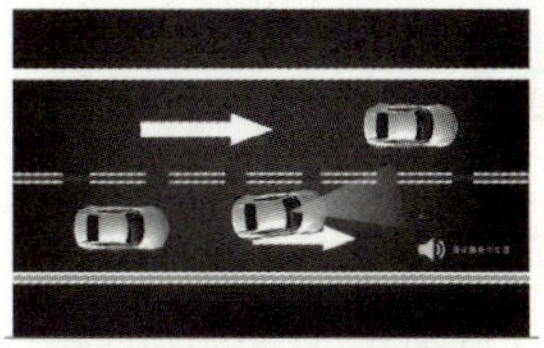	可能偏离车道时给予驾驶人提示,减少因车道偏离而发生的事故	现代胜达、陆风X7
盲区监测系统		检测盲区内的行驶汽车或行人	沃尔沃 XC60、奥迪 Q5
驾驶人疲劳监测系统	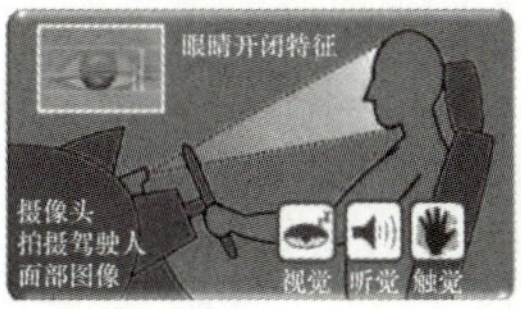	推断驾驶人的疲劳状态,进行报警提示或采取相应措施	哈弗 H9、大众途观

(2) 自主控制类先进驾驶辅助系统。自主控制是指自动监测汽车可能发生的碰撞危险并提醒驾驶人,必要时系统主动介入,从而防止发生危险或减轻事故伤害。自主控制类先

进驾驶辅助系统主要有车道保持辅助系统、自动紧急制动系统、自适应巡航控制系统、智能泊车辅助系统等,见表7-2。

表7-2 自主控制类先进驾驶辅助系统

系统名称	图示	功能介绍	使用车型
车道保持辅助系统		修正即将越过车道线的汽车,使汽车保持在车道线内	奥迪Q3、吉普自由光
自动紧急制动系统		当汽车与前车处于危险距离时主动产生制动效果,使汽车减速或紧急停车,减少因车距过小而发生的事故	丰田汉兰达、日产逍客
自适应巡航控制系统		使汽车始终与前车保持安全距离	福特锐界、丰田汉兰达
智能泊车辅助系统		自动泊车入位	福特翼虎、日产奇骏

(3) 视野改善类先进驾驶辅助系统。视野改善是指提高汽车在视野较差环境下的行车安全性。视野改善类先进驾驶辅助系统主要有自适应前照灯系统、夜视系统、抬头显示系统、全景影像监测系统等,见表7-3。

表7-3 视野改善类先进驾驶辅助系统

系统名称	图示	功能介绍	使用车型
自适应前照灯系统	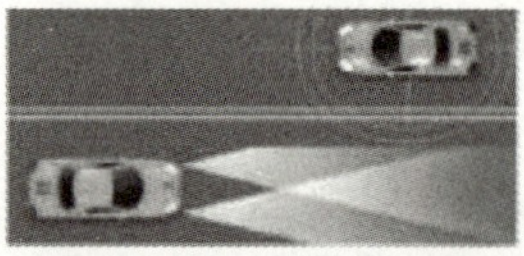	自动调节前照灯系统的工作模式	丰田RAV4、沃尔沃XC60
夜视系统		夜间利用热成像呈现行人或动物	纳智捷优6、纳智捷大7

续表

系统名称	图示	功能介绍	使用车型
抬头显示系统		将汽车驾驶辅助信息、导航信息等以投影方式显示在前方，方便查看	宝马7系、大众辉昂
全景影像监测系统		360°全景提示	哈弗H8、吉利豪情

2. 网联式先进驾驶辅助系统

网联式先进驾驶辅助系统基于车与外界的通信互联完成环境感知，依靠云端大数据进行分析决策，如汽车自动引导系统等，处于试验阶段。

网联式先进驾驶辅助系统的主要功能有交通拥堵提醒、闯红灯警示、弯道车速警示、停车标志间隙辅助、减速区警示、限速交通标志警示、现场天气信息警示、违反停车标志警示、违规穿过铁路警示、过大车警示等。警示不仅告知汽车和驾驶人不要违反安全行驶，而且通过V2V、V2I警示附近车辆，防止发生碰撞。

先进驾驶辅助系统以自主式先进驾驶辅助系统为主，网联式先进驾驶辅助系统还没有正式量产。自主式先进驾驶辅助系统和网联式先进驾驶辅助系统融合是智能网联汽车先进驾驶辅助系统的发展趋势，如图7.3所示。

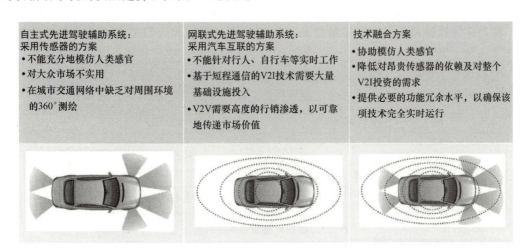

图7.3　自主式先进驾驶辅助系统和网联式先进驾驶辅助系统融合

7.2 自主预警技术

7.2.1 前向碰撞预警技术

1. 前向碰撞预警系统的定义

前向碰撞预警（forward collision warning，FCW）系统通过雷达或视觉传感器实时监测前方汽车，判断自车与前车的距离、方位及相对速度，当存在潜在碰撞危险时对驾驶人进行警示。一般预警的方式为通过听觉、视觉或触觉等，如图 7.4 所示。前向碰撞预警系统一般不会采取任何制动措施避免碰撞或控制汽车，但有些前向碰撞预警系统提供不同程度的制动功能。

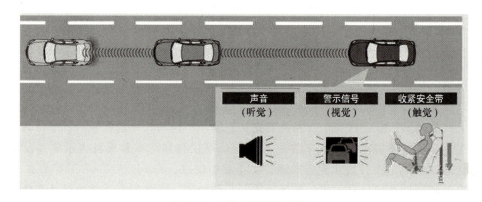

图 7.4　前向碰撞预警系统

2. 前向碰撞预警系统的组成

前向碰撞预警系统由信息采集单元、主控单元、显示单元和声光报警单元组成，如图 7.5 所示。其中，信息采集单元的主要作用是利用雷达、视觉传感器等采集自车信息及自车与前车的相对距离、相对速度等信息；主控单元是整个系统的"大脑"，可以接收并处理信息采集单元的信息，评估潜在碰撞风险，确定发布预警的时刻；显示单元和声光报警单元执行相应功能，以适时、适当的方式提醒驾驶人采取规避措施。

图 7.5　前向碰撞预警系统的组成

3. 前向碰撞预警系统的工作原理

前向碰撞预警系统主要利用雷达、视觉传感器等进行监测。一般对行驶轨迹内的最近障碍汽车进行预警,并且不受在非自车行驶轨迹内的前方更近障碍物等的影响;在正确识别有效目标的基础上,结合自车当前行驶状况与有效目标运动情况进行决策分析;以适时、适当的方式提醒驾驶人采取规避措施。

前向碰撞预警系统的工作原理如图7.6所示,通过分析传感器获取的道路信息对前车进行识别,如果识别出车辆,则测量前方车距;同时利用车速估计,并根据安全车距预警模型判断追尾的可能性,一旦存在追尾危险,就根据预警规则,及时对驾驶人进行预警。

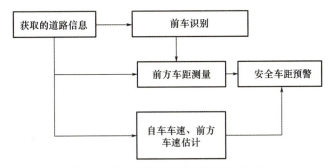

图7.6 前向碰撞预警系统的工作原理

具体来说,前向碰撞预警系统的工作过程主要分为三部分,即前方车辆识别、前方车距测量、建立安全车距预警模型。

(1) 前方车辆识别。车辆识别是前向碰撞预警系统实施的前提,可以采用的传感器有单目视觉传感器、双目视觉传感器、毫米波雷达及多传感器融合等。基于单目视觉灰度图像进行车辆识别的研究应用广泛,涉及的算法较多。车辆识别一般依靠汽车特征信息,如车辆形状、车高与车宽的比例等作为识别车辆边缘的约束条件,对图像进行边缘增强处理后,获得一些包含车辆信息的水平边缘和垂直边缘。

单目视觉方案算法简单、计算实时性强,但容易受光照、阴影等外界环境因素的影响,使可靠性下降。双目视觉方案是近年兴起的,其直接模拟人类视觉处理景物的方式,从多个视点观察同一景物,获取在不同视角下的感知图像;但现有双目视觉方案还不太成熟,研究热度远不如单目视觉方案。另外,为了突破单一传感器的局限性,采用多传感器融合技术是当前研究主流,常见的有视觉传感器与激光雷达融合及视觉传感器与毫米波雷达融合。多传感器融合的缺点除成本高外,计算较复杂还将造成实时性差。

车辆识别算法流程如图7.7所示。

(2) 前方车距测量。前方车距测量是前向碰撞预警系统的重要组成部分,超声波传感器、毫米波雷达、激光雷达、视觉传感器都可以实现。超声波传感器的摄像头测距原理简单、成本低,但其测距准确性受温度影响大,衰减快,只适合短距离测距,主要用在倒车雷达上。在实际应用中,常用毫米波雷达和视觉传感器测量前方车距。图7.8所示为毫米波雷达测距示意图。

与毫米波雷达相比,视觉传感器测距的算法复杂,通常利用单目视觉传感器或双目视觉传感器。单目视觉传感器利用摄像机的焦距和事先确定的参数来估算车距;双目视觉传感器利用视差的原理,通过对两幅图像进行计算机分析和处理,确定物体的三维坐标,采用公垂线中点法计算出车距。鉴于视觉技术采集的信息丰富、图像处理技术的巨大进步、现有计算能力能够保证图像处理的实时性要求，价格低廉的视觉方案成为理想的选择。如图 7.9 所示，前方车距测量都是动态进行的，如果前方车辆突然变道超车，前向碰撞预警系统就立即将跟踪车辆切换到新的目标上。

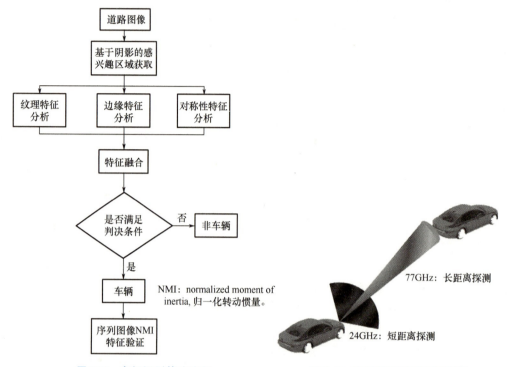

图 7.7　车辆识别算法流程　　　　图 7.8　毫米波雷达测距示意图

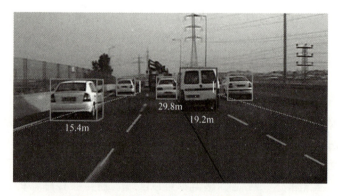

图 7.9　实际应用中的前向碰撞预警系统

（3）建立安全车距预警模型。在模型设计上，马自达模型、本田模型及伯克利模型是比较经典的安全车距预警模型，很多后续模型都是在其基础上改良的。

① 马自达模型。马自达公司开发的追尾碰撞避免系统的主要设计思路如下：在正常跟车行驶情况下，系统不工作；当自车非常接近前车车尾时，该系统发出追尾碰撞报警。发出报警后，如果驾驶人没有采取制动措施，该系统就启动紧急制动装置，以避免发生追尾事故。该模型的本质是实时计算最小安全距离，从而对车速进行预警和控制。

马自达模型的计算公式为

$$d_b = \frac{1}{2}\left(\frac{v_1^2}{a_1} - \frac{(v_1+v_{rel})^2}{a_2}\right) + v_1\tau_1 - v_{rel}\tau_2 + d_0 \tag{7-1}$$

式中，d_b 为制动距离；a_1 为自车的最大减速度（取 6m/s^2）；a_2 为前车的最大减速度（取 8m/s^2）；v_1 为自车车速；v_{rel} 为相对车速；τ_1 为驾驶人反应延迟时间（取 0.15s）；τ_2 为制动系统延迟时间（取 0.6s）；d_0 为最小停车距离（取 5m）。

马自达公司用大量试验验证了该模型的可靠性。试验结果表明，马自达模型具备以下主要功能：通过激光雷达对行车环境进行监测；判定汽车追尾碰撞的可能性；采用自动制动操作机构对汽车进行控制。

试验证明，马自达模型在保护乘员安全、防止因驾驶人疏忽大意而造成车辆事故方面有明显效果。但是该模型假设前车随时都会以 8m/s^2 的加速度突然制动，为试图避免这一极端危险情况，计算出的报警距离较大，导致频繁报警。但在实际行车中，前车突然制动的情况不多，频繁报警反而容易使驾驶人麻痹大意，甚至影响驾驶人的正常操作。

② 本田模型。本田模型设定了两段距离，即报警距离和制动距离，采用两段式报警方式。报警距离的设定以试验数据为基础。报警距离和制动距离的表达式为

$$d_w = 6.2 - 2.2 \times (v_2 - v_1) \tag{7-2}$$

$$d_b = \begin{cases} -v_{rel}\tau_2 + \tau_1\tau_2 a_1 - 0.5a_1\tau_1^2, & \dfrac{v_2}{a_2} \geqslant \tau_2 \\ v_1\tau_2 - 0.5a_1(\tau_2-\tau_1)^2 - \dfrac{v_2^2}{2a_2}, & \dfrac{v_2}{a_2} < \tau_2 \end{cases} \tag{7-3}$$

式中，d_w 为报警距离；$a_1 = 7.8\text{m/s}^2$；$a_2 = 7.8\text{m/s}^2$；$\tau_1 = 0.5\text{s}$；$\tau_2 = 1.5\text{s}$。

本田模型对驾驶人的正常操作影响较小。其不能避免绝大多数碰撞，只能降低碰撞的程度，一旦报警就可能引起驾驶人的极度恐慌，甚至使驾驶人因恐惧而失去对汽车的控制。本田模型的准确性较低、不能实时反映行车路面情况，对驾驶人主观因素考虑不够。另外，该模型的建立以试验数据为基础，样本点选取对模型影响较大。

③ 伯克利模型。伯克利模型也设置了两段距离，即报警距离和制动距离。报警距离是沿用马自达模型的安全距离值设定的，并假定前车和自车最大减速度相等，表达式为

$$d_w = \frac{1}{2}\left[\frac{v_1^2}{a} - \frac{(v_1+v_{rel})^2}{a}\right] + v_1\tau_1 - v_{rel}\tau_2 + d_0 \tag{7-4}$$

式中，a 为前车和自车的最大减速度。

伯克利模型在两车碰撞前的时刻进行制动报警，旨在降低碰撞对驾驶人的损伤严重程度，即驾驶人听到报警时两车即将碰撞。

制动距离表达式为

$$d_b = -v_{rel}\tau_2 + 0.5a\tau_2^2 \tag{7-5}$$

伯克利模型兼具马自达模型和本田模型的优点，建立了一个保守的报警距离和一个冒险的制动距离。预先给驾驶人一个危险提示，设定冒险的制动报警可以减少对驾驶人的干扰。其在各种运动状态下均采取相同报警距离模式，不利于系统作出准确的安全/危险判断。此外，制动报警启动时两车即将碰撞，实际上该模型的制动报警只能减轻碰撞程度，而不能避免碰撞。

4. 全工况的前向碰撞预警系统的报警模型

全工况的前向碰撞预警系统的报警模型适用性强，涵盖了可能发生追尾碰撞的所有工况。

图 7.10 所示为自车与前车的相对位置示意图。图中，X_1 为自车行驶距离；X_2 为前车行驶距离；d_0 为安全车距；d 为实际车距。

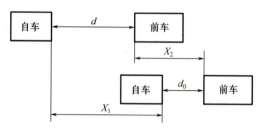

图 7.10　自车与前车的相对位置示意图

报警距离为

$$d_\text{w} = X_1 + d_0 - X_2 \tag{7-6}$$

（1）前车静止或为障碍物工况。当前车处于静止状态时，$X_2 = 0$，X_1 为自车由初始速度减速到停止滑行的距离。报警距离为

$$d_\text{w} = v_1\left(t_\text{h} + t_\text{a} + \frac{t_\text{s}}{2}\right) + \frac{v_1^2}{2a_1} + d_0 \tag{7-7}$$

式中，v_1 为自车速度；t_h 为驾驶人反应时间；t_a 为制动协调时间；t_s 为制动减速度增大时间；a_1 为自车制动减速度。

（2）前车匀速或加速工况。在前车匀速或加速工况下，自车速度只有大于前车速度才可能发生碰撞。因此，两车间的最危险时刻是自车速度减小至与前车速度相等时，如图 7.11 所示。如果在两车速度相等时没有碰撞，就不再可能碰撞了，因为在最危险时刻以后，前车继续保持匀速或加速行驶，而自车仍做减速运动，车距将越来越大，只要保证两车速度相等时不发生碰撞就能保证整个过程绝对安全。同时，为了保持谨慎报警距离，把前车加速工况的报警距离直接合并到前车匀速工况中，即两种工况共用前车匀速工况的报警距离。

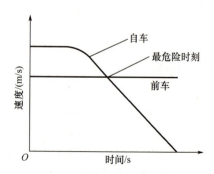

图 7.11　前车匀速运动时的速度-时间图

从开始制动到完全停止，自车行驶距离为

$$X_1 = v_1\left(t_h + t_a + \frac{t_s}{2}\right) + \frac{v_1^2 - v_2^2}{2a_1} \quad (7-8)$$

式中，v_2 为前车速度。

前车行驶距离为

$$X_2 = v_2\left(t_h + t_a + \frac{t_s}{2}\right) + \frac{v_2(v_1 - v_2)}{a_1} \quad (7-9)$$

报警距离为

$$d_w = v_{rel}\left(t_h + t_a + \frac{t_s}{2}\right) + \frac{v_1^2 - v_2^2}{2a_1} - v_2\frac{v_{rel}}{a_1} + d_0 \quad (7-10)$$

式中，v_{rel} 为相对车速。

(3) 前车减速工况。前车减速工况可以分为三种情况：前车先停止，自车后停止；自车和前车同时停止；自车先停止，前车后停止。

① 前车先停止，自车后停止。在该工况下，两车间的最危险时刻为自车停止的时刻，如图 7.12 所示。

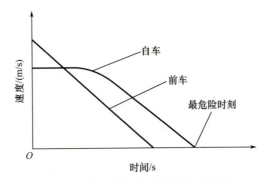

图 7.12　前车先停止时的速度-时间图

② 自车和前车同时停止。在该工况下，两车间的最危险时刻为两车停止的时刻，如图 7.13 所示。

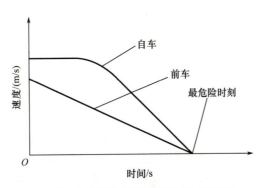

图 7.13　两车同时停止时的速度-时间图

③ 自车先停止，前车后停止。在该工况下，两车间的最危险时刻本应为自车减速到与前车速度相等的时刻，如图 7.14 所示。但在保证绝对安全的条件下，为简化计算，把最危险时刻确定为前车停止的时刻。

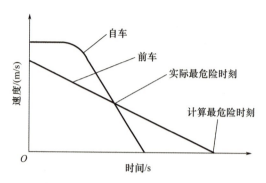

图 7.14 自车先停止时的速度-时间图

在这三种工况下,前车均制动至停止,自车也从某速度采取制动至停止。所以,这三种工况的计算方法可简化为一种。

在前车减速工况下,自车从开始制动到完全停止驶过的距离为

$$X_1 = v_1\left(t_h + t_a + \frac{t_s}{2}\right) + \frac{v_1^2}{2a_1} \tag{7-11}$$

前车驶过的距离为

$$X_2 = \frac{v_2^2}{2a_2} + \frac{v_2}{2}t_s \tag{7-12}$$

报警距离为

$$d_w = v_1(t_h + t_a) + v_{rel}\frac{t_s}{2} + \frac{v_1^2}{2a_1} - \frac{v_2^2}{2a_2} + d_0 \tag{7-13}$$

模型中各参数按以下原则确定。

① a_1、a_2 值的确定。a_1、a_2 值对报警距离有很大影响。汽车制动减速度因轮胎类型、汽车装载情况和路面附着系数的不同而不同。在实际行车过程中,前车为主动制动,后车为被动制动,后车制动的减速度一般大于前车制动的减速度。制动减速度主要取决于路面附着系数,为了简化计算,同一路面上前后行驶的两辆汽车的减速度均按最大制动减速度选取,并且取相同值:在干燥沥青/水泥路面,取 $6.0 m/s^2$;在潮湿沥青/水泥路面,取 $5.0 m/s^2$;在冰雪路面,取 $3.0 m/s^2$。

② t_h、t_a、t_s 值的确定。t_h 是驾驶人反应时间,驾驶人反应时间的准确性对模型非常重要,若反应时间选取过长,则提醒报警距离的计算值偏大,会造成过多误报警,使驾驶人对预警系统产生厌烦感;若反应时间选取过短,则导致系统的安全保障能力下降,不能完全避免事故的发生。由于驾驶人年龄、性别、情绪和反应能力等生理及心理素质因人而异、因时而异,再加上车速、目标物的大小及状态等外在因素的影响,因此驾驶人反应时间是一个不确定的值。大量试验表明,驾驶人反应时间 $t_h = 0.6 \sim 1.0 s$。

t_a 是制动协调时间,其值与汽车采取的制动结构及制动方式有关,液压制动时取 $0.1s$。

t_s 是制动减速度增大时间,通常取 $t_s = 0.2s$。

③ 安全车距 d_0 的确定。为了保证绝对安全,自车从采取制动至完全停止后,两车之间应保持一定的安全距离。安全车距选取得越大,系统的误报率越高;安全车距选取得越

小，系统的安全保障能力越低。一般取安全车距 $d_0=2\sim 5\mathrm{m}$。

5. 前向碰撞预警系统应用实例

前向碰撞预警系统能够在车距过小时主动发出报警信息，较好地避免因车距过小而发生追尾事故。在实际应用中，搭载前向碰撞预警系统的车型较多，应用广泛，且通常与辅助制动系统共同工作，以免在预警不及时或预警未被驾驶人采纳的情况下发生追尾事故，提高了行车安全性。

本田的碰撞缓解制动系统装配于雅阁、思域、锋范、UR-V、CR-V等车型，并被定义为一种预测碰撞、主动预防的安全技术系统。碰撞缓解制动系统可以实现对前方汽车、对象汽车和行人的预测。其工作时主要通过毫米波雷达检测出对象物体的位置及速度，通过单目视觉传感器判断此物体的大小和形状，当可能与汽车或行人发生碰撞时，通过警示音和仪表板显示提醒驾驶人采取规避措施。当与前方汽车和行人更加接近时，系统实施轻微制动，以体感形式再次提醒驾驶人对汽车进行操纵。当汽车进一步接近时，系统实施强力制动，以辅助驾驶人规避碰撞及减轻伤害，具体工作过程如图 7.15 所示。

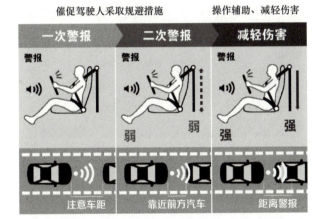

图 7.15　本田的碰撞缓解制动系统

在国产品牌汽车中，前向碰撞预警系统的应用越来越多。吉利汽车将其称为城市预碰撞安全系统，并搭载于帝豪 GL、帝豪 GS、博越、博瑞等车型中。该系统主要通过前保险杠下方的中距离毫米波雷达扫描前方路面，如图 7.16 所示。当前方汽车突然制动或减速而驾驶人并未及时作出反应时，城市预碰撞安全系统提醒驾驶人制动或自动制动以避免碰撞发生。同时，在制动过程中系统监测制动力与车距的关系，在制动力不足的情况下进行辅助制动，以最大限度地避免碰撞发生。

图 7.16　吉利汽车的城市预碰撞安全系统

7.2.2 车道偏离预警技术

1. 车道偏离预警系统的定义

车道偏离预警系统

车道偏离预警（lane departure warning，LDW）系统（图7.17）是汽车先进驾驶辅助系统的重要组成部分，其根据前方道路环境和自车的位置关系，判断汽车偏离车道的行为并及时提醒驾驶人，从而防止由驾驶人疏忽造成的车道偏离事故的发生。车道偏离预警系统旨在帮助驾驶人避免或减少车道偏离事故。它通过传感器获取前方道路信息，结合汽车自身的行驶状态及预警时间等相关参数，判断汽车是否有偏离当前车道的趋势。如果汽车即将偏离当前车道，并且驾驶人没有开启转向灯，则通过视觉、听觉或触觉的方式向驾驶人发出警报。

图7.17　车道偏离预警系统

2. 车道偏离预警系统的组成

车道偏离预警系统主要由信息采集单元、电子控制单元和人机交互单元等组成，如图7.18所示。在该系统中，所有信息均以数字信号的形式传递，通过汽车总线技术实现。

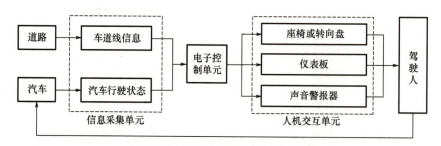

图7.18　车道偏离预警系统的组成

（1）信息采集单元。信息采集单元主要用于实现车道线信息和汽车行驶状态的采集，针对不同的道路条件和传感器类型，可采用不同的车道线检测方式，如高精度地图定位、磁传感器定位、视觉传感器定位等。其中，采用视觉传感器定位的方式应用广泛。汽车行驶状态主要包括车速、加速度、转向角等。采集所有信息数据后，信息采集单元需对数据进行模数转换,并传输给电子控制单元。

(2) 电子控制单元。电子控制单元是整个系统的核心,需要对所有数据进行集中处理。在处理车道线信息时,传感器存在测量误差,需要对误差进行修正,最后综合判断汽车是否存在非正常偏离车道的现象,如果发生非正常偏离就发出警告。

(3) 人机交互单元。人机交互单元通过座椅或转向盘振动、仪表板显示、语音提示等一种或多种方式向驾驶人提示系统当前状态。当存在车道偏离现象时,提醒驾驶人及时修正行驶方向,并可以根据偏离量实现不同程度的预警效果。

3. 车道偏离预警系统的工作原理

车道偏离预警系统可以在行车的全程自动或手动开启,以监测汽车行驶轨迹。当系统正常工作时,信息采集单元采集车道线位置、车速、汽车转向角等信息,电子控制单元将所有数据转换到统一坐标系下进行分析处理,从而获得汽车在当前车道中的位置参数,并判定汽车是否非正常偏离车道。当检测到在未开启转向灯的情况下,汽车距离当前车道线过近并可能偏入邻近车道时,人机交互单元通过座椅或转向盘振动、仪表板显示、语音提示等方式发出警告,提醒驾驶人注意纠正这种无意识的车道偏离,及时回到原行驶车道,从而尽可能地减少车道偏离事故的发生。为了给驾驶人提供更多反应时间和操纵时间,车道偏离预警系统需要在偏离车道线之前发出警告。如果驾驶人在开启转向灯的情况下正常变道行驶,则车道偏离预警系统不会发出任何警告。

基于视觉传感器定位的车道偏离预警系统的工作原理如图 7.19 所示。该系统使用车载摄像机拍摄道路图像,并将获得的图像信息传输给电子控制单元,电子控制单元辨识并处理图像信息;根据识别的车道标识线,判断汽车在该时刻是否已经偏离车道,若偏离车道,则发出警告,提醒驾驶人纠正。

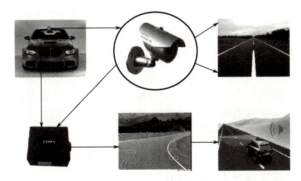

图 7.19 基于视觉传感器定位的车道偏离预警系统的工作原理

4. 车道偏离预警算法

车道偏离预警算法是一种通过传感器检测车道线,结合汽车位置信息和状态信息得到汽车与车道线之间的相对位置并对偏离状态进行判断的控制算法。目前,大部分研究均基于视觉传感器获得车道线信息,结合车道偏离预警算法辨识汽车是否有偏离车道的趋势。使用频率较高的车道偏离预警算法有汽车当前位置(car's current position,CCP)算法、跨道时间(time to lane crossing,TLC)算法、预瞄偏移量差异(future offset difference,

FOD）算法、瞬时侧向位移算法、横向速度算法、边缘分布函数（edge distribution function，EDF）算法、预瞄轨迹偏离（time to trajectory divergence，TTD）算法、路边振动带（road rumble strips，RRS）算法等，其中汽车当前位置算法、跨道时间算法和预瞄偏移量差异算法应用广泛。

（1）汽车当前位置算法。汽车当前位置算法根据汽车在车道中的当前位置信息来判断偏离车道的程度，即通过车道线检测算法计算出汽车外侧与车道线的距离信息，从而判断是否预警。汽车当前位置算法的原理如图 7.20 所示。图中，L_l 为汽车左外侧至左车道线的距离；L_r 为汽车右外侧至右车道线的距离；L_t 为汽车中轴线至车道中轴线的距离；d 为车道宽度；b 为汽车宽度。

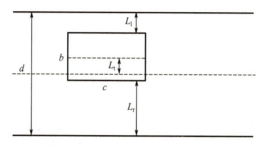

图 7.20　汽车当前位置算法的原理

假设汽车中轴线平行于车道中轴线，则汽车左、右外侧相对于左、右车道线的距离分别为

$$L_l = \frac{d}{2} - \left(\frac{b}{2} + L_t\right)$$
$$L_r = \frac{d}{2} - \left(\frac{b}{2} - L_t\right)$$
(7-14)

当 $L_l>0$ 且 $L_r>0$ 时，表明汽车保持在行驶车道内，系统不需要预警；当 $L_l=0$ 或 $L_r=0$ 时，表明汽车压上车道线，系统发出预警；当 $L_l<0$ 或 $L_r<0$ 时，表明汽车偏离车道，系统发出预警。

汽车当前位置算法根据汽车在车道中的相对位置判断是否发生偏离，即根据汽车当前的实时位置进行判断，如果触发警告阈值距离设置过大，则会干扰驾驶人的正常驾驶；如果触发警告阈值距离设置过小，则发出警告后给驾驶人预留纠正驾驶行为的时间过短。另外，当汽车中轴线与车道中轴线不平行时，汽车当前位置算法的预警效果不理想，并且其采用摄像机标定及图像重建等技术，系统复杂，运算量大。

（2）跨道时间算法。跨道时间算法是根据汽车当前状态，假设未来偏离车道过程中车速和航向角不变来预测汽车未来轨迹，计算出汽车跨越两侧车道线所需的时间，将其与设置的阈值 T 进行对比，判断汽车的偏离状态。利用车载传感器获取当前汽车与车道中轴线的距离 L_t，当前位置汽车行驶偏差角为 θ_e。假设汽车行驶速度 v 的大小和方向保持不变，为计算出跨越时间 t，首先需要获取由当前位置驶出偏离方向同侧车道线的行驶距离 L。假设汽车未来行驶过程中航向与车道中轴线偏差角不变（实际高速公路为大曲率曲线，可近似满足此条件），汽车长度为 c，汽车宽度为 b，车道宽度为 d。图 7.21 所示为跨道时间算法的原理。

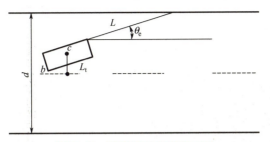

图 7.21　跨道时间算法的原理

实际汽车高速行驶中，θ_e 值较小，计算汽车一侧与车道线的距离时，可近似认为汽车与车道线平行，根据图 7.21 及车速 v 计算出

$$L=\frac{\dfrac{d}{2}-L_t-\dfrac{b}{2}}{\sin\theta_e} \tag{7-15}$$

$$t=\frac{L}{v} \tag{7-16}$$

设跨道时间算法中确定的阈值为 T，当 $t \leq T$ 时，表示汽车驶出安全区域，车道偏离预警系统应向驾驶人发出警告。

采用跨道时间算法可以为驾驶人预留足够的反应时间来纠正驾驶行为，但是由于该算法一般假设汽车速度在较短时间内保持不变，并且不考虑汽车航向角的变化，因此误报率较高。

（3）预瞄偏离量差异算法。预瞄偏离量差异算法的原理是在实际车道线处向外扩展一条虚拟车道线，如图 7.22 所示。虚拟车道线是根据驾驶人在自然转向时的偏离习惯设计的，目的是降低误报率。若驾驶人从未有过这种偏离习惯，则可将虚拟车道线与实际车道线重合。

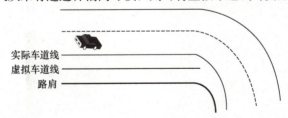

图 7.22　虚拟车道线与实际车道线

预瞄偏离量差异算法可以根据驾驶人的驾驶习惯设定不同的预瞄时间 t 和预瞄位置偏离量阈值 D。预瞄偏离量差异算法的原理如图 7.23 所示。

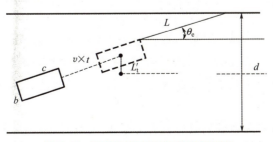

图 7.23　预瞄偏离量差异算法的原理

假设汽车航向角不变，行驶预瞄时间 t 后，计算汽车与偏离方向同侧的车道线间的横向偏差 L_d，计算公式为

$$L'_t = v \times t \times \sin\theta_e + L_t$$
$$L_d = \frac{d}{2} - L'_t - \frac{b}{2}$$

(7-17)

当 $L_d \leqslant D$ 时，表示汽车驶出安全区域，车道偏离预警系统应向驾驶人发出警告。

预瞄偏离量差异算法的中心思想是根据汽车未来几秒的运动状态判断是否发出车道偏离预警，其优点是误报率较低，能给驾驶人留出足够时间采取适当措施，以避免交通事故的发生。

5. 基于单目视觉传感器定位的车道线识别

车道线识别是实现车道偏离预警功能的基础，在实际应用中通过视觉传感器获取的彩色图像包含大量噪声，无法直接用于车道线识别，需要先对采集的图像进行预处理，包括灰度化、图像感兴趣区域确定、图像增强等。预处理后得到较理想的灰度图像，再进行图像分割与边缘检测，完成车道线识别。

(1) 采集原始图像。图像采集来源于某城市道路，单目视觉传感器拍摄的原彩色图像如图 7.24 所示。

(2) 将原彩色图像转换为灰度图像。将原彩色图像导入 MATLAB，对原彩色图像进行灰度转换。原彩色图像转换的灰度图像如图 7.25 所示。

图 7.24　单目视觉传感器拍摄的原彩色图像

图 7.25　原彩色图像转换为灰度图像

(3) 图像感兴趣区域确定。彩色原图像的像素数为 1146×832，为降低干扰并提高算法的处理速度，设定感兴趣区域的像素数为 1146×420，为原彩色图像的偏下区域，如图 7.26 所示。

(4) 图像增强。由于图像在采集、量化和传送等环节中均可能产生噪声（常见的噪声为高斯噪声和椒盐噪声），因此需要降噪。但由于目前视觉传感器的光学成像技术较先进，图像噪声较小，因此确定图像感兴趣区域后，可利用高斯滤波处理噪声。高斯滤波后的图像如图 7.27 所示。

(5) 图像分割。完成图像降噪后，由于车道线和道路间的灰度差较明显，因此需要进行图像分割，将灰度图像转换为二值图像。采用阈值分割方法中的最大类间方差法，阈值

分割结果如图 7.28 所示。采用阈值分割，可较清晰地分割出车道区域。

图 7.26　图像感兴趣区域

图 7.27　高斯滤波后的图像

图 7.28　最大类间方差法阈值分割结果

（6）边缘检测。利用 Prewitt 算法检测图像边缘，边缘检测结果如图 7.29 所示。

图 7.29　利用 Prewitt 算法的边缘检测结果

（7）车道线识别。采用 Hough 变换对尖端点边界形状进行检测，并结合直线车道边界模型，准确识别车道线。检测得到的累加器和峰值点及车道线分别如图 7.30 和图 7.31 所示。

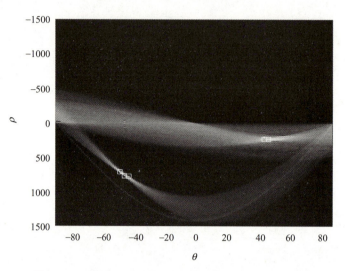

图 7.30　采用 Hough 变换检测得到的累加器和峰值点

图 7.31　采用 Hough 变换检测得到的车道线

图 7.30 中用小方框标注的为峰值点，共有五个，其中三个较接近，对应图 7.31 中右侧较粗车道线，另外两个对应左侧车道线，对应的坐标表示检测出的直线的极坐标参数。图 7.31 中的白色表示车道线识别结果，较短的线段可通过在 Hough 变换中设定合适的直线段最小长度阈值滤除，可在 MATLAB 中用 MinLength 函数实现该过程。

6．车道偏离预警系统应用实例

车道偏离预警系统最初仅装配在较高档的汽车中，随着技术的发展，其应用越来越多。但不同车型的开启方式不同，有些可在行车全程自动开启，有些需要手动开启，有些需要在车速达到一定条件后自动开启。

日本汽车中车道偏离预警系统的装车率较高。丰田的智行安全系统（规避碰撞辅助套装）中包含车道偏离预警系统，装配在卡罗拉、凯美瑞等车型中。该系统主要使用位于驾驶室顶部的视觉传感器提取车道线的信息，当出现车道偏离现象时发出声音警报，如图 7.32 所示。

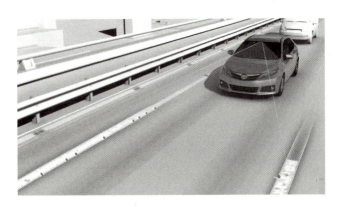

图 7.32 丰田的车道偏离预警系统

福特蒙迪欧的一些车型配备了车道偏离预警系统。该系统在汽车起动后自动开启，驾驶人也可以选择手动关闭或再次开启。当驾驶人在未开启转向灯的情况下，系统判定驾驶人没有对即将越过车道线的情况采取任何措施时，仪表板发出预警。蒙迪欧的车道偏离预警系统按钮位置如图 7.33 所示。

有些国产汽车也配备车道偏离预警系统。吉利公司为博越汽车的部分车型配备车道偏离预警系统（图 7.34）。系统在行车途中默认开启，也可以在中控屏幕中单击开启或关闭，并可以设置三种报警距离。视觉传感器安装在风窗玻璃后方，并实时监测前方车道线，当汽车出现非主动偏离时及时发出警告，避免发生危险。

图 7.33 蒙迪欧的车道偏离预警系统按钮位置

图 7.34 博越汽车的车道偏离预警系统

车道偏离预警技术是一种能够有效规避驾驶事故的先进驾驶辅助技术，受到汽车制造商的广泛重视，随着传感器技术和智能算法的发展，其将在汽车上得到普遍推广。

7.2.3 盲区监测技术

1. 盲区监测系统的定义

盲区监测（blind spot detection，BSD）系统（图 7.35）是汽车上的一款安全类科技装置。它通过超声波传感器、视觉传感器、探测雷达等车载传感器检测视野盲区内有无来车，在左、右两个后视镜内或其他地方提醒驾驶人后方盲区范围内有无来车，从而消除视野盲区，提高行车安全性。

盲区监测系统

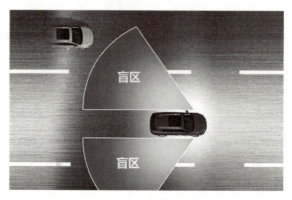

图 7.35 盲区监测系统

很多汽车都具有盲区监测功能。盲区监测系统除监测车辆外,还监测城市道路上汽车盲区内的行人、骑行者及高速公路弯道等。

2. 盲区监测系统的功能

汽车变道前,驾驶人需要观测周围的环境,预测可能对其他道路使用者造成的威胁。根据相关法规的要求,驾驶人有责任确保自车后方和侧方的安全。如果驾驶人注意力不集中或后视镜的角度调整不合适,就可能注意不到视野盲区内的其他道路使用者,在这种情况下变道可能引发交通事故。

此外,在变道过程中错误地估计后方来车速度也是引发交通事故的主要因素,尤其是在高速公路上,驾驶人经常错误地判断距离较大但速度很高的后车的影响。这种情况不仅会导致自车与后车相撞,而且由于后车速度较高,其跟随车来不及反应,极易引发连环追尾事故。

盲区监测系统应具备以下功能。

(1) 当有车或行人进入驾驶人视野盲区时,盲区监测系统应发出警告。

(2) 盲区监测系统应在驾驶人进行变道操作时对其进行辅助,监测其他车道上快速接近的后方来车,当驾驶人因对驾驶环境误判而可能作出危险驾驶行为时,盲区监测系统应发出警告。

(3) 在理想状态下,在任何路况、天气和交通环境中,盲区监测系统都能正常工作。

3. 盲区监测系统的要求

为了保证汽车安全性,对盲区监测系统有以下要求。

(1) 实时性。盲区监测系统是一种以预防为主的车载装置,需要及时发现盲区内潜在的危险并发出警告,这无疑要求系统必须具有良好的实时性。尤其在高速公路上车速高,实现实时监测是一个技术难点。实时性是整个系统具有实用价值的前提。实时性要求快速对传感器获取的数据进行分析和处理,这将对准确性有所影响,从而使整个检测过程更加困难。

(2) 有效性和可靠性。系统的功能由有效性来实现,同时需要一定的可靠性来保障。由于实际道路具有复杂性、多样性,因此系统的有效性和可靠性受到挑战。行人和骑行者作为非刚性物体,各种因素导致其外形不断变化,对检测的有效性造成干扰;车道线残缺、其他交通工具的遮挡及建筑或桥梁的遮挡等都会使弯道检测失真。

4. 盲区监测系统的组成

盲区监测系统一般由信息采集单元、电子控制单元和预警显示单元等组成，如图 7.36 所示。

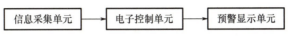

图 7.36　盲区监测系统的组成

（1）信息采集单元。信息采集单元利用车载传感（超声波传感器、视觉传感器、探测雷达等）器检测汽车盲区内是否有行人或其他行驶汽车，并把采集到的有用信息传输给电子控制单元。后视镜盲区的信息采集单元一般采用毫米波雷达，A 柱盲区的信息采集单元一般采用摄像头。

（2）电子控制单元。电子控制单元对采集到的信息进行分析、判断，并向预警显示单元发送信息。

（3）预警显示单元。预警显示单元接收电子控制单元的信息，如果有危险，则发出预警，此时不可变道。

5. 盲区监测系统的原理

盲区监测系统通过安装在汽车尾部或侧方的传感器（视觉传感器、毫米波雷达等）检测后方来车或行人，电子控制单元对传感器采集的信息进行分析、处理，如果盲区内有来车或行人，则预警显示单元会通过发出报警或在后视镜中显示报警信息等方式告知驾驶人。如果此时驾驶人没有注意到系统提醒而开启转向灯准备变道，则预警显示单元会增大报警强度来警告驾驶人，避免交通事故的发生。

对于智能网联汽车，也可以采用 V2V 通信和 V2I 通信，告知驾驶人盲区内是否有来车或行人。

6. 盲区监测系统的类型

盲区监测可分为前盲区监测、两侧盲区监测（包括 A 柱盲区监测、B 柱盲区监测和 C 柱盲区监测）、后盲区监测和后视镜盲区监测，其中容易引发交通事故的是 A 柱盲区和后视镜盲区。

（1）A 柱盲区监测。

A 柱盲区是最危险、最常见的两侧视野盲区，由于驾驶人距离 A 柱较近，因此驾驶人观察前方路况时，左侧 A 柱导致的视野盲区范围比右侧 A 柱导致的视野盲区范围大，如图 7.37 所示。

在汽车左、右转弯时，由于驾驶人的视线被 A 柱遮挡，因此会短时间内无法看清盲区内的障碍物或行人，如果汽车在转弯时速度没有

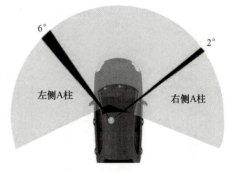

图 7.37　A 柱盲区监测

降到一定范围内,则容易造成交通事故。

立柱盲区是由车身构造引起的,目前从结构理论上还无法完全消除。为了看清A柱盲区的交通状况,驾驶人在行车中必须向前探身观察路况,正常驾驶姿势被破坏,可能引起误操作,造成交通事故。因此,消除汽车A柱盲区隐患是汽车驾驶人的迫切需要。解决A柱盲区问题主要有以下几种方案。

① 将A柱改成通透形式。将三角形的钢铁骨填充到树脂玻璃中,驾驶人可通过树脂玻璃观察外界,减小A柱盲区。这种方法很大程度上减少了A柱盲区带来的安全隐患,但A柱盲区依然存在,同时汽车整体结构的安全性降低。

② 双A柱设计。在A柱中间设计透明的三角窗,虽然该设计增大了驾驶人视野,A柱盲区得以减小,但是仍会对驾驶人的视线产生影响。

③ 以摄像头拍摄装置为辅助驾驶系统。使用摄像头拍摄装置传递图像信息,在靠近A柱的平台上安装显示屏显示拍摄的图像。这个角度与驾驶人驾驶时观察侧方事物的方向极为相似,具有开车时的真实感。采用该方法,被遮挡的区域可以清晰地显示出来,遇到危险情况时驾驶人可以提前作出反应。但是如果直接利用车载显示器实时显示道路信息,驾驶人不得不持续调整注意力来查看屏幕,这样做不但会极易感到疲劳,而且会影响驾驶安全系数和乘坐舒适性。

④ 采用"透明A柱"技术。采用该技术的主要目的是提升汽车的安全性及智能化水平。该技术为360°虚拟城市风挡,A柱、B柱、C柱内表面带有显示屏,这些显示屏可以实时地显示安装在车身A柱、B柱、C柱对应盲区中的摄像头拍摄的图像,同时提醒前方可能存在的目标(如来车或行人)与自车的距离。由于该技术通过无线传输与云端进行信息交换,如停车位、收费站、监控器等信号均可显示在A柱的显示屏上,因此称为"透明A柱"技术。该技术具有人性化、舒适度高等优点,但是成本较高。

(2) 后视镜盲区监测。

后视镜盲区主要是指汽车行驶时车身两侧及车内在后视镜可视范围之外的区域。驾驶人通过汽车后视镜能观察到车身附近周围信息,但只是局限在一定的角度范围内,如果超过这个范围,驾驶人就无法观测到周围汽车的行驶动态,如图7.38所示。从外部辅路并入主路的汽车,如果速度高且切入内侧车道的角度过大,则很容易发生交通事故。在大雨、大雪、大雾、夜间光线昏暗的情况下,更加难以看清后方车辆,此时变道将面临更大的危险。

为了扩大后视镜观测范围,缩小盲区,可采用加装广角后视镜的方法。将广角后视镜安装在两侧后视镜边缘,可在很大程度上减小后视镜的盲区范围。

后视镜盲区监测系统采用一定的侦测系统(声、光、电)对特定的后视镜盲区进行探测,一旦有来车或行人进入盲区范围,系统就会及时以图像、声音或两者并用的方式提醒驾驶人,从而减小后视镜盲区引发事故的可能性。

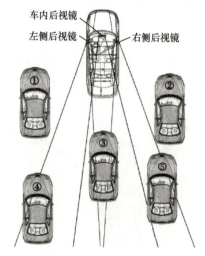

图7.38 汽车后视镜盲区

① 驾驶视觉盲区信息系统。驾驶视觉盲区信息系统采用摄像头监视车身四周的视觉死角，从而减少驾驶人因视觉盲区而引发的意外。当车速超过 10km/h 时，视觉盲区信息系统自动启动，若在警示区域内出现移动物体，则系统向驾驶人发出警告，驾驶人根据提示灯，注意其盲区的移动物体。驾驶人可通过中控台上的按钮关闭该系统。

驾驶视觉盲区信息系统在每侧车门后视镜上都分别安装一个摄像头，通过对比拍摄的图像判断盲区内是否有移动的汽车。该系统可全天候工作，不但能识别汽车和摩托车，而且能识别停靠的汽车、路障、路灯和其他静止物体并进行相应的处理。但是由于该系统基于摄像技术原理，因此具有与人眼相同的局限性，如光线强度、雨雪天气等都会对该系统造成影响；同时，该系统的成本很高。

② 侧面盲区监测系统。侧面盲区监测系统利用嵌装在车尾一角的雷达进行监测。当车门后视镜至后方 5m 的相邻车道上有汽车时，车门后视镜上的警示灯便会点亮，提醒驾驶人有其他汽车进入了视觉死角区域。驾驶人能以开启与关闭的方式控制该系统是否工作。

侧面盲区监测系统也有不足之处，其警示灯尺寸较小且很容易被阳光掩盖，以至于驾驶人不得不仔细盯着后视镜以辨别警示灯是否点亮。另外，它不能一直监控整个区域内的情况，而且如果传感器沾上水或灰尘等，则该系统将无法很好地工作。因此，在一切正常的情况下，仍然可能出现预警漏报的情况。

③ 红外侧面监测系统。红外侧面监测系统借助红外扫描技术获得汽车侧面盲区的信息，可帮助驾驶人在变道时注意侧面盲区中行驶的汽车。如果监测系统监测到有汽车驶入侧面盲区，则会在侧视镜上出现警告图标，为驾驶人提供视觉化的警告。该系统比雷达便宜，而且体积较小，可以安装在侧视镜、尾灯或汽车侧挡板处。但因该系统采用红外监测，故受温度的影响较大。

后视镜盲区监测系统对提高汽车安全性，尤其是行驶在高速公路上的汽车效果显著。除上述几种盲区监测系统外，还可采用超声波监测方式来获得汽车侧面盲区的信息，其结构简单、造价低；但精度低，误报率比较大，还有待改进。

7. 盲区监测系统应用实例

沃尔沃汽车的盲区监测系统如图 7.39 所示。位于外后视镜根部的摄像头会对距离 3m 宽、9.5m 长的一个扇形盲区进行 25 帧/秒的图像监测，如果有速度大于 10km/h 且与自

图 7.39　沃尔沃汽车的盲区监测系统

车速度差为20~70km/h的移动物体（车或行人）进入该盲区，系统就对比每帧图像。当系统认为目标进一步接近时，A柱上的警示灯点亮，防止出现事故。沃尔沃汽车盲区监测系统在左右两个反光镜下面配备两个摄像头，将后方的盲区影响反馈到行车计算机的显示屏幕上，并在后视镜的支柱上有并线提醒灯，以提醒驾驶人注意，消除盲区。

7.2.4 驾驶人疲劳监测技术

1. 驾驶人疲劳监测系统的定义

驾驶人疲劳监测（driver fatigue monitoring，DFM）系统（图7.40）是指驾驶人精神状态下降或进入浅层睡眠时，系统依据驾驶人精神状态指数分别给出视觉、听觉或触觉等警示，警告驾驶人已经进入疲劳状态，需要休息。其作用是监测并提醒驾驶人的疲劳状态，减少驾驶人疲劳驾驶的潜在危害。

图7.40 驾驶人疲劳监测系统

驾驶人疲劳监测系统也称防疲劳预警系统、疲劳识别系统、注意力警示辅助系统、驾驶人安全警告系统等。

2. 驾驶人疲劳监测系统的组成

驾驶人疲劳监测系统一般由信息采集单元、电子控制单元和预警显示单元等组成，如图7.41所示。

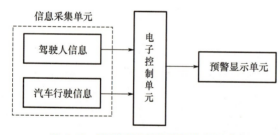

图7.41 驾驶人疲劳监测系统的组成

（1）信息采集单元。信息采集单元主要利用传感器采集驾驶人信息和汽车行驶信息，驾驶人信息包括驾驶人的面部特征、眼部信号、头部运动性等；汽车行驶信息包括转向盘转角、行驶速度、行驶轨迹等，这些信息的采集取决于系统的设计。

（2）电子控制单元。电子控制单元接收信息采集单元传递的信号并进行运算分析，判断驾驶人的疲劳状态；如果经计算分析发现驾驶人处于一定的疲劳状态，则向预警显示单元发出信号。

（3）预警显示单元。预警显示单元根据电子控制单元传递的信息，通过语音提示、振动提醒、电脉冲警示等方式对驾驶人进行预警。

3. 驾驶人疲劳监测方法

驾驶人疲劳监测方法主要有基于驾驶人自身特征（包括生理信号和生理反应）的监测

方法、基于汽车行驶状态的监测方法和基于多特征信息融合的监测方法等。

（1）基于驾驶人生理信号的监测方法。驾驶人在疲劳状态下，一些生理指标（如脑电、心电、肌电、脉搏、呼吸等）会偏离正常状态，可以通过生理传感器检测驾驶人的这些生理指标来判断驾驶人是否处于疲劳状态。

① 脑电信号监测。脑电信号是人脑机能的宏观反映。脑电信号反映人体的疲劳状态客观、准确。脑电信号被誉为疲劳监测中的"金标准"。人在疲劳状态下，慢波增加，快波减少。利用脑电信号监测驾驶疲劳状况的准确率较高，但是操作复杂且不适合车载实时监测。

② 心电信号监测。心电图指标主要包括心率及心率变异性等。其中，心率综合反映人的疲劳程度与任务和情绪的关系。心率变异性是心脏神经活动的紧张度和均衡度的综合体现。心电信号是判定驾驶人疲劳的有效特征，准确率高。利用心电信号监测人体疲劳状况需要将电极与人体相接触，会给驾驶人的正常驾驶带来不便。

③ 肌电信号监测。通过对肌电信号的分析，反映人体的疲劳程度。肌电图的频率随着疲劳的产生和疲劳程度的增大呈现下降趋势，而肌电图的幅值增大表明疲劳程度增大。该监测比较简单，结论较明确。

④ 脉搏信号监测。人体精神状态不同，心脏活动和血液循环也会有差异，而人体脉搏波的形成依赖心脏和血液循环。因此，利用脉搏波监测驾驶人的疲劳状态具有可行性。

⑤ 呼吸信号监测。人体疲劳状态的一个重要表现就是呼吸频率降低，呼吸变得平稳。在正常的驾驶过程中，驾驶人精神集中，呼吸的频率较高，如果驾驶期间与他人交谈，呼吸波的频率会变得更高，同时呼吸的周期性变差。当驾驶人疲劳驾驶时，注意力集中程度降低，思维不活跃，此时呼吸变得平缓。因此，通过监测驾驶人的呼吸状况判定疲劳驾驶成为研究驾驶人疲劳监测系统的一个重要方面。

基于驾驶人生理信号的监测方法客观性强、准确率高；但与检测仪器有较大关系，而且都是接触式监测，会干扰驾驶人的正常操作，影响行车安全。另外，由于不同人的生理信号特征有所不同，且与心理活动关联较大，因此该监测方法在实际应用中有很大的局限性。

（2）基于驾驶人生理反应的监测方法。基于驾驶人生理反应特征的监测方法一般采用非接触式监测，利用机器视觉技术监测驾驶人面部的生理反应特征（如眼睛特征、视线方向、嘴部状态、头部位置等）来判断驾驶人的疲劳状态。

① 眼睛特征监测。驾驶人眼球的运动和眨眼信息是反映疲劳的重要特征，眨眼幅度、眨眼频率和平均闭合时间都可直接用于疲劳监测。较有应用前景的实时疲劳监测方法——PERCLOS（percentage of eyelid closure over the pupil time，单位时间眼睛闭合的百分比）监测指出 P80（单位时间内眼睛闭合程度超过 80% 的时间占总时间的百分比）与驾驶疲劳程度的相关性最好。为了提高疲劳监测的准确率，可以综合检测平均睁眼程度、最长闭眼时间的特征作为疲劳指标，以达到较高的疲劳监测准确率。由于通过眼睛特征检测驾驶人的疲劳程度，不会对驾驶人行为带来任何干扰，因此成为这一领域现行研究的热点。

② 视线方向监测。把眼球中心与眼球表面亮点的连线定为驾驶人视线方向。正常状态下，驾驶人正视汽车运动前方，同时视线方向移动速度比较高；疲劳时，驾驶人视线方向的移动速度降低，表现出迟钝现象，并且视线轴会偏离正常的位置。通过摄像头获取眼睛的图像对眼球建模，把视线是否偏离正常范围作为判别驾驶人是否疲劳的特征之一。

③嘴部状态监测。人在疲劳时往往有频繁的哈欠动作，如果检测到哈欠的频率超过一个预定的阈值，则判定驾驶人处于疲劳状态。基于此原理，可以完成对驾驶人的疲劳监测。

④头部位置监测。在驾驶过程中，驾驶人正常和疲劳时的头部位置是不同的，可以利用驾驶人头部位置的变化监测疲劳程度。利用头部位置传感器，对驾驶人的头部位置进行实时跟踪，并且根据头部位置的变化规律判断驾驶人是否疲劳。

基于驾驶人生理反应特征的监测方法的优点是表征疲劳的特征直观、明显，可实现非接触测量；缺点是监测识别算法比较复杂，疲劳特征提取困难，而且监测结果受光线变化和个体生理状况的变化影响较大。

(3) 基于汽车行驶状态的监测方法。基于汽车行驶状态的疲劳方法不是从驾驶人本人出发进行研究的，而是从驾驶人对汽车的操控情况间接判断驾驶人的疲劳状态。该监测方法主要利用CCD摄像头和车载传感器监测汽车行驶状态，间接推测驾驶人的疲劳状态。

① 基于转向盘的监测。基于转向盘的监测包括转向盘转角信号监测和转向盘力信号监测。

驾驶人疲劳时对汽车的控制能力下降，转向盘转角幅度增大，然后在一段时间内没有明显变化，同时操作转向盘的频率会下降。通过对转向盘转角的时域、频域和幅值域的分析，转向盘转角的方差或平方差可以作为疲劳驾驶的评价指标。通过监测驾驶人驾驶过程中转向盘的转角变化情况来监测驾驶人的疲劳情况是驾驶人疲劳监测系统的研究热点。这种方法数据准确、算法简单且该信号与驾驶人的疲劳状态联系紧密。

驾驶人疲劳时，其对转向盘的握力逐渐减小。通过传感器实时监测驾驶人把握转向盘的力，通过一系列分析判断驾驶人的疲劳状态。

驾驶人对转向盘的操作特征能间接、实时地反映驾驶人的疲劳状态，具有可靠性高、无接触的优点；但受传感器技术的限制，其准确率有待提高。

② 汽车行驶速度监测。通过实时监测汽车的行驶速度，判断汽车是处于有效控制状态还是处于失控状态，从而间接判断驾驶人的疲劳状态。

③ 车道偏离监测。驾驶人疲劳驾驶时，由于注意力分散、反应迟钝，因此汽车可能偏离车道。

基于汽车行驶状态的监测方法的优点是其为非接触监测，容易提取信号，不会对驾驶人造成干扰，以汽车的现有装置为基础，只需增加少量硬件，具有很高的实用价值；缺点是受到汽车的具体型号、道路的具体情况和驾驶人的驾驶习惯、驾驶经验和驾驶条件等限制，目前此方法的准确率不高。

(4) 基于多特征信息融合的监测方法。依据信息融合技术，将基于驾驶人生理信号、生理反应特征和汽车行驶状态结合的监测方法是理想的监测方法，大大降低了采用单一方法造成的误报警或漏报警现象。信息融合技术的应用使疲劳监测技术得到更进一步的发展和提高，能客观、实时、快捷、准确地判断驾驶人的疲劳状态，避免疲劳驾驶所引起的交通事故，这是疲劳监测技术的发展方向。

4. 驾驶人疲劳监测系统应用实例

某公司开发的驾驶人疲劳监测系统是基于驾驶人生理图像反应，利用驾驶人的面部特征、眼部信号、头部运动性等推断驾驶人的疲劳状态，并进行报警和采取相应措施的装置。该系统具备对环境的强抗干扰能力，对驾驶行车安全给予主动、智能的安全保障。

驾驶人疲劳监测系统主要由摄像头和图像处理控制单元两大模块组成，如图7.42所示。

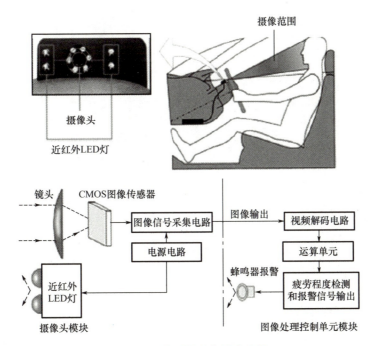

图 7.42　驾驶人疲劳监测系统

（1）摄像头模块。摄像头模块主要由镜头、CMOS 图像传感器、近红外 LED 灯、图像信号采集电路及电源电路组成。CMOS 图像传感器将通过镜头的光信号转换为电信号，实时拍摄驾驶人的头部、肩部姿态，并通过连接线将信号传输至图像处理控制单元进行处理。近红外 LED 灯在必要时点亮，进行补光，使系统无论是在白天还是夜晚都能正常工作。

（2）图像处理控制单元模块。图像处理控制单元模块主要由视频解码电路、运算单元、疲劳程度检测和报警信号输出单元、蜂鸣器组成。视频解码电路接收由摄像头模块发出的视频图像信号，解码后送入运算单元进行处理。如果经计算发现驾驶人处于一定的疲劳程度，报警单元则驱动蜂鸣器进行报警。

7.3　自主控制技术

7.3.1　车道保持辅助技术

1. 车道保持辅助系统的定义

车道保持辅助（lane keeping assist，LKA）系统（图 7.43）是一种能够主动监测汽车行驶时的横向偏离,并对转向系统和制动系统进行协调控制的系统。车道保持辅助系统是在车道偏离预警系统的基础上发展起来的,能够主动纠正车道偏离现象,使汽车保持在预定的车道上行驶,从而减轻驾驶人的负担,减少交通事故的发生。

车道保持辅助系统

图 7.43　车道保持辅助系统

2. 车道保持辅助系统的组成

车道保持辅助系统主要由信息采集单元、电子控制单元和执行单元等组成,如图 7.44 所示。在该系统工作期间,驾驶人将会接收车道偏离的报警信息,并选择对转向系统和制动系统中的一项或多项动作进行控制,也可交由系统完全控制。系统中的所有信息均以数字信号的形式传递,通过汽车总线技术实现。

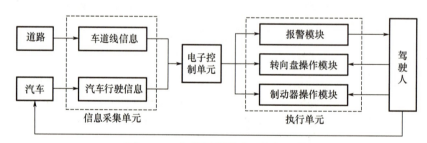

图 7.44　车道保持辅助系统的组成

(1) 信息采集单元。信息采集单元在车道保持辅助系统中的功能与在车道偏离预警系统中的功能相似,主要通过传感器采集车道线信息和汽车行驶信息并发送给电子控制单元。

(2) 电子控制单元。电子控制单元主要通过特定的算法对信息进行处理,并判断是否作出车道偏离修正的相应操作。由于电子控制单元的性能直接影响车道偏离修正的及时性,因此选择中央处理器和设计控制算法时,要着重考虑运算能力和运算速度。

(3) 执行单元。执行单元主要分为三部分,即报警模块、转向盘操作模块和制动器操作模块。其中,报警模块与车道偏离预警系统类似,通过转向盘或座椅振动、仪表板显示、声音警报中的一种或多种形式实现。转向盘操作模块和制动器操作模块是车道保持辅助系统特有的,其主要实现横向运动和纵向运动的协同控制,并保证汽车在车道保持辅助系统工作期间具有一定的行驶稳定性。

3. 车道保持辅助系统的工作原理

车道保持辅助系统可以在行车的全程或速度达到某一阈值后开启，并可以手动关闭，实时保持汽车的行驶轨迹。当系统正常工作时，信息采集单元通过车载传感器采集车速信息、转向盘转角信息及汽车速度信息，电子控制单元对信息进行处理，比较车道线和汽车的行驶方向，判断汽车是否偏离车道。当汽车可能偏离车道线时，发出报警信息；当汽车距离偏离侧车道线小于一定阈值或已经有车轮偏离出车道线时，电子控制单元计算出辅助操舵力和减速度，根据偏离的程度控制转向盘操作模块和制动器操作模块，施加操舵力和制动力使汽车稳定地回到原车道；若驾驶人开启转向灯，正常变道，则系统不会作出提示。

车道保持辅助系统的工作过程如图 7.45 所示。当该系统起作用时，将不同时刻的汽车行驶图像重叠后可以看出，图中第二个车影已经偏离车道，系统发出报警信息；第三个和第四个车影是系统主动进行车道偏离纠正的过程；在第五个车影处，汽车重新处于原行驶线路上，这就是车道保持辅助系统的一个完整工作周期。

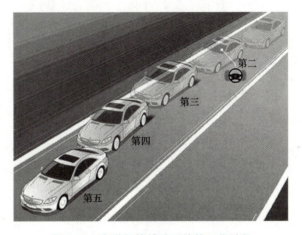

图 7.45 车道保持辅助系统的工作过程

4. 车道保持辅助系统的应用实例

车道保持辅助系统已经在较多车型中装配，不仅提高了行车安全性，防止由驾驶人注意力不集中造成的车道偏离，还使驾驶人养成了变道主动开启转向灯的习惯，否则车道保持辅助系统将会发出报警或产生较大的转向阻力矩。

本田公司对车道保持辅助系统有较深入的研究，已经将其装配在思域、CR-V 等车型中。本田汽车的车道保持辅助系统（图 7.46）主要通过单目摄像头识别车道两侧的行车线，并辅助施加转向盘转向操作，使汽车始终保持在车道中间行驶，大幅度缓解高速行驶时的驾驶疲劳。

大众 CC 汽车也搭载了车道保持辅助系统，如图 7.47 所示。其原理是通过紧贴在前风窗玻璃上的数字式灰度摄像头实时拍摄前方道路的左右车道线并进行监控。拍摄的图像由计算机转换为信息数据并进行处理，分析汽车是否行驶在两车道线中间。若汽车的偏离量超出允许值，则会向电动助力转向系统发出修舵动作指令，加以干预纠正，汽车便会自动

车道保持辅助系统仿真

图 7.46　本田汽车的车道保持辅助系统

回到两条车道线中间。如果弯道弯度较大且车道线清晰，汽车就会自动沿着弯道转弯行驶。

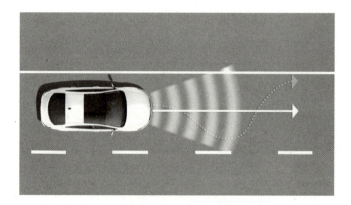

图 7.47　大众 CC 汽车的车道保持辅助系统

福特公司的部分汽车也搭载了车道保持辅助系统，如图 7.48 所示。该系统主要采用 Gentex 公司的多功能摄影系统，核心架构为 Mobileye 公司的 EyeQ 视讯处理器。这个处理器可以处理摄像头收集的信息，实现车道监测、车辆监测、行人监测、前照灯控制等功能。

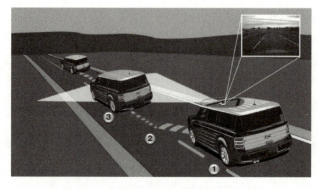

图 7.48　福特汽车的车道保持辅助系统

7.3.2 自动紧急制动技术

1. 自动紧急制动系统的定义

自动紧急制动（automatic emergency braking，AEB）系统（图 7.49）可以预知潜在的碰撞危险并及时通知驾驶人，而且在必要的情况下可自动控制制动踏板完成制动操作，以避免或减轻碰撞伤害。

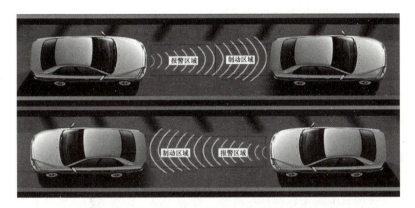

图 7.49 自动紧急制动系统

全球主流的汽车厂商都有自己的预碰撞安全系统，但其名称各不相同，功能的实现效果及技术细节也有所不同，如大众汽车的 Front Assist 预碰撞安全系统、沃尔沃汽车的 CWAB 系统、奔驰汽车的 PRE-SAFE 系统、斯巴鲁汽车的 EyeSight 系统等。

自动紧急制动系统

2. 自动紧急制动系统的组成

自动紧急制动系统主要由行车环境信息采集单元、电子控制单元和执行单元等组成，如图 7.50 所示。

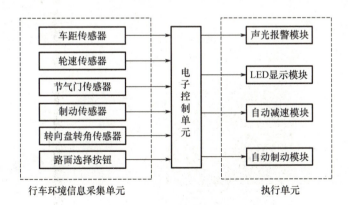

图 7.50 自动紧急制动系统的组成

（1）行车环境信息采集单元。行车环境信息采集单元由车距传感器、轮速传感器、节气门传感器、制动传感器、转向盘转角传感器、路面选择按钮等组成，对行车环境进行实时监测,得到相关行车信息。车距传感器用来监测自车与前方目标的相对距离及相对速度,常见的测距技术有超声波测距、毫米波雷达测距、激光测距、红外线测距和视频传感器测距等;轮速传感器用来监测自车速度;节气门传感器用来监测驾驶人在收到系统提醒报警后是否及时松开加速踏板,对自车实行减速措施;制动传感器用来监测驾驶人是否踩下制动踏板,对自车实行制动措施;转向盘转角传感器用来监测汽车是否正处于弯道路面行驶或处于超车状态,系统凭此来判断是否需要进行报警抑制;路面选择按钮用于方便驾驶人对路面状况信息进行选择,从而方便系统对报警距离的计算。需要采集的信息因系统的不同而不同。所有采集的信息都将被送往电子控制单元。

(2) 电子控制单元。电子控制单元接收行车环境信息采集单元的检测信号后,综合收集的数据信息,依照一定的算法程序对汽车行驶状况进行分析和计算,判断汽车适用的预警状态模型,同时对执行单元发出控制指令。

(3) 执行单元。执行单元可以由多个模块(如声光报警模块、LED 显示模块、自动减速模块和自动制动模块等)组成,根据系统的不同而不同。执行单元接收电子控制单元发出的指令,并执行相应的动作,达到预期的预警效果,实现相应的汽车制动功能。当系统检测到存在危险状况时,执行单元进行声光报警,提醒驾驶人;发出提醒报警之后,如果驾驶人没有松开加速踏板,则系统会发出自动减速控制指令;在减速之后系统检测到危险仍然存在时,说明目前汽车行驶处于极度危险的状况,需要对汽车实施自动强制制动。

3. 自动紧急制动系统的工作原理

自动紧急制动系统采用车距传感器测出自车与前车或障碍物的距离,然后利用电子控制单元将测出的距离与报警距离、安全距离等进行比较,小于报警距离时进行报警提示,小于安全距离时即使驾驶人没有踩制动踏板,自动制动辅助系统也会启动,使汽车自动制动。

图 7.51 所示为某汽车自动制动辅助系统的工作过程。

图 7.51　某汽车自动紧急制动系统的工作过程

4. 自动紧急制动系统的类型

EURO NCAP(the european new car assessment programme,欧洲新车评鉴协会)以

多年统计事故数据为依据，为汽车自动紧急制动系统提出三种应用类型，即城市专用自动紧急制动系统、高速公路专用自动紧急制动系统和行人保护专用自动紧急制动系统。

（1）城市专用自动紧急制动系统。城市交通事故大多发生在路口等待、交通拥堵等情况下，因为驾驶人注意力分散，忽视了自身的车速和与前车的距离，造成碰撞事故。城市道路驾驶的特点是速度低，易发生不严重的碰撞。城市专用自动制动辅助系统可以监测前方路况与车辆移动情况，如果监测到潜在的风险，系统就采取预制动措施，提醒驾驶人存在风险；如果在反应时间内未接到驾驶人的指令，系统自动制动来避免事故的发生。在任何时间点内，如果驾驶人采取了紧急制动或猛打转向盘等措施，该系统就停止工作。

马自达阿特兹汽车搭载的低速自动紧急制动系统属于城市专用自动紧急制动系统。低速自动紧急制动系统能够在汽车低速行驶时主动监测同前车的距离。当车速为 4～30km/h 时，低速自动紧急制动系统自动开启，并判断自车与前车的距离，当监测到两辆车距离过小时，该系统自动制动减速，避免或减轻伤害；当车速低于 20km/h 时，汽车自动停车，避免追尾前车或减轻对前车的伤害。

（2）高速公路专用自动紧急制动系统。在高速公路上发生的事故与城市交通事故的特点不同。高速公路上的驾驶人可能疲劳驾驶，当意识到危险时，车速过高而无法控制汽车。为了保证这种行驶情况下的安全性，自动紧急制动系统必须采用相应的控制策略。系统在汽车高速行驶状态下工作，首先通过报警来提醒驾驶人潜在的危险。如果在反应时间内，驾驶人没有任何反应，警示系统就第二次启动，如突然制动或安全带收紧，此时制动器将调至预制动状态；如果驾驶人依然没有反应，系统就会自动实施紧急制动。

（3）行人保护专用自动紧急制动系统（图 7.52）。除监测道路上的车辆外，还有一类自动紧急制动系统是用来监测行人和公路上其他弱势群体的。系统通过车辆上的一个前视摄像头传递的图像辨别出行人的图形和特征，通过计算相对运动的路径确定是否有撞击的危险。如果有危险，系统就发出报警，并在安全距离内制动系统采用自动紧急制动使汽车停止。实际上，预测行人行为是比较困难的，系统控制的算法也非常复杂。该系统需要在危险发生前更迅速作出正确判断，更有效地作出响应，防止发生事故，同时需要避免系统在特定情况下发生误触发。

图 7.52　行人保护专用自动紧急制动系统

5. 自动紧急制动系统的测试方法

EURO NCAP 根据工作形式的不同，将自动紧急制动系统分为自动紧急制动加前向碰撞预警（AEB+FCW）、单独自动紧急制动（AEB）及单独前向碰撞预警（FCW）三种情况。EURO NCAP 试验评价方法中,将自动辅助系统测试方法分为车与车工况(CCR)和车与行人工况(CP)。

车与车工况主要分为以下三种情况。

(1)车与车后方接近静态试验(CCRs)。该试验测试前方目标汽车静态下后方测试汽车的接近状况。根据实际调查情况,汽车事故的第一种普遍情况是在前车静态下发生的。根据系统分类和工作形式分类,定义测试流程和方法,试验速度参数见表 7-4,试验示意图如图 7.53 所示。

表 7-4 车与车后方接近静态试验速度参数　　　　　　　　　（单位:km/h）

工况	AEB+FCW		单独 AEB	单独 FCW
	AEB	FCW		
城市工况	10~50	—	10~50	—
郊区工况	—	30~80	30~80	30~80

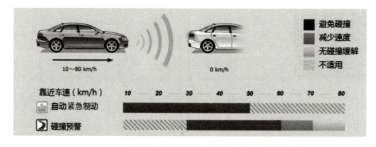

图 7.53　车与车后方接近静态试验示意图

(2)车与车后方接近移动试验(CCRm)。该试验测试前方目标汽车匀速移动状态下后方测试汽车的接近状况。根据实际调查情况,汽车事故的第二种情况是在前车匀速移动的状况下发生的。根据系统分类和工作形式分类,定义测试流程和方法,试验速度参数见表 7-5,试验示意图如图 7.54 所示。

表 7-5 车与车后方接近移动试验速度参数　　　　　　　　　（单位:km/h）

AEB+FCW		单独 AEB	单独 FCW
AEB	FCW		
30~70	50~80	30~80	50~80

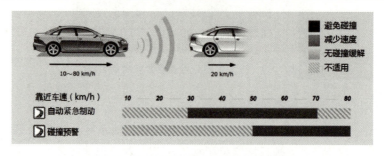

图 7.54　车与车后方接近移动试验示意图

(3) 车与车后方接近制动试验 (CCRb)。该试验测试前方目标汽车匀速移动中突然制动状态下后方测试汽车的接近状况。根据实际调查情况，汽车事故的第三种情况是在前车移动中突然制动的状况下发生的。根据系统分类和工作形式分类，定义测试流程和方法，试验速度参数见表 7-6，试验示意图如图 7.55 所示。

表 7-6　车与车后方接近制动试验速度参数

工　　况	两车距离	AEB+FCW、单独 AEB、单独 FCW	
		制动减速度为 $2m/s^2$	制动减速度为 $6m/s^2$
城市工况	12m	10~50km/h	10~50km/h
郊区工况	40m	30~80km/h	30~80km/h

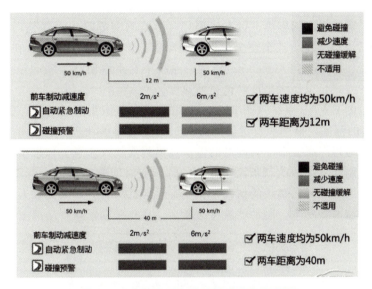

图 7.55　车与车后方接近制动试验示意图

以上三种测试方法都是根据前方目标汽车的状态变化，后方测试汽车在不同车速下对自动紧急制动系统进行全面的性能测试。其中，车与车后方接近静态试验和移动试验根据表 7-4 和表 7-5 中提供的车速区间，从小到大用 5km/h 或 10km/h 的车速间隔进行试验；车与车后方接近制动试验是在两车都以 50km/h 速度行驶，两车距离分别为 12m 和 40m 的情况下，前车模拟实际情况，分别进行 $2m/s^2$ 和 $6m/s^2$ 的减速度制动，以测试系统的性能。

车与行人工况主要分为以下三种情况。

(1) CP1。清晰状态下遇到行人从左侧人行道进入车道。

(2) CP2。隐蔽状态下遇到行人从左侧人行道进入车道。

(3) CP3。清晰状态下遇到行人从右侧人行道快步进入车道。

6. 自动紧急制动系统的应用实例

斯巴鲁汽车的 EyeSight 系统（图 7.56）主要通过前风窗玻璃的两个立体摄像头模拟人类的立体视觉监测汽车前方的路口，监测范围为 79m，可以识别汽车、行人、摩托车。

图 7.56　斯巴鲁汽车的 EyeSight 系统

斯巴鲁汽车的 EyeSight 系统在前后车速不同的情况下采取不同的措施。当车速差低于 30km/h 时，系统能识别车辆、行人的路径。若监测到危险，而驾驶人没有及时制动，则系统可以自动协助制动，甚至完全使汽车制动停止，避免发生碰撞。在一些越野路段，可以将系统关闭。当车速差大于 30km/h 时，系统不会采取使汽车制动停止的方式，而是采取适当减速的方式，以最大限度降低碰撞速度。

沃尔沃汽车的 CWAB 系统（图 7.57）采用雷达和摄像头同时监测，雷达负责监测汽车前方 150m 内的范围，摄像头负责监测前方 55m 内的车辆动态。当与前车距离过小或路中间有行人时，通过点亮类似于制动灯的警示灯提醒驾驶人注意。如果发出报警后碰撞的风险仍然增加，制动支持功能就被激活。制动片响应时间缩短，预充液压增强制动压力，确保驾驶人在没用力踩制动踏板的情况下实现有效紧急制动。如果驾驶人没有实施紧急制动而系统预见碰撞即将发生，制动器就将被激活，自动采取紧急制动措施。

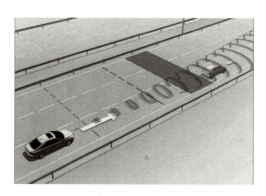

图 7.57　沃尔沃汽车的 CWAB 系统

除 CWAB 系统外，沃尔沃公司还研发了城市安全系统与之配合。该系统在车速 30km/h 以下时启动，自动监测前方 10m 内是否有静止或移动的汽车。如果前车突然制动，而驾驶人对系统发出的报警未采取任何行动，则汽车自动紧急制动。当两车的相对速度差低于 15km/h 时，该系统启动后可以使汽车自动制动停止，避免碰撞发生。当两车的相对速度差为 15~30km/h 时，该系统可在碰撞发生前将车速降至最低，以最大限度地减少自车与前车乘员及汽车因碰撞而产生的损伤。

随着汽车安全技术涉及的范围越来越大，现代汽车正朝着更加智能化、自动化和信息化的机动一体化方向发展。自动紧急制动系统应与其他控制系统结合,采用智能型传感器、快速响应的执行器、高性能电控单元、先进的控制策略、无线通信等技术以提高汽车的主动安全性,使汽车从被动防撞减少伤害向主动避撞减少事故的方向发展。

7.3.3 自适应巡航控制技术

1. 自适应巡航控制系统的定义

自适应巡航控制（adaptive cruise control，ACC）系统（图7.58）是在定速巡航控制系统基础上发展起来的汽车先进驾驶辅助系统。该系统在工作过程中,通过安装在汽车前方的车距传感器持续扫描汽车前方的行驶车辆或道路,采集车距信息,并结合轮速传感器采集的自身车速信息,综合控制汽车的纵向速度。当自车与前车之间的距离不在安全车距范围时,电子控制单元与制动系统、发动机控制系统协调动作,改变制动力矩和发动机输出功率,控制汽车的行驶速度,使汽车在一定的限速范围内与前车始终保持安全距离,避免追尾事故发生,同时提高通行效率。如果自车前方没有汽车,则自车按设定的车速巡航行驶。

自适应巡航控制系统

图7.58 自适应巡航控制系统

对于电动汽车,发动机更换为驱动电动机,通过改变制动力矩和驱动电动机的输出功率,控制电动汽车的行驶速度。

自适应巡航控制系统控制汽车制动时,通常将制动减速度限制在不影响乘坐舒适性的范围内;当需要更大的减速度时,自适应巡航控制系统会发出预警,通知驾驶人主动采取制动操作。当自车与前车之间的距离增大到安全车距时,自适应巡航控制系统控制汽车按照设定的车速行驶。

2. 自适应巡航控制系统的组成

燃油汽车自适应巡航控制系统主要由信息感知单元、电子控制单元、执行单元和人机交互界面等组成,如图7.59所示。

（1）信息感知单元。信息感知单元主要用于向电子控制单元提供自适应巡航控制所需要的各种信息,主要由车距传感器、轮速传感器、转向盘转角传感器、节气门位置传感器、制动踏板传感器等组成。车距传感器用来获取自车与前车之间的距离信号,一般使用激光雷达或毫米波雷达,也有使用视频传感器的;轮速传感器用于获取实时车速信号,一

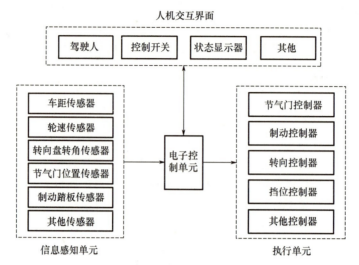

图 7.59　燃油汽车自适应巡航控制系统的组成

一般使用霍尔式转速传感器；转向盘转角传感器用于获取汽车的转向信号；节气门位置传感器用于获取节气门开度信号；制动踏板传感器用于获取制动踏板的动作信号。

(2) 电子控制单元。电子控制单元根据驾驶人所设定的安全车距及车速，结合信息感知单元传送来的信号确定汽车的行驶状态，决策汽车的控制策略，并向执行单元输出节气门开度和制动压力信号。例如，当自车与前车之间的距离小于设定的安全车距时，电子控制单元计算实际车距和安全车距之差及相对速度，选择减速方式或者通过报警器向驾驶人发出报警，提醒驾驶人采取相应的措施。

(3) 执行单元。执行单元主要执行电子控制单元发出的指令，实现对汽车速度和加速度的调整。执行单元包括节气门控制器、制动控制器、转向控制器和挡位控制器等。节气门控制器用于调整节气门的开度，使汽车加速、减速或定速行驶；制动控制器用于控制制动转矩或紧急制动；转向控制器用于控制汽车的行驶方向；挡位控制器用于控制汽车变速器的挡位。

(4) 人机交互界面。人机交互界面用于驾驶人设定系统参数及系统状态信息的显示等。驾驶人可通过设置在仪表板或转向盘上的人机交互界面启动或清除自适应巡航控制系统的控制指令。启动自适应巡航控制系统时，要设定自车与前车之间的安全车距及在巡航状态下的车速，否则自适应巡航控制系统将自动设置为默认值，但设定的安全车距不可小于设定车速下交通法规规定的安全车距。

电动汽车自适应巡航控制系统也是由信息感知单元、电子控制单元、执行单元和人机交互界面等组成的，如图 7.60 所示。电动汽车与燃油汽车相比，其自适应巡航控制系统的信息感知单元没有节气门位置传感器，执行单元没有节气门控制器和挡位控制器，相应地增加了电动机控制器和再生制动控制器。信息感知单元将传感器测量的距离、速度和加速度等信号输入电子控制单元；电子控制单元对汽车行驶环境及运动状态进行分析、计算、决策，输出转矩和制动压力信号；执行单元完成电子控制单元的指令，控制电动机控制器和制动控制器来调节车速；人机交互界面为驾驶人观察系统运行和干预控制的操作界面。

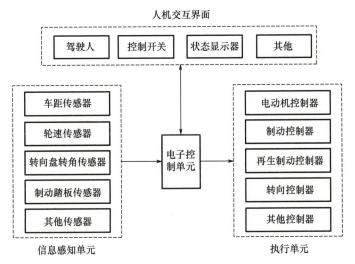

图 7.60　电动汽车自适应巡航控制系统的组成

3. 自适应巡航控制系统的工作原理

（1）**燃油汽车自适应巡航控制系统的工作原理**。燃油汽车自适应巡航控制系统的工作原理如图 7.61 所示。驾驶人启动自适应巡航控制系统后，在汽车行驶过程中，安装在汽车前部的车距传感器持续扫描汽车前方道路，同时轮速传感器采集车速信号。如果汽车前方没有汽车或与前车距离很大且速度很高，控制模式选择模块就会激活巡航控制模式，自适应巡航控制系统将根据驾驶人设定的车速和轮速传感器采集的车速自动调节加速踏板等，使汽车达到设定的车速并巡航行驶；如果前车存在且离自车较近或速度很低，控制模式选择模块就会激活跟随控制模式，自适应巡航控制系统将根据驾驶人设定的安全车距和轮速传感器采集的车速计算出期望车距，并与车距传感器采集的实际距离比较，自动调节制动压力和节气门开度等，使汽车以一个安全的车距稳定地跟随前车行驶。同时，自适应巡航控制系统会把汽车目前的一些状态参数显示在人机交互界面上，方便驾驶人判断；装有紧急报警系统，当自适应巡航控制系统无法避免碰撞时，及时警告驾驶人并由驾驶人处理紧急状况。

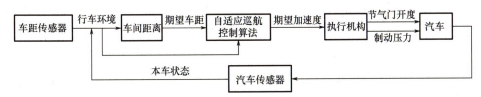

图 7.61　燃油汽车自适应巡航控制系统的工作原理

（2）**电动汽车自适应巡航控制系统的工作原理**。电动汽车自适应巡航控制系统的工作原理如图 7.62 所示。它与燃油汽车自适应巡航控制系统的工作原理基本相同，区别是燃油汽车控制的是节气门开度，调节发动机输出转矩；而电动汽车控制的是电动机转矩，调节电动机的输出转矩，而且增加了再生制动控制。

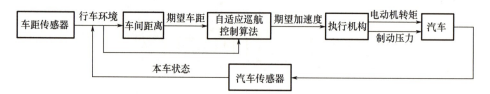

图 7.62　电动汽车自适应巡航控制系统的工作原理

4. 自适应巡航控制系统的作用

自适应巡航控制系统对汽车纵向运动进行自动控制，以减轻驾驶人的劳动强度，保证行车安全，并通过方便的方式为驾驶人提供辅助支持。自适应巡航控制系统具有以下作用。

（1）自适应巡航控制系统可以自动控制车速，但在任何时候驾驶人都可以主动进行加速或制动。驾驶人对巡航控制状态下的汽车进行制动后，自适应巡航控制系统会终止巡航控制；驾驶人对巡航控制状态下的汽车进行加速并停止加速后，自适应巡航控制系统会按照原来设定的车速进行巡航控制。

（2）通过车距传感器的反馈信号，自适应巡航控制系统可以根据前车的移动速度判断道路情况，并控制汽车的行驶状态；通过反馈式加速踏板感知的驾驶人施加在踏板上的力，自适应巡航控制系统可以决定是否执行巡航控制，以减轻驾驶人疲劳程度。

（3）自适应巡航控制系统分为基本型自适应巡航控制系统和全速型自适应巡航控制系统。基本型自适应巡航控制系统一般在车速高于 30km/h 时起作用；而当车速降低到 30km/h 以下时，需要驾驶人进行人工控制。全速型自适应巡航控制系统在车速低于 30km/h 直至汽车静止时适用，在低速行驶时仍能保持与前车的距离，并能对汽车进行制动直至其处于静止状态。如果前车在几秒内再次起动，装备全速型自适应巡航控制系统的汽车将自动跟随起动。如果停留时间较长，驾驶人只需通过简单操作（如轻踩加速踏板）就能再次进入自适应巡航控制模式。采用这种方式，即使在高峰或拥堵时段，自适应巡航控制系统也能进行辅助驾驶。

（4）自适应巡航控制系统使汽车编队行驶更加轻松。自适应巡航控制系统可以设定自动跟踪的汽车，当自车跟随前车行驶时，自适应巡航控制系统可以将自车车速调整为与前车的车速相同，同时保持稳定的安全车距，而且这个安全车距可以通过转向盘上的设置按钮选择。

（5）带辅助转向功能的自适应巡航控制系统不仅可以使自车自动与前车保持一定的车距，而且汽车能够自动转向，使驾驶过程更加安全舒适。

5. 自适应巡航控制系统的工作模式

自适应巡航控制系统的工作模式主要有定速巡航、减速、跟随、加速、停车和起动等，如图 7.63 所示。图中假设自车设定车速为 100km/h，前车的车速为 80km/h。

（1）定速巡航。定速巡航是自适应巡航控制系统的基本功能。当自车前方无汽车行驶时，自车将处于普通的巡航行驶状态，自适应巡航控制系统按照设定的车速对汽车进行定速巡航控制。

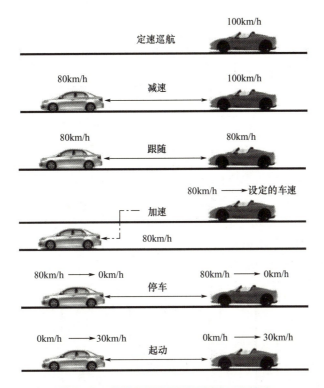

图 7.63　自适应巡航控制系统的工作模式

（2）减速。当自车前方有汽车，并且前车的车速小于自车的车速时，自适应巡航控制系统将对汽车进行减速控制，确保自车与前车之间的距离为所设定的安全车距。

（3）跟随。当自适应巡航控制系统将汽车的车速减至设定的车速值时采用跟随控制，以与前车相同的速度行驶。

（4）加速。当前车加速行驶或发生移线，或自车移线行驶使前方又无行驶汽车时，自适应巡航控制系统将对汽车进行加速控制，使汽车恢复到设定的车速。恢复设定的车速后，自适应巡航控制系统又转入对汽车的巡航控制。

（5）停车。若前车减速停车，则自适应巡航控制系统控制自车减速停车。

（6）起动。若自车处于停车等待状态，当前车突然起动时，自车也起动，并与前车的行驶状态保持一致。

驾驶人参与汽车驾驶后，自适应巡航控制系统自动退出对汽车的控制。

6. 自适应巡航控制系统的控制方法

燃油汽车自适应巡航控制系统的控制方法如图 7.64 所示。该系统采用双层控制，第一层根据雷达、车速传感器和加速度传感器信号控制汽车的车速与加速度，获得期望车速与期望加速度信号；第二层接收第一层信号，调节驱动系统和制动系统，输出节气门开度和制动压力指令，从而控制发动机和液压制动装置。

电动汽车自适应巡航控制系统的控制方法如图 7.65 所示。该系统采用

自适应巡航控制系统仿真

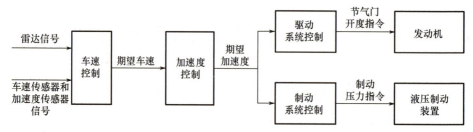

图7.64　燃油汽车自适应巡航控制系统的控制方法

三层控制，第一层根据雷达、车速传感器和加速度传感器信号控制汽车的加速度与转矩，获得期望加速度与期望转矩信号；第二层对第一层输出的期望转矩进行分配，获得期望电动机驱动转矩、期望电动机制动转矩和期望液压制动转矩；第三层接收第二层信号协调驱动系统和制动系统控制，输出电动机驱动转矩、电动机制动转矩和液压制动转矩指令，分别控制驱动电动机和液压制动装置。

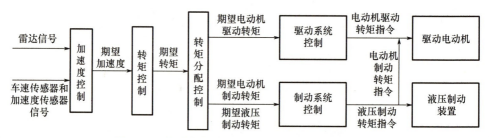

图7.65　电动汽车自适应巡航控制系统的控制方法

7. 自适应巡航控制系统的应用实例

自适应巡航控制系统使汽车辅助驾驶的品质达到了新的高度，驾驶人的大量任务可由自适应巡航控制系统自动完成，在很大程度上减轻了驾驶人的负担。自适应巡航控制系统主要应用在中高档轿车上，但随着自适应巡航控制系统的不断发展与完善，一些中低档汽车也开始装配自适应巡航控制系统。

沃尔沃汽车的自适应巡航控制系统如图7.66所示，前风窗玻璃的摄像头及隐藏在前

图7.66　沃尔沃汽车的自适应巡航控制系统

格栅内的雷达监测前方路况，当车速超过 30km/h 时，按下转向盘上的启动键，可以激活自适应巡航控制系统。当前方有汽车时，自动跟着前车行驶，但不会超过设定的车速；当前方没有汽车时，按设定的车速行驶。

沃尔沃汽车的自适应巡航控制系统具有以下功能。

（1）车速为 0～200km/h 时可以实现自动跟车。

（2）对前车的识别能力强。当前车转弯或超过前车时，能快速捕捉到新的前车，继续自动跟车行驶。

（3）如果有汽车插队驶入两车之间，自适应巡航控制系统就调节车速，以保持之前设定的安全车距。

（4）具有辅助超车功能。如果感觉前车车速较低，当驾驶人开启转向灯，进入另一条车道准备超车时，汽车瞬时加速以尽快超过前车。

长安 CS75 汽车也装配了自适应巡航控制系统（图 7.67），只需要开启后进行简单的设定，就可以在高速公路上行驶。长安 CS75 汽车的全速自适应巡航控制更可以通过语音进行速度限定，使汽车根据前车的速度调节自车速度，始终控制与前车的安全车距。

图 7.67　长安 CS75 汽车的自适应巡航控制系统

未来，自适应巡航控制系统将与其他汽车电子电控系统融合，形成智能汽车电子控制系统，在卫星导航系统的指引下，利用环境感知技术和网络通信技术实现自动驾驶功能。

7.3.4　智能泊车辅助技术

1. 智能泊车辅助系统的定义

智能泊车辅助（intelligent parking assist，IPA）系统（图 7.68）是利用车载传感器监测有效泊车空间并辅助控制汽车完成泊车操作的一种汽车先进驾驶辅助系统。

与传统的电子辅助功能（如倒车雷达、倒车影像显示等）相比，智能泊车辅助系统的智能化程度更高，减轻了驾驶人的操作负担，有效降低了泊车事故率。

2. 智能泊车辅助系统的组成

智能泊车辅助系统主要由信息检测单元、电子控制单元和执行单元等组成，如图 7.69 所示。

图 7.68　智能泊车辅助系统

智能泊车辅助系统

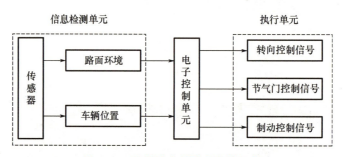

图 7.69　智能泊车辅助系统的组成

（1）信息检测单元。信息检测单元是智能泊车辅助系统的耳目，利用摄像头或雷达等对路面环境和汽车位置等进行检测，可采集图像数据及周围物体与车身的距离数据，并通过数据线传输给电子控制单元。

（2）电子控制单元。电子控制单元是智能泊车辅助系统的核心，对信息检测单元上传的数据进行分析和处理后，得出汽车的当前位置、目标位置及周围的环境参数，依据这些参数作出自动泊车策略，并将其转换为电信号。

（3）执行单元。执行单元接收电子控制单元的指令，精确控制转向盘的转动、节气门和制动的运动，以使汽车准确跟踪路径，并随时准备接收中断指令以紧急停车。

智能泊车辅助系统的传感器配置如图 7.70 所示。

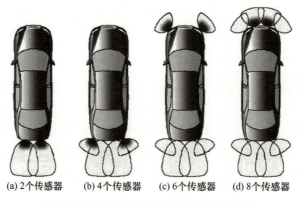

(a) 2个传感器　　(b) 4个传感器　　(c) 6个传感器　　(d) 8个传感器

图 7.70　智能泊车辅助系统的传感器配置

3. 智能泊车辅助系统的工作原理

智能泊车辅助系统的工作原理是通过车载传感器扫描汽车的周围环境，通过对环境区域的分析和建模，搜索有效泊车位，确定目标车位后，系统提示驾驶人停车并启动自动泊车程序，根据所获取的车位大小、位置信息，程序计算泊车路径，然后自动操作泊车入位。

从机理上分析，智能泊车辅助系统的运行过程如图 7.71 所示。

图 7.71 智能泊车辅助系统的运行过程

（1）激活系统。汽车进入停车区域后缓慢行驶，人工开启智能泊车辅助系统，或者根据车速自动启动智能泊车辅助系统。

（2）车位检测。通过车载传感器［主要采用测距传感器（如雷达）和视觉传感器（如摄像头）］获取环境信息，识别目标车位。

（3）路径规划。根据所获取的环境信息，电子控制单元对汽车和环境建模，计算出一条使汽车安全泊车入位的路径。

（4）路径跟踪。协调控制转角、节气门和制动，使汽车跟踪预先规划的泊车路径，轻松泊车入位。

4. 全自动泊车技术

在泊车过程中使用智能泊车辅助系统，驾驶人需要控制制动踏板、加速踏板及变速杆，转向盘操作由计算机完成，已装备量产车型；在泊车过程中使用全自动泊车技术，不需要驾驶人对汽车做任何操作，所有泊车过程由计算机控制，目前处于测试阶段。

（1）奥迪汽车的全自动泊车技术（图 7.72）。奥迪汽车的全自动泊车是通过智能手机

图 7.72 奥迪汽车的全自动泊车技术

上的应用程序"一键自动停车"完成的。当驾驶汽车到停车场的入口附近时,驾驶人下车拿出手机,只需简单地点一下屏幕,汽车便自行起动,进入停车场寻找车位。

虽然奥迪汽车实现了全自动泊车,但是汽车并不是依靠自己的力量,而是依靠演示场地中安装的激光扫描设备定位的。也就是说,只有安装了配套激光扫描设备的停车场才可以使用这项技术。

(2)沃尔沃汽车的全自动泊车技术(图7.73)。沃尔沃公司开发的全自动泊车技术是与无人驾驶技术、网络技术、无线通信技术的进一步结合。在基础设施建设方面,沃尔沃汽车的全自动泊车技术并不算复杂,只要在停车场出入口及停车场内部设置传感器,就可以引导汽车进出停车场及寻找车位。沃尔沃公司的这项技术可以使驾驶人即使不在车内也可实现自动泊车和锁闭,还可以让汽车自动泊车位来到驾驶人的身边。这些操作都可以用手机端的自动停车 App 实现,只需轻点按钮,汽车便会自动寻找车位。汽车完成泊车后,手机上也会接收泊车完毕的信息。同理,如果想让汽车来到驾驶人身边,只需在手机上进行简单的操作即可。

图 7.73 沃尔沃汽车的全自动泊车技术

沃尔沃汽车的这项技术还可以在自动泊车过程中实时监测汽车周围的各种障碍物,以便随时调整行车路线。

(3)宝马汽车的远程代客泊车技术(图7.74)。远程代客泊车技术的原理是在360°防碰撞系统的基础上,借助激光扫描仪获得的数据,实现自动泊车。驾驶人只需将汽车开到停车场入口处,即可通过智能手表启动远程代客泊车技术。

图 7.74 宝马汽车的远程代客泊车技术

在汽车自动泊车的过程中，系统可以自动识别周围物体，避开意外出现的障碍物，如行人、其他汽车及未完全入位的汽车。

与沃尔沃汽车的全自动泊车技术相比，宝马公司借助360°防碰撞系统的激光扫描仪而减少了对GPS的依赖，使得全自动泊车技术的使用范围不局限于无遮蔽的露天停车场，即使是地下停车场或立体停车场，搭载这项技术的宝马汽车也可以畅通无阻。除配备激光扫描仪外，宝马汽车还配备了处理系统与运算系统，这意味着汽车可以独立完成楼内定位、监测周围环境，并进行独立的自动导航，停车场便不需要配备自动驾驶所需的复杂基础设施。

5. 智能泊车辅助系统的应用实例

雪佛兰科鲁兹汽车配备的智能泊车辅助系统可以实现水平和垂直两种方式自动泊车，如图7.75所示。在自动泊车过程中，驾驶人只需控制制动踏板、加速踏板及变速杆，转向盘操作由计算机完成，智能泊车辅助系统即可帮助驾驶人准确地将汽车停到指定位置，方便驾驶人操控汽车。

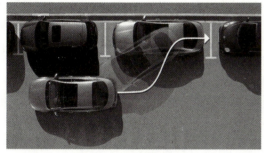
(a) 水平方式自动泊车

(b) 垂直方式自动泊车

图 7.75 水平和垂直两种方式自动泊车

雪佛兰科鲁兹汽车智能泊车辅助系统的组成如图7.76所示。图中，1代表具有自动转向功能的电动转向机；2代表八个驻车辅助传感器，用于测量泊车过程中汽车与障碍物之

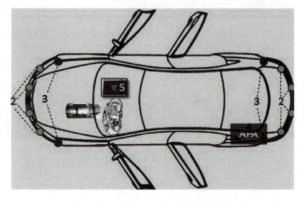

1—电动转向机；2—驻车辅助传感器；3—泊车辅助传感器；4—智能泊车辅助模块；
5—启动/关闭按钮；6—仪表。

图 7.76 雪佛兰科鲁兹汽车智能泊车辅助系统的组成

间的距离，探测距离为 1.5m；3 代表四个泊车辅助传感器，用于测量车位的长度，探测距离为 1.5m；4 代表智能泊车辅助模块，位于后备箱左侧衬板内，它是驻车辅助、智能泊车辅助、侧盲区报警功能的主控模块，它在底盘拓展网络和低速网络上通信，向电动转向、仪表、收音机等模块发送控制指令和信息；5 代表启动/关闭按钮，共有两个，分别用于启动和关闭驻车辅助传感器和泊车辅助传感器；6 代表仪表。

　　智能泊车辅助系统不是全自动的，驾驶人必须踩制动踏板控制车速，时刻盯紧汽车的倒车雷达显示屏和左右后视镜。智能泊车辅助系统必将向全自动泊车系统发展，全自动泊车技术是实现无人驾驶汽车的关键技术。

7.4　视野改善技术

7.4.1　自适应前照灯技术

自适应前照灯系统

1. 自适应前照灯系统的定义

　　自适应前照灯（adaptive front light，AFL）系统如图 7.77 所示。它可以根据天气情况、外部光线、道路状况及行驶信息来自动控制前照灯角度，避免直射迎面汽车驾驶人。自适应前照灯系统通过风窗玻璃上安装的摄像机辨识交通情况，从而控制灯光角度，可以保证路面最佳照明和安全性；调节到低光后，不用担心它的照射距离，在 65～300m 完全可以使驾驶人清晰地观察前路；如果前方没有汽车，前照灯将自动转变为远光模式。自适应前照灯系统是未来汽车前照灯系统的主要发展方向。

图 7.77　自适应前照灯系统

2. 自适应前照灯系统的组成

　　自适应前照灯系统主要由传感器单元、CAN 总线传输单元、电子控制单元和执行单元等组成，如图 7.78 所示。

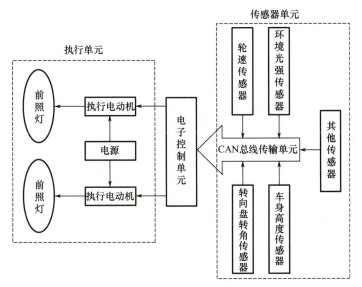

图 7.78 自适应前照灯系统的组成

(1) 传感器单元。传感器单元可采集汽车当前信息(如车速、汽车姿态、转向角等)和外部环境(如弯道、坡度和天气等)的变化信息。传感器单元包括轮速传感器、转向盘转角传感器、环境光强传感器、车身高度传感器等。

(2) CAN 总线传输单元。CAN 总线传输单元负责把各种传感器采集的信息传输给电子控制单元,实现内部控制与各种传感器检测及执行机构之间的数据通信。

(3) 电子控制单元。电子控制单元需要对汽车行驶状态作出综合判断,向执行单元输出脉冲变量。

(4) 执行单元。电子控制单元输出信号给执行单元的执行电动机,执行电动机调节前照灯的照射距离和角度,为驾驶人提供更广阔的视野,保证行车安全。

3. 自适应前照灯系统的工作原理

自适应前照灯系统的工作原理是通过安装在汽车上的轮速传感器、车身高度传感器、转向盘转角传感器、位置传感器及其他传感器采集汽车动态信号参数,经过电子控制单元的分析判断和算法运算产生控制信号,执行单元控制前照灯系统运转。

自适应前照灯系统的主要功能按以下方法实现。

(1) 自适应前照灯系统通过开关器件获取功能开关信号,通过轮速传感器获取车速信号,通过转向盘转角传感器获取转角信号,通过车身高度传感器获取姿态信号等。经过巡检算法判断,如果前照灯需要转动,则系统会根据角度算法计算出需要转动的角度,电子控制单元输出控制信号控制水平和垂直安装的步进电动机转动,最后通过机械传动机构实现前照灯转动,使照明光束始终与道路保持一致,驾驶人能够清楚地看到即将出现的弯道路况,以便及时采取预防或紧急避险措施。

(2) 自适应前照灯系统通过获取前照灯开关器件信号和环境光强传感器的光照强度信号,对前照灯开关进行控制。系统会设置一个光照阈值,当光照强度小于阈值时,系统自动延时打开前照灯;当光照强度大于阈值时,系统自动延时关闭前照灯。

(3) 自适应前照灯系统在前照灯初始化位置时，通过获取霍尔位置传感器的位置信号，判断前照灯实际运行的角度与电子控制单元输出角度之间的误差。如果误差不大，则通过角度 PD 调节算法调节误差；如果误差过大，则说明前照灯出现了故障，系统会产生故障报警信号，提醒驾驶人前照灯出现故障。

(4) 自适应前照灯系统通过液晶显示装置实时显示系统的工作状态，包括轮速状态、转向盘转角状态、前照灯转角状态等。

4. 自适应前照灯系统的功能

为了使汽车在不同的光线和路况下安全行驶，自适应前照灯系统能够改变前照灯的照射方向，使光线随着汽车前进方向和车身姿态的变化而变动，消除驾驶人在夜间或恶劣天气下行车的视野盲区。与传统的汽车照明模式相比，自适应前照灯系统能够根据道路和天气环境的变化适时地开启相应的照明模式。图 7.79 所示为自适应前照灯系统在不同照明模式下的照射光形。

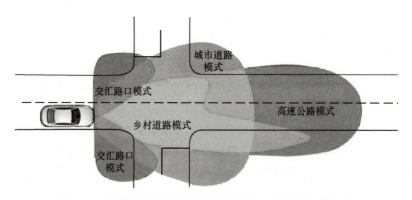

图 7.79　自适应前照灯系统在不同照明模式下的照射光形

自适应前照灯系统的照明模式主要有基础照明模式、弯道照明模式、城市道路照明模式、高速公路照明模式、乡村道路照明模式和恶劣天气照明模式等。

(1) 基础照明模式。汽车在行驶过程中，当道路状况及环境气候均处于正常状况时，自适应前照灯系统的工作模式相当于传统的汽车照明系统，其照明模式为基础照明模式。在基础照明模式下，自适应前照灯系统不作任何调整。

当环境光强传感器检测到外界光线变化时，系统执行相应的动作。例如，黑天或汽车进入隧道后，环境光强传感器检测到外界光线下降，系统自动开启前照灯并根据感知的光线强度来补充光照强度以满足驾驶要求；当环境光强传感器检测到外界光线强度能够达到照明要求时，如白天或汽车出隧道后，系统会自动关闭前照灯。有时，汽车停止后，驾驶人下车后仍然需要灯光照明来观察停车情况，可以为系统设置灯光延时功能。

汽车经常会行驶在坡路上，有时即使是在平坦的道路上，汽车载重或突然的加速或制动也会导致车身发生俯仰，从而造成前照灯照射角度发生变化，如图 7.80 所示。

汽车正常行驶时，前照灯光轴在水平位置。当车身后仰时，前照灯的照射光线会抬高，造成远处的照射光线发散，驾驶人视野模糊，不能清晰地辨认远处的行人和物体，一旦发生紧急情况，就没有足够的时间来保证行车安全。当车身前仰时，前照灯的照射光线

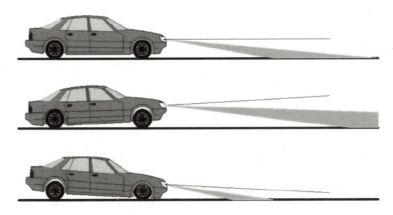

图 7.80　汽车俯仰前照灯照射角度

降低,从而导致照明范围缩小,驾驶人不能及时地发现前方路况,严重影响行车安全。在这种行车条件下,车身高度传感器能够检测到汽车前后高度的变化,结合轮速传感器采集到的车速信息,自适应前照灯系统根据汽车前后高度的变化量及轴距计算出车身俯仰角的差值,从而调整前照灯纵向角度,使前照灯光轴恢复到水平位置,以保证最佳照明条件,确保驾驶人在该情况下有足够视野来判断前方路况,保证行车安全。

(2) 弯道照明模式。汽车在夜间转弯行驶时,传统前照灯的照射光线与车身前进方向平行,在车身两侧会出现暗区,驾驶人无法及时地发现弯道上的路况,容易导致交通事故。在这种情况下,自适应前照灯系统可以开启弯道照明模式。当汽车进入弯道时,转向盘转角传感器和轮速传感器共同作用采集数据,电子控制单元根据传感器采集的数据计算出前照灯需要偏转的角度,驱动步进电动机转动以使前照灯转动。

自适应前照灯系统能够使汽车进入弯道时产生旋转的光形,给弯道足够照明,如图 7.81 所示。

(a) 无自适应前照灯系统

(b) 有自适应前照灯系统

图 7.81　汽车有无自适应前照灯系统的弯道照明

汽车向左转向时,左侧前照灯向左偏转一定的角度,右侧前照灯不动;汽车向右转向时,右侧前照灯向右偏转一定的角度,左侧前照灯不动。这种照明模式既保证了汽车在弯道上行驶时侧面道路足够的照明强度,又保证了前进方向的照明。在弯道照明模式下,左右前照灯最大偏转角度也是不一样的。右侧道路行驶国家的交通法规规定：右侧近光灯变化角度最大为5°，左侧近光灯变化角度最大为15°。为保证弯道照明模式下的行车安全，前照灯偏转角度依据的原则是尽可能地保证照明距离大于安全制动距离。

（3）城市道路照明模式。城市道路行车的特点是车速较低、车流量和人流量都很大、外界照明条件好、十字路口多、发生随机性事故的可能性较大。在这样的道路上行车要求视野清晰，防止眩光。

资料表明，对向行车时，如果驾驶人接收的照射光强达到1000cd就会产生眩光干扰。当环境光强传感器检测到光强达到阈值、车速低于60km/h时，自适应前照灯系统开启城市照明模式，系统使左右近光灯的功率减小，降低灯光亮度，同时驱动控制前照灯的电动机转动，使前照灯略向下偏转，进一步降低射向对向来车和行人的光照强度，防止眩光。

在城市道路汽车行驶较缓慢的前提下，自适应前照灯系统使用比较宽阔的光形（图7.82），以便在道路边缘和交叉路口都能获得较好的照明效果，有效地避免与岔路中突然出现的行人、汽车发生交通事故。

(a) 无自适应前照灯系统　　　　　(b) 有自适应前照灯系统

图7.82　汽车有无自适应前照灯系统的城市道路照明

（4）高速公路照明模式。在高速公路上行车的特点是车速高、车流量较小、侧向干扰少。这种行车特点要求前照灯光线照射的距离足够大，以保证前方出现状况时驾驶人有足够的时间采取措施。在高速公路上行车，前照灯的照射距离应该与车速成正比，且要大于驾驶人的反应距离和制动距离的总和。

汽车在高速公路行驶时，当轮速传感器检测到车速高于70km/h，并根据GPS判断其为高速行驶模式时，自适应前照灯系统自动开启高速公路照明模式。前照灯照射光线随着车速的增大在垂直方向上抬高，以使光线照射得更远（图7.83），保证驾驶人在安全距离之外发现前方的汽车。

（5）乡村道路照明模式。乡村道路外界照明条件差，岔路口多，路况复杂，路边障碍物不容易被发现；道路狭窄，起伏不平，造成行车时车身倾斜，从而导致前照灯俯仰角发生变化，容易引发交通事故。

自适应前照灯系统工作在乡村道路照明模式下时，通过环境光强传感器、轮速传感器和GPS判断外界行驶条件，决定是否开启乡村道路照明模式。在乡村道路照明模式下，系统增大左右前照灯的输出功率，增强光照亮度来补充照明。依据右侧行车的交通法规，

(a) 无自适应前照灯系统　　　　　　　(b) 有自适应前照灯系统

图 7.83　汽车有无自适应前照灯系统的高速公路照明

汽车在乡村道路行驶时，右侧前照灯的照射光线要向右偏转一些，拓宽右侧道路的照明范围，以使灯光照射到路面边缘，如图 7.84 所示。

(a) 无自适应前照灯系统　　　　　　　(b) 有自适应前照灯系统

图 7.84　汽车有无自适应前照灯系统的乡村道路照明

（6）恶劣天气照明模式。恶劣天气照明模式主要针对的是阴雨天气，此时地面积水会将前照灯打在地面上的光线反射至对面来车驾驶人的眼睛中，使其眩目，进而可能造成交通事故。对于在阴雨天气下行驶的汽车，自适应前照灯系统根据检测路面湿度、轮胎滑移及雨量传感器判断系统状态为雨天模式，自适应前照灯系统驱动垂直调高电动机，减小前照灯垂直输出角并调节其照射强度，避免反射眩光在 60m 范围内对对方来车驾驶人造成眩目，如图 7.85 所示。

当汽车在雾天或沙尘暴天气行驶时，自适应前照灯系统根据雾传感器、风速传感器、颗粒物传感器及环境光强传感器感知光线强度，判断是否遇到雾天或是沙尘暴天气，从而驱动垂直调高电动机，增大前照灯垂直照射角度，使视野范围光线有所提升。同时，开启前照灯清洗装置，尽可能地使驾驶人获得较好的视线，可以安全地行驶在可见度较低的恶劣天气下。

在自适应前照灯系统的实际开发和使用中，可以根据实际情况选择上述功能。

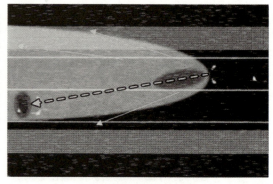

(a) 无自适应前照灯系统　　　　　　　(b) 有自适应前照灯系统

图 7.85　汽车有无自适应前照灯系统的恶劣天气道路照明

5. 自适应前照灯系统的应用实例

奔驰汽车的智能前照灯系统采用 LED 光源，如图 7.86 所示。

图 7.86　奔驰汽车的 LED 智能照明系统

奔驰汽车的 LED 智能照明系统具有五种照明模式，分别是乡村道路照明模式、高速公路照明模式、增强型雾灯模式、主动转弯照明模式和弯道辅助照明模式。

（1）乡村道路照明模式。乡村道路照明模式能够使驾驶人侧的路面照亮范围更大，从而使驾驶人在黑暗中更容易判断前方路况，并在有汽车或行人穿越其行车路径时更容易作出反应。

（2）高速公路照明模式。夜间汽车在高速公路上行驶，当车速达到预设的速度时，LED 前照灯的亮度会比传统模式近光灯大 60% 的照明度。并且照明分为两挡：当车速为 90km/h 时，一挡自动激活，可有效改善夜间高速公路行车的长距离视野；当车速超过 110km/h 时，二挡启用，照明范围进一步增大，识别距离再次增大，光锥中心的可见度比传统模式下近光灯照射距离增大 50m。

（3）增强型雾灯模式。汽车在浓雾、霾等天气下行驶，该模式在 70km/h 以内且后雾灯打开时开启，驾驶人侧的 LED 前照灯可向外转动约 8°并降低前照灯照射高度，以便更好地照亮近侧路面，同时可减轻雾天的反射灯眩光。当车速超过 100km/h 时，该模式自动关闭。

（4）主动转弯照明模式。根据不同的车速和转向角，主动转弯照明模式自动开启。此时主动前照灯可迅速向转弯方向转动（最大转动角可达15°），增强转角方向的照明效果约90%。

（5）弯道辅助照明模式。当车速低于40km/h，转动转向盘或使用转弯信号灯时，弯道辅助照明模式自动开启。此时照亮汽车前方侧面约65°、长度约30m的照射区域。与传统模式相比，该模式能够更早地发现横穿道路的行人。

除以上五种照明模式外，奔驰公司还推出了增强型自适应远光灯，其可实现远光灯在持久照明的同时，有效避免对其他汽车或行人造成的眩光干扰。通过车前立体多功能摄像头探测，LED前照灯会在电子控制单元的控制下自动把光线压低至前方同向汽车或对向汽车之下，使其他汽车不受远光灯影响。根据交通流量及道路照明条件的不同，远光灯照射距离可以从65m延伸至300m。

7.4.2 夜视技术

1. 夜视系统的定义

夜视（night vision，NV）系统如图7.87所示。它是一种利用红外成像技术辅助驾驶人在黑夜中看清道路、行人和障碍物等，减少事故发生，增强主动安全性的系统。

夜视系统

图7.87 夜视系统

2. 夜视系统的类型

按照工作原理的不同，夜视系统可以分为主动夜视系统和被动夜视系统两种。

（1）主动夜视系统。主动夜视系统采用主动红外成像技术，把目标物体反射或自身辐射的红外辐射图像转换为人眼可观察的图像。这种系统本身具备光源，使不发出热量的物体也可以被看到，通过图像处理提高清晰度，使道路标志清晰可见。

（2）被动夜视系统。被动夜视系统采用热成像技术，基于目标与背景的温度和辐射率差别，利用辐射测温技术对目标逐点测定辐射强度而形成可见的目标热图像。这种系统本身没有光源，仅依靠对物体本身发出的光线进行识别，看不清或看不到不发出热量的物体。图像清晰度取决于天气条件和时间段，图像与实际景象不完全符合。

3. 夜视系统的组成

主动夜视系统主要由红外发射单元、红外成像单元、电子控制单元和图像显示单元等组成，如图 7.88 所示。

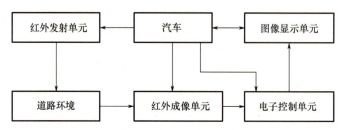

图 7.88　主动夜视系统的组成

（1）红外发射单元。红外发射单元位于两个前照灯内，当它被激活时，产生的红外线可以照射汽车前方区域，相应的夜视图等同于在远光灯下透过风窗玻璃见到的情景。

（2）红外成像单元。红外成像单元主要是红外图像摄像头，记录汽车前方区域内的图像，并提供其探测范围内行人或障碍物的信息，然后通过数字视频线将数据发送给电子控制单元。

（3）电子控制单元。电子控制单元先分析红外成像单元传输的数据，再通过集成化数据处理，最后将画面传输给图像显示单元，其中识别的行人和动物以高亮度显示。一般数字化的 CCD 摄像头采集信号后进行必要的噪声去除、信号增强等处理，然后发送给图像显示单元。

（4）图像显示单元。图像显示单元接收并显示电子控制单元传来的信号，驾驶人可以清晰地看到前照灯照射范围之外的景物，避免出现意外。

被动夜视系统没有红外发射单元，主要由红外成像单元、电子控制单元和图像显示单元等组成。

4. 夜视系统的工作原理

（1）主动夜视系统的工作原理。主动夜视系统将摄像头安装到汽车前照灯内，通过卤素灯泡照射，使用多套照射系统和摄像机识别红外反射波，利用目标反射红外光源。红外光源发出的短红外线是主动照射目标，红外 CCD 探测器接收的目标再反射短红外光线，通过电子控制单元处理后，可以把图像信息传递给驾驶人。主动夜视系统的对比分辨度高，并且图像较清晰、可靠。由于不依靠物体的热源，因此即使不发热的物体也能清晰可见，如道路上的行人、车辆、道路标志牌等都可以被发现。

（2）被动夜视系统的工作原理。被动夜视系统利用热成像摄像头接收行人、动物等发热物体发出的不同红外热辐射（红外线）反射出不同的图像，并在对图像进行放大和处理后输出。由于不同物体对红外线的反射强度不同，行人、动物等可以发热的物体在反射中特别突出，通过传感器的捕捉，带有热源的物体影像输出到车载显示屏上。被探测到的物体看起来就像照相机的底片。但是被动夜视系统无法克服的缺点是无法检测到无生命、无热源特征的目标（如道路的标志牌、车道线、车道护栏等物体）。此外，由于汽车前风窗玻璃不能传输长波的远红外线，因此摄像头须安装在车外，需经常清洁，而且在汽车前端碰撞时易损坏。

被动夜视系统的关键零部件是红外摄像头，它与主动夜视系统的红外摄像头的原理相同，但接收对象存在差异，因此其软、硬件设计也有所不同。主动夜视系统的红外摄像头主要接收物体对红外光源的反射光线，而被动夜视系统的红外摄像头主要接收物体本身发出的红外热辐射。被动夜视系统的红外摄像头主要装配于汽车前保险杠，一般安装在一个防撞击的盒子里，风窗玻璃清洗系统同时负责清洁摄像头。当外界气温低于5℃时，镜头盖被加热，拍摄距离为300m。部分汽车的红外摄像头也可以随着车速的增大，通过镜头焦距的改变放大长距离的目标，使目标更清晰。

5. 夜视系统的应用实例

奥迪、宝马、奔驰等公司的很多汽车上都配备夜视系统。奥迪A8L汽车夜视系统的主要元件是控制单元和摄像头。控制单元是夜视系统的核心，位于左前座椅前方的汽车底板内，装在一个塑料盒中，如图7.89所示。

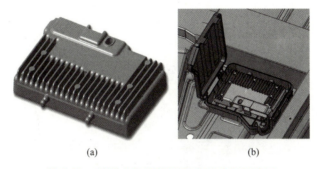

图7.89 奥迪A8L汽车夜视系统的控制单元

夜视系统的控制单元主要完成以下任务：处理夜视系统摄像头的原始图像；识别热敏图像上的行人并做标记；持续不断地对摄像头图像进行分析，并测算汽车与识别出的行人碰撞的可能性；识别出有碰撞危险时发出警告；将处理完的热敏图像传送给组合仪表；使用CAN扩展总线接收并处理夜视系统所需数值和信息；为摄像头供电（蓄电池电压）；持续诊断系统，并将识别的故障记录到故障存储器内；通过检测数据块、自适应和执行元件帮助查找夜视系统的故障；通过软件对售后和生产中的系统进行校准；在某些条件下对行驶的汽车进行动态校准；存储用户对夜视系统所做设置。

奥迪A8L汽车夜视系统的摄像头是一种红外热敏图像摄像头，如图7.90所示。为防止石击，摄像头的镜头前有一个由锗制成的保护窗；摄像头有加热元件，防止结冰，加热电流可根据温度调节。

奥迪A8L汽车夜视系统的摄像头安装在汽车散热器隔栅的"奥迪环"中，如图7.91所示。

奥迪A8L汽车夜视系统摄像头配有自己的运算器，除录下原始图像并传给电子控制单元外，还要存储校准数据。这些校准数据不是存储在电子控制单元内的，而是存储在摄像头内的，更换损坏的夜视系统电子控制单元后不必重新校准。该摄像头拍摄的图像是黑白图像，其分辨率水平为320像素，垂直为240像素，每秒20帧图像。夜视系统的监测范围约为300m，摄像头的水平监测张角约为24°。

奥迪A8L汽车夜视系统除可以使驾驶人看清近光灯照射不到的黑暗中的交通标志、

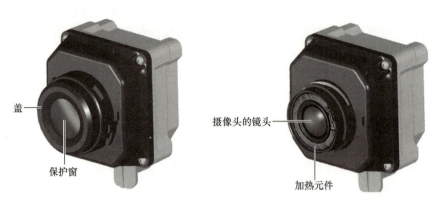

图 7.90 奥迪 A8L 汽车夜视系统的摄像头

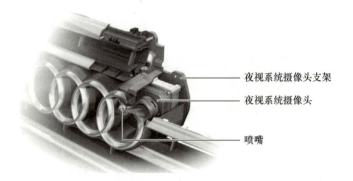

图 7.91 奥迪 A8L 汽车夜视系统摄像头的安装位置

弯道、汽车、障碍物等会造成危险的事物,正确判断前方道路的情况外,还可以通过远红外热成像摄像头捕捉汽车前方 24°、300m 以内的热源(包括行人和动物),使驾驶人提前作出反应,避免交通事故的发生。当热源(行人或动物)出现在捕捉范围内时,系统将拍摄的热信号传送至电子控制单元进行处理,处理后的图像就会在仪表板的显示器上显示出来。当行人有横穿汽车前方的意图时,系统迅速作出判断并以红色突出显示,同时发出声音警告,如图 7.92 所示。

图 7.92 奥迪 A8L 汽车夜视系统

奥迪 A8L 汽车夜视系统是全天候的电子眼,在雨、雪、大雾天气下将公路上的物体及路旁的一切尽收眼底,大大提高了汽车行驶的安全性。

7.4.3 抬头显示技术

1. 抬头显示系统的定义

抬头显示(head up display,HUD)系统如图 7.93 所示。它是利用光学反射原理,将汽车驾驶辅助信息、导航信息、检查控制信息等以投影方式显示在风窗玻璃上或约 2m 远的前方、发动机罩尖端的上方,阅读起来非常舒适,同时可以显示各个驾驶辅助系统的警告信息,如车道偏离警告、夜视系统的行人避让警告等,避免驾驶人在行车过程中频繁低头看仪表板或车载屏幕,对行车安全有很好的辅助作用。

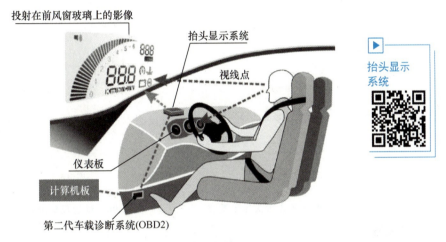

图 7.93 抬头显示系统

2. 抬头显示系统的组成

抬头显示系统主要由图像源、光学系统和图像合成器等组成,如图 7.94 所示。

图 7.94 抬头显示系统的组成

(1)图像源。图像源一般由液晶显示屏,实现抬头显示系统的各种功能,并输出视频信号。

(2)光学系统。光学系统将视频信号投射出去,并且可以调节大小、位置等参数。

(3)图像合成器。一般将前风窗玻璃作为图像合成器,合成外部景物信息和内部投影信息。投射的图像在风窗玻璃上发生反射,以达到和前方路况信息叠加、融合的效果。

因此,带抬头显示系统的汽车安装的是特殊的前风窗玻璃,其与传统前风窗玻璃的区别在于前风窗玻璃的两侧扁平玻璃中间的 PVB(poly vinyl butyral,聚乙烯醇缩丁醛)膜的厚度不是恒定不变的,而是略微呈楔形,使驾驶人不会看到重影。

3. 抬头显示系统的工作原理

抬头显示系统的工作原理与使用的光线系统结构密切相关。根据光学系统结构的不同，抬头显示系统可以分为风窗玻璃映像式抬头显示系统、前置反射屏式抬头显示系统、自由曲面抬头显示系统、菲涅尔透镜抬头显示系统、与仪表板相结合的抬头显示系统等。

（1）风窗玻璃映像式抬头显示系统。风窗玻璃映像式抬头显示系统是最基本也是使用最广泛的系统，如图 7.95 所示。

从图像源发出的光经投影透镜折射和风窗玻璃反射与外部的景物光一同进入人眼，人眼沿着光线的反向延长线观察到位于风窗玻璃左侧的虚像，从而保证驾驶人在观察前方路况信息的同时观察到仪表板上的信息。风窗玻璃一方面能透射外部景物光，另一方面能反射图像源经过投影透镜的光。这种系统的优点是驾驶人在观察到投影像的同时允许一定范围的头部移动；缺点是图像小、亮度低、视场角小、质量和体积都较大。

（2）前置反射屏式抬头显示系统。前置反射屏式平视显示系统是使用较普遍的结构，如图 7.96 所示。

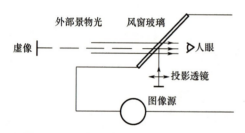

图 7.95　风窗玻璃映像式抬头显示系统

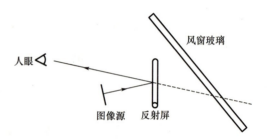

图 7.96　前置反射屏式抬头显示系统

在驾驶室内设置独立的半反射半透射的反射屏，图像源发射出的光线经过反射屏反射进入人眼，驾驶人沿着该反射光线的反向延长线方向观察悬浮在前方的虚像。在这种结构中，反射屏与风窗玻璃是相互独立的两个部分，不需要对风窗玻璃做镀膜等处理。此外，反射屏可以前后转动，投影角度比较灵活。使用时可以将反射屏竖起，不使用时将反射屏放平。但是反射屏会使车内空间变得狭小，而且使结构变复杂。图像源发射出的光线透过反射屏后会被风窗玻璃反射，部分反射光线会进入人眼，对驾驶人形成干扰。

（3）自由曲面抬头显示系统。由于汽车风窗玻璃不是一个平面，而是带有一定弧度的曲面，因此可以用自由曲面代替传统结构中风窗玻璃所在的面。自由曲面抬头显示系统如图 7.97 所示，其包括两个自由曲面和一个折叠反射镜，从而对图像源成像。

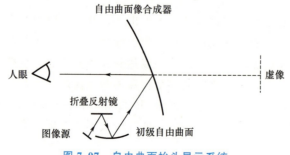

图 7.97　自由曲面抬头显示系统

图像源发射出的光线首先经过折叠反射镜反射,然后经过初级自由曲面反射,最后经过自由曲面像合成器反射进入人眼,其中,自由曲面像合成器是风窗玻璃所在的面。这种结构形式简单灵活、像差平衡能力强、成像质量较好,但制造成本较高。人眼直接通过风窗玻璃观察外界景物时,风窗玻璃可能会产生一定的像差。

(4) 菲涅尔透镜抬头显示系统。在抬头显示系统中,为了获得较大的观察图像范围,通常使用较大口径的光学透镜。光学透镜的口径越大,透镜的体积越大,质量越大,透镜越不易加工,而且成本较高,因而难以大批量生产。为了在保证透镜口径的前提下减小透镜厚度,可以使用菲涅尔透镜。菲涅尔透镜抬头显示系统如图 7.98 所示。

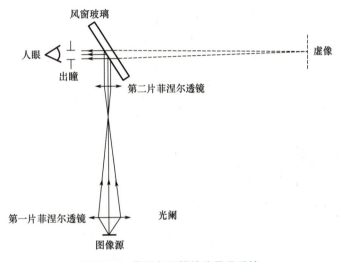

图 7.98 菲涅尔透镜抬头显示系统

菲涅尔透镜抬头显示系统有两片菲涅尔透镜,图像源位于第一片菲涅尔透镜下方,首先经过第一片菲涅尔透镜放大,然后经过第二片菲涅尔透镜放大,最后经风窗玻璃的反射进入人眼。菲涅尔透镜系统的结构形式简单,透镜体积小、质量轻,菲涅尔透镜还可以校正风窗玻璃产生的像差,但是系统的轴外视场像差较大。

(5) 与仪表板结合的抬头显示系统。在上述抬头显示系统中,汽车前方仪表板限制了抬头显示系统的可用空间范围。与仪表板结合的抬头显示系统如图 7.99 所示,其包含一个图像源、一个分光镜、多个平面反射镜和一组光学系统。

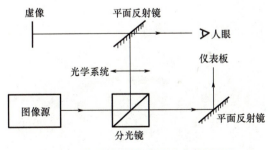

图 7.99 与仪表板结合的抬头显示系统

图像源发出的光经过分光镜分成透射部分和反射部分，透射部分的光经过平面反射镜反射，将透射图像反射到仪表板上作为显示信息；反射部分的光经过光学系统折射和风窗玻璃反射进入人眼。仪表板系统和抬头显示系统采用同一个图像源，可以保证二者显示信息的实时性，而且使用这种包含分光镜的系统可以去除一些不必要的结构，充分利用驾驶台前方的可用空间，减小系统的体积。

4. 抬头显示系统的应用实例

宝马7系汽车的抬头显示系统具有多种有助于提高交通安全性和驾驶舒适性的功能。抬头显示系统可显示定速巡航控制系统、导航系统、检查控制信息及车速等方面的信息。

宝马7系汽车抬头显示系统的工作原理如图 7.100 所示。该系统需要一个光源投射抬头显示系统信息，使用红色和绿色LED前照灯组作为光源，通过TFT（thin film transistor，薄膜晶体管）投影显示屏产生图像内容。TFT投影显示屏相当于一个滤波器，保证或阻止光线通过。图像光学元件确定抬头显示系统显示图像的形状、距离和尺寸，图像就好像自由漂浮在道路上方，风窗玻璃的作用相当于偏光镜。抬头显示系统投射图像内容距离观察者的眼睛约 2.7m。

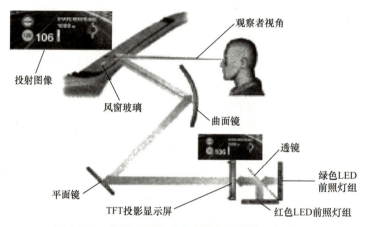

图 7.100　宝马7系汽车抬头显示系统的工作原理

宝马7系汽车抬头显示系统的显示效果如图 7.101 所示。

图 7.101　宝马7系汽车抬头显示系统的显示效果

1. 什么是智能网联汽车先进驾驶辅助系统？其主要有哪些类型？
2. 什么是前向碰撞预警系统？其工作原理是什么？
3. 什么是车道偏离预警系统？其工作原理是什么？
4. 什么是盲区监测系统？其工作原理是什么？
5. 什么是驾驶人疲劳监测系统？其工作原理是什么？
6. 什么是车道保持辅助系统？其工作原理是什么？
7. 什么是自动紧急制动系统？其工作原理是什么？
8. 什么是自适应巡航控制系统？其工作原理是什么？
9. 什么是智能泊车辅助系统？其工作原理是什么？
10. 什么是自适应前照灯系统？其工作原理是什么？
11. 什么是夜视系统？其工作原理是什么？
12. 什么是抬头显示系统？其工作原理是什么？

参 考 文 献

崔胜民,2016. 智能网联汽车新技术 [M]. 北京:化学工业出版社.

李克强,戴一凡,李升波,等,2017. 智能网联汽车(ICV)技术的发展现状及趋势 [J]. 汽车安全与节能学报,8(1):1-14.

梁怡兰,2018. 无线通信基站定位技术研究与应用 [J]. 大众科技,20(3):5-7.

王建强,王昕,2017. 智能网联汽车体系结构与关键技术 [J]. 长安大学学报(社会科学版),19(6):18-25.

温志勇,修战宇,陈俊先,2016. LTE-V车路通信技术浅析与探讨 [J]. 移动通信,40(24):41-45.

张琨,2013. 智能汽车自主循迹控制策略研究 [D]. 哈尔滨:哈尔滨工业大学.

张丽,2017. 纯电动汽车全速自适应巡航控制系统的研究 [D]. 哈尔滨:哈尔滨工业大学.

赵静,2018. V2X技术现状及展望 [J]. 广东通信技术,38(1):6-9.

朱磊,2018. 汽车偏离预警及车道保持算法研究 [D]. 哈尔滨:哈尔滨工业大学.